SCHÄFFER
POESCHEL

Toolkit – Managementinstrumente für die Praxis

__Strategie & Leadership
__Organisation & Change Management
__Projekt- & Prozesssmanagement

2015
Schäffer-Poeschel Verlag

Gedruckt auf chlorfrei gebleichtem, säurefreiem und alterungsbeständigem Papier

Bibliografische Information der Deutschen Nationalbibliothek
Die Deutsche Nationalbibliothek verzeichnet diese Publikation in der Deutschen Nationalbibliografie;
detaillierte bibliografische Daten sind im Internet über http://dnb.d-nb.de abrufbar.

Print ISBN 978-3-7910-3477-5   Bestell-Nr. 20262-0001
EPDF ISBN 978-3-7992-7017-5   Bestell-Nr. 20262-0150

Dieses Werk einschließlich aller seiner Teile ist urheberrechtlich geschützt. Jede Verwendung außerhalb
der engen Grenzen des Urheberrechtsgesetzes ist ohne Zustimmung des Verlages unzulässig
und strafbar. Das gilt insbesondere für Vervielfältigungen, Übersetzungen, Mikroverfilmungen
und die Einspeicherung und Verarbeitung in elektronischen Systemen.

© 2015 Schäffer-Poeschel Verlag für Wirtschaft · Steuern · Recht GmbH
www.schaeffer-poeschel.de
info@schaeffer-poeschel.de

Einbandgestaltung: Melanie Frasch/Daniel Bauer
Satz: Marianne Wagner
Druck und Bindung: BELTZ Bad Langensalza GmbH, Bad Langensalza.

Printed in Germany
September 2015

Schäffer-Poeschel Verlag Stuttgart
Ein Tochterunternehmen der Haufe Gruppe

Vorwort

Die »zfo – Zeitschrift Führung + Organisation« blickt auf eine über hundertjährige Tradition zurück. Als 1899 die erste Ausgabe erschien – damals noch unter dem Namen »Organisation« – hieß es zum Selbstverständnis der Zeitschrift ganz pragmatisch: »Was wir wollen, das mag der Leser aus dem Inhalte dieser ersten Nummer unseres Blattes ersehen, für die wir auch von dem durch seine Berufsthätigkeit stark in Anspruch genommenen Geschäftsmanne eine Stunde Aufmerksamkeit erbitten dürfen.« Diese Intention und diese Bitte gelten immer noch und Herausgeber, Schriftleitung und Redaktion arbeiten daran, dass die Themen und Beiträge der zfo weiterhin für sich selbst sprechen.

Heute wird die zfo von drei Herausgebergesellschaften getragen, der »Gesellschaft für Organisation e.V. (gfo)« aus Deutschland, der »Schweizerischen Gesellschaft für Organisation und Management (SGO)« und der »Österreichischen Vereinigung für Organisation & Management (ÖVO)«. Für ihre Mitglieder und weit darüber hinaus greifen sie mit der zfo die aktuell relevanten Fragen aus Organisation und Change Management, Projekt- und Prozessmanagement sowie zu den damit verbundenen Führungsaufgaben auf.

Die zfo versteht sich als Brücke zwischen Wissenschaft und Unternehmen. Dazu will sie den Dialog und Wissenstransfer zwischen Theorie und Praxis unterstützen, wobei der Anwendungsbezug stets im Mittelpunkt steht. Einerseits bietet sie Wissenschaftlern ein Forum, die theoretischen Ergebnisse der Organisationsforschung für die Unternehmenspraxis zu erklären und aufzubereiten. Andererseits können Unternehmensverantwortliche, Organisationsentwickler und -berater ihre Erfahrungen mit organisationalen Problemstellungen und der Umsetzung von Lösungskonzepten mit anderen Praktikern teilen und in die Wissenschaft zurückspiegeln.

Als ein Baustein des zfo-Konzepts erscheint seit 2011 die Serie »zfo-Toolkit« mit jeweils zwei Beiträgen pro Heft. Es handelt sich um kurze, prägnante Beschreibungen von Managementinstrumenten und -methoden sowie deren Anwendung, die den Leser anregen sollen, diese in der eigenen Arbeit zu erproben und sich zunutze zu machen. Angestrebt wird eine Mischung aus bewährten Tools, Weiterentwicklungen und neuen Zugängen, die sich durch die theoretische Fundierung auszeichnen, für die die zfo steht, verbunden mit der praktischen Orientierung, die die Autoren gewährleisten. Neben der Verfahrensweise werden auch der Einsatzrahmen sowie die Vor- und Nachteile der Tools beschrieben, sodass der Leser die Eignung für seine eigenen Zwecke einschätzen kann.

Die Autoren der Managementinstrumente stammen aus Wissenschaft, Unternehmen und Beratung und spiegeln damit auch das Spektrum der zfo-Nutzer wider. Zu den Stammautoren, die regelmäßig und bewährt für die Toolkit-Rubrik schreiben, kommen immer wieder neue Autoren hinzu, die frische Ideen und praxiserprobte Instrumente einbringen. Im Laufe der Zeit ist auf diese Weise eine beachtliche Sammlung von Managementinstrumenten und -methoden entstanden, die seitens der Leserschaft sehr positiv aufgenommen und für ihr breites inhaltliches Spektrum gelobt wird.

Die positive Resonanz, die diese Rubrik bei der Leserschaft der zfo hervorgerufen hat, legte den Gedanken nahe, es könne sich lohnen, dieses »Toolkit« in einem Buch zusammenzufassen, damit den interessierten zfo-Lesern einen einfachen Zugriff auf die Sammlung zu ermöglichen und diese darüber hinaus einem noch breiteren Nutzerkreis zugänglich zu machen.

Das Buch vereinigt daher eine repräsentative Auswahl von 40 Toolkit-Beiträgen aus der zfo, gegliedert in sieben Themenfelder: Innovation, Umfeldanalyse, Strategie, Organisation, Projektmanagement, Prozessmanagement, Führung und Change Management. Mit dieser systematischen Einordnung der einzelnen Tools sowie der Qualitätskontrolle, die mit einer Veröffentlichung in der zfo einhergeht, liefert die Zusammenstellung auch einen deutlichen Mehrwert gegenüber anderen Publikationsmedien.

Die Sammlung präsentiert sich bewusst nicht als geschlossenes Konzept aufeinander aufbauender Tools, sondern vielmehr als kreative Fundgrube und gut sortierter Werkzeugkasten, dem der Leser das für ihn passende Instrument entnehmen kann. Gleichwohl zieht sich ein roter Faden durch die Auswahl, die wichtige und immer wiederkehrende Herausforderungen der Unternehmenspraxis anspricht.

Wir wünschen allen Leserinnen und Lesern dieses Buchs eine anregende Lektüre und wünschen Ihnen, dass Sie für Ihre eigene Arbeit viel Gewinn aus dem zfo-Toolkit ziehen.

Münster und Stuttgart im August 2015
Prof. Dr. *Gerhard Schewe*, Schriftleiter
Martin Bergmann, Redaktionsleiter

Inhaltsverzeichnis

Vorwort V

Innovation

1 Marktplatz der Macher
Unternehmerisch neue Wege erschließen
Michael Faschingbauer/René Mauer 3

2 Querdenken
Marktgesetze infrage stellen und eigene Regeln setzen
Gerd-Inno Spindler 7

3 Blue Ocean Strategy
Neue Märkte ohne Konkurrenz gestalten
Heike Rawitzer/Jacques Hefti 12

4 Geschäftsmodelle
Die Erfolgslogik des Geschäfts verstehen und gestalten
Thomas Wunder 19

5 Innovationsradar
Das unternehmenseigene Innovationspotenzial erweitern und nutzen
Claudio Cometta/Jacques Hefti/Heike Rawitzer ... 29

Umfeldanalyse

6 Szenariotechnik
Zukunftsbilder entwickeln und für strategische Vorhaben nutzen
Benjamin Künzli 37

7 Trend- und Umweltanalyse
Strategische Potenziale erkennen und analysierenn
Heike Rawitzer/Jacques Hefti 41

8 Porter's Five Forces
Die Attraktivität der Branche beurteilen
Benjamin Künzli 47

9 Konkurrenzanalyse
Potenzielle und tatsächliche Wettbewerber identifizieren
Jacques Hefti/Heike Rawitzer/Claudio Cometta... 52

10 SWOT-Analyse
Die Ausgangslage des Unternehmens wirklich kennen
Benjamin Künzli 57

Strategie

11 VRIO-Modell
Kernkompetenzen identifizieren und gezielt einsetzen
Jacques Hefti/Heike Rawitzer 65

12 Duale Betrachtung strategischer Stoßrichtungen
Intuition und Kognition für strategische Entscheidungen nutzen
Kerstin Pichel/Erika Lüthi 70

13 Strategy Maps als Komminikationsinstrument
Strategien für Mitarbeiter und Stakeholder klären, beschreiben und abgleichen
Thomas Wunder 75

14 Bereichsübergreifendes Strategie-Alignment
Eine gemeinsame strategische Orientierung im Gesamtunternehmen schaffen
Thomas Wunder 81

15 Strategisches Roadmapping
Der effektive Weg zur Strategieumsetzung
Benjamin Künzli 87

Projektmanagement

16 Projektauftrag
Das A und O für professionelles Projektmanagement
Achim Weiand 95

17 Projektorganisation
Aufgaben verteilen und Beteiligte richtig einbinden
Achim Weiandt 99

18 Risikoanalyse
Projektrisiken erkennen und rechtzeitig bekämpfen
Achim Weiand 103

19 Stakeholder-Analyse
Interessengruppen identifizieren und einbeziehen
Achim Weiand 107

20 Leistungsmessung und Qualitätsbeurteilung
Qualität, Zeit und Kosten im Blick haben
Roman Stöger 111

21 Projektlandkarte
Größere Leistungsfähigkeit dank Multiprojektmanagement
Roman Stöger 114

22 Debriefing
Aus Projekterfahrungen lernen
Achim Weiand 118

Prozessmanagement

23 Ganzheitliches MITO-Modell
Megatrends in die strategische Organisationsentwicklung einbeziehen
Hartmut F. Binner 125

24 Prozess-Alignment
Geschäftsprozesse aus der Unternehmensstrategie ableiten
Gerd Nanz 135

25 Prozessstandardisierung
Ein Portfolio-Instrument zur strukturierten Analyse von Geschäftsprozessen
Philipp Zellner 139

26 Prozess-Qualitäts-Cockpit
Prozesse konsequent am Kundennutzen ausrichten
Roman Stöger 143

27 Prozesskostenrechnung
Produktivität und Prozesse aktiv steuern
Roman Stöger 147

28 Kontinuierliches Verbesserungsprogramm
Qualitäts- und Produktivitätspotenziale heben
Roman Stöger 150

Führung

29 Risikomanagement
Die Lebensfähigkeit des Unternehmens sicherstellen
Roman Stöger 157

30 Kulturentwicklung
Wie Führungskräfte die Unternehmenskultur prägen können
Caspar Fröhlich 160

31 Beratungsprozess
Beratung verstehen und gezielt einsetzen
Achim Weiand 164

32 Flexibilitätsmatrix
Teams entwickeln und ihre Effizienz steigern
Mario Situm 171

33 Sitzungsmanagement
Mit wirksamen Sitzungen zu Ergebnissen
Roman Stöger 177

34 Systematische Müllabfuhr
Sich von Überflüssigem und Überkommenem verabschieden
Roman Stöger 181

Change Management

35 Organisationsanalyse
Strukturen regelmäßig überprüfen und anpassen
Benjamin Künzli 187

36 Funktionendiagramm
Aufgaben, Kompetenzen und Verantwortlichkeiten klären
Roman Stöger 192

37 Interventionsarchitektur und -design
Den Rahmen für Veränderungsprojekte effektiv gestalten
Achim Weiand. 196

38 Auswahl von Interventionen
Die geeigneten Maßnahmen identifizieren
Achim Weiand 200

39 Gemeinsames Problembewusstsein
Veränderungsgründe für alle nachvollziehbar machen
Achim Weiand 206

40 Umgang mit Widerstand
Die Ursachen für Widerstand erkennen und bearbeiten
Achim Weiand 210

Autorenverzeichnis 215

Kontakt: Herausgeberverbände, Schriftleitung und Redaktion 219

Innovation

Marktplatz der Macher

Unternehmerisch neue Wege erschließen

Michael Faschingbauer/René Mauer

Die meisten Verfahren zur Zukunftsgestaltung beginnen mit Analyse und Planung. Wenn wirklich neue Wege beschritten werden sollen, muss man jedoch vor allem eines tun: losgehen. Das ist insbesondere dann wichtig, wenn sich vorab nicht sagen lässt, welcher Weg denn nun der richtige wäre. Der »Marktplatz der Macher« ermöglicht den Zugang zu kreativen neuen Wegen in risikoarmen, kleinen Schritten.

Wie kann man Vorhaben für eine Zukunft entwickeln, die man noch nicht kennt? Waren die Macher früher vor allem Unternehmer, die sich mit dieser Frage auseinandersetzten, müssen sich heute Führungskräfte und Mitarbeiter fast aller Unternehmensbereiche mit dieser Frage beschäftigen. Strategieentwicklung, Innovation, Erschließung neuer Märkte und Organisationsentwicklung sind Beispiele für Kontexte, in denen Praktiker heute unter Ungewissheit entscheiden und handeln müssen. Sie müssen machen.

Sucht man nach Rollenvorbildern für unternehmerisches Handeln unter ungewissen Bedingungen, wird man bei sehr erfahrenen Unternehmern fündig. Sie entwickeln im Lauf der Zeit Expertise darin, sich in Neuland zu bewegen und dort Neues und Wertvolles zu kreieren. Die Entrepreneurship-Forschung beschreibt ihre Methode unternehmerischen Handelns unter dem Begriff *Effectuation*. Der Marktplatz der Macher basiert auf dieser unternehmerischen Methode. Das Tool simuliert den unternehmerischen Prozess, um in der Gruppe Zukunftsvorhaben zu erschließen.

Verfahren

Ausgangspunkt für den Marktplatz sind Themen oder Fragestellungen, auf die die Beschreibung »nicht vorhersehbar, aber durch Handeln gestaltbar« zutrifft. Dies können recht allgemeine und vage Fragen sein (Wie erschließen wir neue Dienstleistungen, Produkte oder Geschäftsfelder? Welche Synergien können wir zwischen entfernten Geschäftsbereichen herstellen? Was können wir tun, um die Kundenzufriedenheit zu heben?). Das Tool lässt sich allerdings auch auf den Start konkreter Vorhaben anwenden (Wie gehen wir das Thema »Employer Branding« in unserem Unternehmen an? Welche strategischen Optionen können wir angesichts unerwarteter Ereignisse ausloten? Wie machen wir unser neues/erweitertes Team fit für die

Spielregeln für den Marktplatz der Macher

- Selbstständig Machbares ist besser als aufwendig Erträumtes.
- Kleine konkrete Schritte sind besser als große Planungsfantasien.
- Wir tun, was wir tun können, anstatt zu analysieren, was man tun sollte.
- Es geht nicht darum »das Richtige« zu tun – was »richtig« ist, lässt sich noch nicht sagen.
- Wir investieren jeweils nur das, was wir auch zu verlieren bereit sind.
- Ziele entstehen über Vereinbarungen und können über Vereinbarungen geändert werden.
- Rückschläge und Fehler sind Teil des Prozesses – es geht darum, früh und günstig zu scheitern.

4 Innovation

Abb. 1   Der Marktplatz im Überblick

Zukunft?). Ist das Thema formuliert, folgt die Durchführung des *Marktplatzes*, am besten mit einem heterogenen Team. Abbildung 1 gibt einen Überblick über den Prozess.

Schritt 1: Das Thema abgrenzen und Regeln vereinbaren

Ein hartnäckiger Mythos über Kreativität besagt, dass Einschränkungen die Kreativität bremsen. Das Gegenteil ist der Fall: Restriktionen schaffen die Voraussetzung für angewandte Kreativität. Eine wirkungsvolle Methode der Abgrenzung des Themas ist die Leitplankenplanung[2]. Dabei wird nur festgelegt, was nicht Thema sein soll. Die hierbei erarbeiteten Punkte dienen als Leitplanken für Zukunftsvorhaben. Zudem hat es sich in der Praxis als zweckmäßig erwiesen, Spielregeln zu vereinbaren, die unternehmerisches Denken – im Gegensatz zum in Organisationen dominierenden Management-Denken – forcieren. Auf Seite 3 wird ein Beispiel für Spielregeln gezeigt, wie sie in einem Marktplatz zur Strategiearbeit verwendet wurden.

Schritt 2: Mittelanalyse

Jetzt muss der Ausgangspunkt zur Erschließung neuer Wege festgelegt werden. Die zentralen Fragen dafür lauten: Wer bin ich (Rollen-Identität, Werte)? Was weiß ich (Wissen, Fertigkeiten, Erfahrungen)? Wen kenne ich (Kontakte und Netzwerk)? Die Antworten auf diese Fragen stellen die Mittel dar, aus denen sich machbare Zukunftsvorhaben entwickeln lassen.

Schritt 3: Individuelle Zielvorstellungen entwickeln

Jeder Teilnehmer des Marktplatzes formuliert nun Ideen für Vorhaben, die sich auf Basis der eigenen Mittel (Identität, Wissen, Netzwerk) starten lassen. Es geht dabei nicht um den »großen Wurf« oder die »brillante Idee«, die das Rahmenthema ein für alle Mal lösen. Wichtiger ist, dass die formulierten Zielvorstellungen unmittelbar auf Basis der eigenen Mittel angesteuert werden können (Machbares vor Erträumtem) und dabei weiterhin das Rahmenthema bearbeitet wird.

Schritt 4: Dialoge am Marktplatz

Der Marktplatz ähnelt einem Speed-Dating: Jeweils zwei Personen haben zehn Minuten Zeit, sich gegenseitig ihre Vorhaben vorzustellen. Dabei verfolgen sie ein klares Ziel: Sie wollen Vereinbarungen mit ihren Partnern schließen. In diesen Vereinbarungen sagen die Partner einander entweder Mittel für die Umsetzung eines Vorhabens zu (z. B. Wissen, Zeit, Kontakte oder andere Ressourcen) oder sie bringen sich durch Ideen für eine neue oder erweiterte Richtung eines Vorhabens ein (»Wenn wir das Vorhaben so abändern, bin ich dabei.«). Je besser es gelingt, die eigenen Vorhaben im Dialog mit den Mitteln der anderen weiterzuentwickeln oder durch neue Impulse zu veredeln, desto größer wird die Chance, dass sich daraus realisierbare Projekte entwickeln. Dazu ist es hilfreich, eine Atmosphäre des Dialogs (im Gegensatz zur Diskussion) herzustellen, wie sie im Folgenden beschrieben wird.

Schritt 5: Vorhaben formulieren und beschließen

Zurück im Plenum werden aus den am Marktplatz gereiften Vorhaben nun diejenigen ausgewählt, die konkret gestartet werden sollen. Einige Vorhaben werden in den Dialogen am Marktplatz so viel Unterstützung gefunden haben, dass deren Beschreibung und Beschluss sehr einfach vonstattengehen. Wesentliche Elemente für ein Gelingen sind das Festlegen eines Verantwortlichen (Owner), die verbindliche Zusage (Commitment) derer, die etwas zum Vorhaben beitragen, und die Festlegung der ersten erkundenden Schritte. Da mit den Vorhaben neue Wege beschritten werden, ist es günstig, zunächst »auf Sicht« über wenige Wochen und ohne Fixierung eines fernen Endziels zu planen. Die Vorhaben brauchen nun Zeit, um von ihren Ownern vorangetrieben und entwickelt zu werden. Sie reifen im Prozess.

Vor- und Nachteile

Ein wesentlicher Vorteil des Marktplatzes liegt in seiner Handlungsorientierung. Er vermeidet das unter Ungewissheit müßige Unterfangen, Entscheidungen über den Wert von bislang ungeprüften Ideen treffen zu müssen. Im Marktplatz entwickeln sich stattdessen diejenigen Ideen zu konkreten Vorhaben, welche die Handlungsenergie der anwesenden Akteure aktivieren können.

> **Kreativer Dialog statt kritischer Diskussion**
>
> Ein echter Dialog ist keine Diskussion. Damit sich andere in ein Vorhaben einklinken können, ist es notwendig, die eigenen Mittel und Motive zu exponieren. Zuhören orientiert sich an der Frage: Was kann ich mit meinen Mitteln und Vorstellungen zum Vorhaben beitragen? Beide Gesprächspartner öffnen im Dialog die Türen ihrer eigenen Vorstellungsräume und kreieren einen neuen, gemeinsamen Vorstellungsraum, in dem ganz neue Ideen entstehen können. Die Chemie macht es vor: Hier entsteht durch die Verbindung von Wasserstoff (H) und Sauerstoff (O) etwas Neues: Wasser (H_2O) transformiert die Eigenschaften der beiden Gase zu etwas Originärem mit neuen Eigenschaften. Für diese Form des kreativen Dialogs ist eine innere konstruktive Haltung notwendig, die stärker auf »Ja genau«-Beiträgen basiert als auf »Ja aber«-Einwänden.

Im Vergleich zu anderen Methoden zur Ideengenerierung liegt die Stärke des Tools in der Wirkung der Dialoge. Ideen müssen sich nicht von Anfang an vor einem großen Entscheidergremium bewähren, wie das etwa beim Brainstorming oder in einem Vorschlagswesen der Fall ist. Die Dialoge geben dem Ideengeber die Gelegenheit, die Idee so weit zu entwickeln und mit den Impulsen anderer anzureichern, dass sie reifen kann und im Plenum überlebensfähig wird.

Der Marktplatz mündet in konkrete erste Schritte innovativer Vorhaben. Durch die Methode und deren Spielregeln ist sichergestellt, dass diese Schritte leistbar sind und auf dem aufbauen, was in der Organisation bereits vorhanden ist: Identität, Wissen und soziales Netzwerk. Die konsequente Mittelorientierung begünstigt diejenigen Vorhaben, die von der Organisation auch umgesetzt werden können. Der Marktplatz beschränkt sich nicht auf die Kreativität im Denken, sondern fördert die Kreativität im Tun.

Ein gelungener Marktplatz setzt die Eigeninitiative und Selbstorganisation (Kooperationsbereitschaft) der Teilnehmer voraus. Weckt das Rahmenthema die Betroffenheit und das Engagement der Teilnehmer nicht, so wird das Tool auch keine brauchbaren Ergebnisse liefern. Die Teilnahme an einem Marktplatz soll schon allein aus diesen Gründen auf Freiwilligkeit beruhen.

Das Tool fordert zudem die Entscheider einer Organisation. Da es sich um einen Prozess handelt, in dem sich die Ergebnisse nicht vorhersagen lassen, ist es wesentlich, dass diese bereits in der Anfangsphase die Grenzen des Handlungsspielraums und die Entscheidungsregeln für zu startende Vorhaben definieren. Werden im Prozess entwickelte Vorhaben am Ende durch Entscheider »niedergestimmt«, so kann das der Motivation der handelnden Akteure erheblich schaden. Es ist daher von besonderer Bedeutung, das Scheitern von Ideen als elementaren Bestandteil dieses Prozesses für Teilnehmer und Entscheider zu etablieren.

So einfach der Marktplatz im Prozess auf die Teilnehmer wirken kann, so herausfordernd ist er für den Organisator. Es ist daher sinnvoll, das Tool von einem Moderator mit Prozesskompetenz begleiten zu lassen, der im Sinne des Themas keine Karten im Spiel hat, somit allparteilich auftreten kann und für die Balance zwischen unternehmerischem Vorgehen und etablierter Managementpraxis sorgen kann.

Perspektiven

Der Marktplatz der Macher basiert auf der Effectuation-Logik, nach der erfahrene Unternehmer unter Ungewissheit neue Produkte, Dienstleistungen, Unternehmen und Märkte kreieren. In der betrieblichen Praxis wurde das Tool unter anderem auf Strategiefragen (Welche Wege beschreiten wir?), Organisationsfragen (Wie organisieren wir uns angesichts komplexer Aufgaben?), Führungsfragen (Was machen wir aus den vorhandenen Ressourcen in der Organisation?), Innovationsfragen (Wie schaffen wir Neues und Wertvolles?), Karrierefragen (Wohin entwickle ich mich?) und allgemein zur Lösung komplexer Probleme (Was verändert die Situation in die gewünschte Richtung?) erfolgreich angewandt.

Dabei liegt die Verbindung mit dem in Organisationen stark verwurzelten Managementdreiklang Planung – Durchführung – Kontrolle durchaus nahe. Inwieweit sich die gestarteten Vorhaben nämlich tatsächlich bewähren, sollte in einem Follow-up nach einigen Wochen überprüft werden. Bis dahin hat sich herausgestellt, welche Wege in Sackgassen enden und welche in vielversprechende Richtungen führen. Erstere gilt es entschlossen zu beenden, während Letztere mit Mitteln und Richtungsvorgaben für die nächste Planungsperiode versehen werden können.

Speziell in reifen und etablierten Unternehmen wird unternehmerisches Denken und Handeln zunehmend zu einer Schlüsselkompetenz. Der Marktplatz der Macher basiert im Kern auf dieser Logik unternehmerischen Denkens und Handelns und kann somit einen praktischen und pragmatischen Beitrag zu einem Schlüsselanliegen leisten: das Unternehmerische im Unternehmen wecken.

Anmerkungen
1 Vgl. Faschingbauer, M./Grichnik, D.: a a. O.
2 Vgl. Baumfeld, L./Hummelbrunner, R./Lukesch, R.: Instrumente systemischen Handelns, Leonberg 2009.

Literaturhinweise
Faschingbauer, M.: Effectuation. Wie erfolgreiche Unternehmer denken, entscheiden und handeln, Stuttgart 2010.
Faschingbauer, M./Grichnik, D.: Effectuation: Das Unternehmerische im Unternehmen wecken. In: zfo Zeitschrift Führung + Organisation, 80. Jg., 2011, H. 5, S. 337-344.
Sarasvathy, S. D.: Effectuation. Elements of Entrepreneurial Expertise, Cheltenham 2008.

Weitere Quellen
Deutschsprachige Webplattform für Effectuation Forschung und Praxis: www.effectuation.at | .ch | .de
Internationales Beraternetzwerk Effectuation Intelligence: www.effectuation-intelligence.biz

Querdenken

Marktgesetze infrage stellen und eigene Regeln setzen

Gerd-Inno Spindler

Irgendwann kommt fast jedes Unternehmen an einen Punkt, an dem die Optimierung von Prozessen und Produkten an ihre Grenzen stößt. Dann sind neue Ansätze gefragt und der Mut, anders zu denken und die bisher geltenden Regeln hinter sich zu lassen. Dabei hilft die Methode des »Querdenkens«.

»Wenn Sie immer das tun, was Sie bisher getan haben, werden Sie auch immer das bekommen, was Sie bisher bekommen haben.«
Henry Ford, Gründer Ford Motor Company

Es ist nicht mit einem Optimierungswettlauf mit dem Wettbewerber getan, um vielleicht ein paar Prozent an Verbesserungen zu erreichen – wie es der Wettbewerber natürlich auch tun kann. Deutlich effektiver ist, sich als Spielmacher zu bewegen und eigene Regeln im Markt zu etablieren. Soll man wirklich permanent mit dem Wettbewerb um den günstigsten Preis des Produkts kämpfen, anstatt innovative Maßnahmen und Produkte im Markt zu platzieren und sich kreativ mit dem Kunden zu beschäftigen?

Wenn die bisher angewendeten Lösungsansätze im strategischen Bereich oder bei Problemstellungen nicht den erhofften Erfolg gebracht haben, sollte etwas geändert werden.

> **Was ist Querdenken? – eine Definition**
> »Querdenken ist eine strategische Denkweise, bei der aktiv, bewusst und unvoreingenommen das bisher Erreichte nicht weiter optimiert, sondern infrage gestellt und ohne Akzeptanz der bestehenden Branchenregeln nach neuen Möglichkeiten und Regeln im alten oder neuen Markt gesucht wird.«
> *Gerd-Inno Spindler*

Verfahren

Anstatt einen Prozess immer wieder aufwendig zu analysieren, ihn in seine Einzelteile zu zerlegen, zu optimieren und neu zusammenzusetzen, kann auch ein völlig neuer Weg beschritten werden. Dafür wurde die im Folgenden geschilderte Vorgehensweise entwickelt und erfolgreich umgesetzt.

Teambuilding und Kick-off-Meeting

Je nach Thematik werden ein oder mehrere Teams gebildet. Die Teamzusammensetzung erfolgt nicht nach freien Kapazitäten, wichtig ist die Mischung aus Erfahrung, Unvoreingenommenheit, internen Mitarbeitern und externen Teilnehmern. Die Erfahrung der Etablierten mit den Ideen der Neuen zu verbinden ist dabei ein wichtiger Punkt. Die Neuen kennen noch keine Zusammenhänge und Regeln und brauchen sie daher auch nicht »abtrainieren«. Die Etablierten kennen eventuell Vernetzungen und Fallstricke und können sie zur Diskussion stellen. Interessant wird, ob diese Fallstricke im gesamten Team als solche gesehen werden.

Der Querdenk-Prozess startet mit einem Kick-off-Meeting. Zu Beginn wird das Problem beschreiben, allen muss klar sein, was zu bearbeiten und zu lösen ist. Es ist wichtig, Querdenken an ein ganz konkretes Problem zu koppeln, ansonsten fehlen der feste Bezugspunkt und später die Messbarkeit. Was wurde in der Vergangenheit getan, um das Problem zu lösen? Neben den Erfolgen muss deutlich werden, dass alles, was bisher getan wurde, nicht zu einer nachhaltigen Lösung geführt hat.

Bevor zum Querdenken übergeleitet wird, ist es hilfreich, quasi als »Abschreckung« noch einmal kurz den klassischen Weg der Prozessanalyse als möglichen Weg aufzuzeigen. Danach erfolgt eine kleine Pause. Die Spannung und Neugierde, auf das, was nun folgt, ist zu spüren.

Anhand einer Präsentation wird dann verdeutlicht, dass die immer gleiche Denkweise immer die gleichen Ergebnisse liefern wird. Wenn alle Marktpartner den gewohnten Weg gehen, unterscheidet sich keiner mehr vom anderen. Damit wird das Verständnis für die neue Herangehensweise geweckt. Folgende Beispiele für erfolgreiche Querdenker und Unternehmen, die Spielregeln zu ihren Gunsten geändert haben, helfen bei der Veranschaulichung:
- Red Bull für »Neue Marktsegmente oder Märkte gründen«
- Recaro für »Neue Nachfrage für bestehende Produkte generieren«
- Starbucks für »Neue Wettbewerbssituation schaffen«
- RTL für »Hindernisse im Markt eliminieren«
- Nespresso für »Existente Märkte neu beleben«

Jeder verbindet mit diesen Unternehmen bestimmte Vorstellungen und erkennt jetzt Zusammenhänge, sieht die ganz bewussten und gezielten Regeländerungen mit den daraus folgenden Auswirkungen auf komplette Branchen.

Es folgt die Aufgabenstellung »Was machen wir heute?«. Hier geht es darum, die vermeintlichen Regeln und Gepflogenheiten der Branche zu sammeln. Danach folgt ein entscheidender Punkt: Das Team wird aufgefordert, die Aufzeichnungen mit all den Regeln und Branchengesetzen wegzuwerfen und für die folgenden Schritte zu vergessen, denn Ziel ist nicht eine weitere Optimierungsstufe des bisher Gültigen, sondern dieses nicht weiter als Bedingung zu akzeptieren.

Im Anschluss folgt der eigentliche Querdenker-, der Spielmacher-Teil: »Wie würden Sie auf der grünen Wiese diese Thematik aus Kundensicht organisieren?«. Die Teammitglieder setzen sich zusammen und gestalten als Baumeister unbeschränkt von historischen Marktgesetzen und -barrieren, ohne Rahmenbedingungen, ohne Zäune und Bauvorschriften die zu behandelnden Themenblöcke neu.

Die Arbeit im Querdenker-Team

Die Querdenker-Teams treffen sich unregelmäßig und bearbeiten die Aufgabenstellung. Es ist normal, dass sich manche anfangs schwer tun, alle gewohnten Regeln zu ignorieren, bei anderen wiederum die Vorschläge nur so sprudeln. »Realitätschecks« sind in diesem Stadium noch nicht notwendig, um die Kreativität nicht einzudämmen. Die Teams sollen Ideen sammeln, sie diskutieren, Gedanken Einzelner aufnehmen und weiter entwickeln.

Für den gesamten Umdenkprozess ist es wichtig, dass die Teams ihre Arbeit, ihre Gedanken und Vorschläge vermitteln können. Dazu dient eine Veranstaltung mit dem »Querdenker-Kreis«. Die Querdenker präsentieren ihre im Team erarbeiteten Vorschläge und beschreiben sie im Detail. Diese Veranstal-

Der klassische Ansatz	Der »Querdenker« Ansatz
• Marktgesetze akzeptieren	• als Spielmacher agieren
• Prozessanalyse	• Marktgesetze in Frage stellen
• Hausaufgaben machen	• eigene Regeln aufstellen
• flexibel, preisgünstig und besser sein als die anderen	• radikal sein
• Prozesse verbinden und vernetzen	• revolutionieren statt optimieren
• optimieren	• kein cost-cutting bis zum Muskel

Abb. 1 Der Unterschied zwischen klassischer Prozessanalyse und Querdenken

Was machen wir heute?

1. Beschreibung der Eckpfeiler und Rahmenbedingungen unseres Geschäfts (Traditionen, Konventionen)
2. **Vergessen und ausblenden**
3. Wie würden wir heute am »Reißbrett« aus Kundensicht den Markt neu erfinden, wenn es ihn bisher nie gegeben hätte.
4. Kurzfristig vergessen, wie die Evolution des Markts verlaufen ist.

Abb. 2 Aufgabenstellung für das Kick-off-Meeting

tung ist ein Meilenstein im gesamten Prozess. Die Mitarbeiter bekommen die Gelegenheit, in einem größeren Kreis mit führenden Personen des Unternehmens ihre eigene Ideen und Gedanken zur Verbesserung des Unternehmens vorzustellen.

Zwischen den Meetings erreichen alle Teilnehmer Erinnerungs-E-Mails. Die Mails haben einen sogenannten Querdenker-Spruch zum Inhalt und gehen kurz auf die Meetings ein. Sie schließen mit einem Hinweis auf die Querdenker-Beispiele aus dem Kick-off-Meeting. »Viel Spaß beim nächsten Besuch eines Starbucks« oder einfach »Hoffentlich schmeckt es« in Verbindung mit dem Logo von Red Bull. Beim Einkaufen stößt man auf Red Bull, beim Stadtbummel kommt man an Starbucks vorbei und im Fernsehen sieht man die Nespresso-Werbung mit George Clooney. So werben alle obigen Unternehmen kostenlos für das Projekt und es ist permanent präsent. Wann macht George Clooney schon einmal Werbung für ein internes Projekt?

Im nächsten Schritt ändert sich die Anforderung an das Team. Priorität hat jetzt, in Optionen zu denken und zu überlegen, wie der Wettbewerber reagieren würde, wenn bestimmte Ereignisse einträten. Eine Kalkulation mit Pro und Contra der einzelnen Ideen sowie die Prüfung der Umsetzbarkeit gehören jetzt ebenfalls dazu. Am Ende steht die Entscheidung, welche Vorschläge umgesetzt werden sollen.

Der Querdenker-Preis

Zur Unterstützung und Motivation kann ein Querdenker-Preis ausgelobt werden. Jedes Team nominiert zwei Vorschläge. Die Nominierung sollte das Team unter Berücksichtigung von Kreativität, Umsetzbarkeit im Markt, Erfolgsaussichten für das eigene Unternehmen und Kosten machen. Damit wird der Realitätscheck direkt von den Teammitgliedern vorgenommen.

Dieser Preis, genannt »QUH« für Querdenken, Umdenken, Handeln, lässt sich wie bei einer Oskar-Verleihung ausloben. Es gibt ein »offizielles« Nominierungsblatt, auf dem die – zur Beurteilung notwendigen – Angaben notiert werden (vgl. Abb. 3).

Eine Jury bewertet die eingegangenen Vorschläge und kürt den Gewinner. Mit dem Preis und der Besetzung der Jury kann das Thema Querdenken intern hoch aufgehängt und ihm ein großes Gewicht verliehen werden. Geschäftsführung, Vorstand, Gesellschafter und ein Außenstehender können Mitglieder der Jury sein.

Die Preisverleihung findet im großen Kreis statt und beginnt mit der Vorstellung aller Nominierungen. Jedes Team stellt sich den Fragen des Auditoriums. Die Mitarbeiter haben sich wochenlang Gedanken um das Unternehmen gemacht und es in bestimmten Punkten neu entworfen. Für alle ist es spannend, welche Vorschläge, welche Querdenker-Idee und welche Änderung der Spielregeln die Jury am besten bewertet hat.

Vor- und Nachteile

Der Einwand, dass man nur mit viel Geld Querdenken und die Spielregeln in einem Markt ändern kann, wird kommen. Es erfordert im Prinzip aber erst einmal kein Geld, Ideen zu haben und zu denken. Neben der Arbeitszeit schlagen die Kosten für den Meeting-Raum und die Bewirtung zu Buche. Aus Kostengründen die Meetings intern abzuhalten

Querdenker-Preis	Team:	Nominierung:
Vorschlag:	Beschreibung des Vorschlags	Q U H
		Teilnehmer:
Nutzen für das Unternehmen	Kosten und Nutzen	
Marktfähigkeit:	Chancen zur Realisierung	
		Jury:
Bemerkungen:	Was Sie noch sagen wollen	

Abb. 3 Das Nominierungsblatt für den Querdenker-Preis

und auf einen Moderator zu verzichten, ist allerdings nicht sinnvoll. In den eigenen Räumen werden die Teammitglieder zu schnell durch das Tagesgeschäft abgelenkt. Außerdem gelingt es einem Moderator leichter, ein solches Meeting zu steuern, hat er doch beim Querdenken nicht das Problem, sich die Branchenregeln und Marktbarrieren abtrainieren zu müssen.

Der Prozess in Kurzform

Person und Methodik	Inhalt	Moderator	Präsentation	Kick-off- und Folgemeetings	Unterstützung	Umsetzung und Weiterführung
Entscheidung für den Querdenker-Ansatz	Problem beschreiben	Neutrale Person	Präsentation	Team bilden	Reminder-E-Mails	Vorschläge umsetzen
			Einführung: Was ist Querdenken?	Rahmen und Usancen sammeln		
Eigenen Background schaffen			Querdenker-Beispiele	Rahmen und Usancen vergessem	Querdenker-Preis	Prozess »am Kochen« halten
Verbündete suchen	Ziel definieren	Kennt keine Branchenregeln	Problem und Ziel	Start auf der »grünen Wiese« ohne Bauvorschriften		

Abb. 4 Der Querdenk-Prozess

Der klare Vorteil: Das Team wird Dinge präsentieren, die auf normalem Wege in den nächsten Jahren nicht »erdacht« worden wären. Die Methode ist hochmotivierend für die Mitarbeiter und bietet die Möglichkeit, sich gezielt vom Wettbewerb abzusetzen und Signale für die Zukunft zu setzen.

Perspektiven

Neben der Idee, die mit dem Querdenker-Preis ausgezeichnet wurde, sind noch weitere hochkarätige Einfälle und Maßnahmenvorschläge im Fundus. Jetzt besteht die Aufgabe, sich um die nächsten Schritte zu kümmern. Dem Querdenker-Team kann angeboten werden, seine Vorschläge dem Führungsteam des Unternehmens zu präsentieren und dort umgehend eine Entscheidung zu bekommen. Damit wird eine Querdenker-Plattform geschaffen und der Grundstein für eine dauerhafte Änderung der Sichtweise und der Problemlösung gelegt.

Querdenken versetzt in die Lage, die Führungsrolle zu übernehmen, wenn es darum geht,
- neue Marktsegmente oder Märkte zu gründen,
- neue Nachfrage für bestehende Produkte zu generieren,
- eine neue Wettbewerbssituation zu schaffen,
- Hindernisse im Markt zu eliminieren,
- existierende Märkte neu zu beleben.

Literaturempfehlungen
Buchholz, A./Wördemann, W.: Spielstrategien im Business – Die Regeln des Wettbewerbs verändern, Frankfurt a. M. 2008.
Förster, A./Kreuz, P.: Different Thinking!, Frankfurt a. M. 2005.
Karle, R.: Wie Querdenken Märkte verändert. In: Absatzwirtschaft, Sonderheft 2010, S. 90–92.
Kim, W. C./Mauborgne, R.: Der Blaue Ozean als Strategie, München 2005.
Kohlöffel, K. M./Rosche, J.-D.: Spielmacher im Management, Weinheim 2009.
Spindler, G.-I.: Querdenken im Marketing. Wie Sie die Regeln im Markt zu Ihrem Vorteil verändern. Wiesbaden 2011.

Blue Ocean Strategy

Neue Märkte ohne Konkurrenz gestalten

Heike Rawitzer/Jacques Hefti

Die »Blue Ocean Strategy«[1] gehört zu den erfolgreichsten Innovationskonzepten der strategischen Unternehmensführung. Ihre eindrucksvolle Schlagkraft manifestiert sich dabei nicht im Ringen mit Wettbewerbern um Marktanteile, sondern in der Philosophie, dass sich die Konkurrenz nur schlagen lässt, indem man sich auf die Schaffung neuer Märkte ohne Konkurrenz konzentriert – ein intelligentes sowie einfaches Strategiewerkzeug, um dem ruinösen Wettbewerb etablierter Branchen zu entkommen.

Die Idee der »blauen Ozeane« basiert auf der systematischen Analyse von 150 erfolgreichen Unternehmen aus mehr als 30 Branchen. Das Konzept gilt als Erfolgsrezept in der sich immer schneller verändernden und härter werdenden Geschäftswelt. Blaue Ozeane sind dabei neue, vom Unternehmen selbst entwickelte Märkte, in denen es noch keinen oder nur einen geringen Wettbewerb gibt. Sie entstehen, indem man einen neuartigen Nutzen für den Kunden schafft und dadurch eine neue, anders gelagerte Nachfrage erzeugt. Dabei konzentriert sich das Unternehmen nicht auf bisher angewandte Kundenwertkonzepte, sondern fokussiert bewusst auf Kundengruppen, welche die Leistung bisher nicht nutzen. Marktgrenzen und Branchenstrukturen werden hierbei vom Unternehmen neu gestaltet und sind nicht a priori definiert. Unternehmen, die sich blauen Ozeanen zuwenden, akzeptieren somit die bestehenden strukturellen Bedingungen der Branche nicht, sondern gehen eigene, innovative Wege zur Gestaltung ihrer Marktfelder. Sie erfinden sich und ihre Leistung neu. Durch das systematische und strategisch fundierte Ausweichen auf diese blauen Ozeane entzieht sich das Unternehmen mit seinen Wachstumsgeschäften der direkten Konkurrenz und somit der Gefahr von Preiskämpfen und Marktanteilsverlusten.

Diesen blauen Ozeanen – ein Sinnbild für die unberührte Weite und Tiefe des Meeres – stehen die »roten Ozeane« gegenüber (vgl. Abb. 1). Rote Ozeane bezeichnen die existierenden Branchen und Märkte, in denen Branchengrenzen definiert und akzeptiert sind. Hier konzentriert sich eine Vielzahl von Wettbewerbern auf die vorhandene Nachfrage. Ihr strategisches Handeln fokussiert darauf, die Konkurrenz zu schlagen. Dadurch wird der Wettbewerb immer härter und das »Wasser färbt sich blutrot«.

Vorüberlegungen

Ein ganz entscheidender Unterschied zwischen den beiden Strategieansätzen ist nicht nur die Neudefinition des Marktes und die Erschließung eines neuen Nachfragepotenzials als Erfolgsfaktor, sondern auch die Ausrichtung der Unternehmensaktivitäten auf Differenzierung und gleichzeitig die Erzielung von Kostenvorteilen. Durch eine konsequente Konsumentenausrichtung bei der Produktinnovation und die Eliminierung nicht nutzenstiftender Faktoren bei gleichzeitiger Wertsteigerung für den Kunden kommt es zu nachhaltigen Wettbewerbsvorteilen.

Eine Vielzahl bekannter Unternehmen hat erfolgreich blaue Ozeane für sich definiert und ihre Nutzen-, Preis- und Kostenaktivitäten konsequent darauf ausgerichtet. Neben Starbucks, German Wings oder The Body Shop ist wohl der Cirque du Soleil das prominenteste Beispiel. Er hat in der hart um-

Strategien für bestehende Märkte (rote Ozeane)	Strategien zur Eroberung blauer Ozeane
Wettbewerb im vorhandenen Markt	Schaffung neuer Märkte
Die Konkurrenz schlagen	Der Konkurrenz ausweichen
Die existierende Nachfrage nutzen	Neue Nachfrage erschließen
Direkter Zusammenhang zwischen Nutzen und Kosten	Aushebeln des direkten Zusammenhangs zwischen Nutzen und Kosten
Ausrichtung des Gesamtsystems der Unternehmensaktivitäten an der strategischen Entscheidung für Differenzierung ODER niedrige Kosten	Ausrichtung des Gesamtsystems der Unternehmensaktivitäten auf Differenzierung UND niedrige Kosten

Abb. 1 Blaue Ozeane stehen für eine Abkehr vom bisherigen strategischen Ansatz[2]

kämpften, traditionellen Zirkuswelt einen neuen Markt geschaffen, indem er auf die sensiblen und teuren Tiershows verzichtete und die Künstler sowie die Inszenierung unterschiedlicher Unterhaltungselemente in den Vordergrund rückte. So veränderte er das bis dahin gängige Angebot des Zirkusspektakels in hochwertige Unterhaltung und erschloss so eine neue Zielgruppe – die zahlungskräftige Mittelschicht.

Verfahren

Das (Er)finden blauer Ozeane unterliegt dabei einem systematischen und strukturierten Prozess, der vorhandene Überzeugungen radikal überwindet und den bestehenden Preis- und Qualitätsraum neu definiert.[3] Dieser Prozess lässt sich unter Zuhilfenahme unterschiedlicher Werkzeuge[4] in drei Phasen gliedern (vgl. Abb. 2).

Phase 1: Umgestaltung der Marktgrenzen

Die Entwicklung blauer Ozeane setzt voraus, dass etablierte Marktgrenzen gesprengt und die Gegebenheiten des Marktes neu geordnet werden. Dabei werden in einem strukturierten Prozess konsequent die bestehenden Elemente des Marktes in Frage gestellt und auf die Möglichkeit ihrer Neuinterpretation untersucht.

Abb. 2 Die drei Schritte zum blauen Ozean

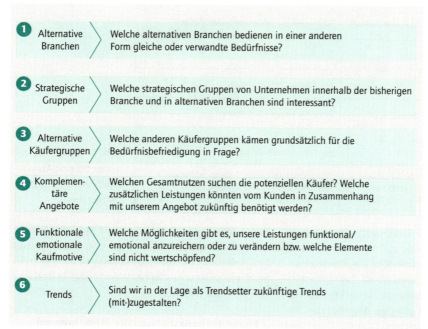

Abb. 3 Durch die richtige Fragestellung zu neuen Ozeanen[5]

Dies geschieht zunächst anhand des sogenannten Suchpfade-Modells, das in sechs Teilschritten systematisch durch die richtige Fragestellung die Ausweitung des Blickwinkels fördert (vgl. Abb. 3).

Die Beantwortung der Fragen verändert die Sichtweise und sprengt die als definiert geglaubten Grenzen des Marktes.

Phase 2: Über die vorhandene Nachfrage hinausgreifen

Eine in roten Ozeanen gängige Vorgehensweise ist die Konzentration auf den bestehenden Kundenstamm und die scheinbar durch die Branche definierten Zielgruppen. Im härter werdenden Wettbewerb, vor allem in gesättigten Märkten, greifen die Unternehmen zu immer dezidierteren Kundensegmentierungen, um die Wünsche und Bedürfnisse der vorhandenen Zielgruppe noch besser befriedigen zu können. Das führt zu immer differenzierteren und aufwändigeren Leistungsangeboten, die teilweise kostspielige Herstellungskosten zur Folge haben. Will man neue Märkte erschließen, muss man jedoch diese Nutzen- und Kostenentwicklung aushebeln und darf sich nicht auf die noch bessere Befriedigung der bestehenden Zielgruppe festlegen. Nichtkunden rücken dabei in den Mittelpunkt der Anstrengungen. Das Ziel bei der Überwindung der vorhandenen Nachfrage ist es, mit den stillschweigenden Annahmen der Branche hinsichtlich der bestehenden Kundenstrukturen zu brechen.

Um dies besser erreichen zu können, werden diejenigen Nichtkunden, die sich zu Kunden wandeln lassen, in drei Kategorien eingeteilt (vgl. Abb. 4).

Die erste Kategorie sind die sogenannten »baldigen Nichtkunden«. Sie nutzen das Produkt, weil es nichts Besseres gibt, sind aber nicht überzeugt. Ihre Kundenbindung ist niedrig und die Abwanderungsgefahr hoch. Zur Erschließung dieser Zielgruppe kann die Frage hilfreich sein, welches Maß an Kundennutzen ihnen geboten werden muss, um sie zu loyalen, wiederkehrenden Kunden zu machen.

In der zweiten Kategorie finden sich die »sich verweigernden Nichtkunden«. Sie kennen das Angebot, halten es aber für unattraktiv oder nicht erschwinglich. Um diese Gruppe greifbar zu machen,

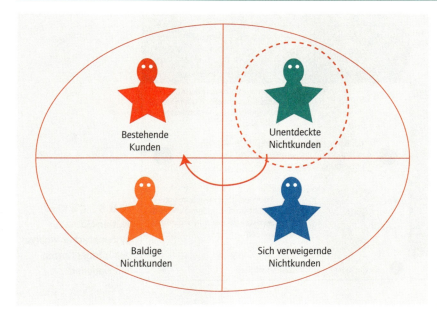

Abb. 4 Die Kategorien der Nichtkunden zur systematischen Analyse zukünftiger Käufergruppen

muss sich ein Unternehmen die Frage stellen, was diese Zielgruppe von der Nutzung ihres Angebotes abhält (z. B. die Nutzerfreundlichkeit).

Die dritte Kategorie subsumiert die »unentdeckten Nichtkunden«. Sie werden in der Branche nicht als mögliche Zielgruppe wahrgenommen, weil niemand darauf kommt, dass ihre Bedürfnisse durch die Leistung der Unternehmen befriedigt werden könnten. Es gilt somit für die Unternehmung zu untersuchen, ob es Optionen gibt, den Kundennutzen dahingehend zu verändern, dass Kunden alternativer Branchen (s. Abb. 2) ebenfalls akquiriert werden können. Ein klassisches Beispiel dafür ist Paul Dubrulle, der Mitbegründer der Accor-Gruppe, der mit der Gründung der Billighotelkette »Formule 1« eine Zielgruppe eroberte, die bis dahin noch gar keine Hotelkunden waren. Blaue Ozeane erobern, heißt aber nicht nur Low-Cost-Angebote kreieren. Der deutsche Leuchtenhersteller Erco etwa stieg mit seinem strategischen Dreiklang »Licht statt Leuchten« seit den 1970er-Jahren sehr erfolgreich aus dem hart umkämpften Leuchtenmarkt für Privathaushalte schrittweise aus und etablierte sich über bis dahin zu den Nichtkunden zählenden Gruppen wie Architekten, Bauingenieure und Lichtplaner. Erco illuminiert heute Objekte und Räume wie das Guggenheim-Museum in Bilbao, den Flughafen London-Stanstead oder den Pariser Louvre.

Als ein weiteres hilfreiches Instrument zur Überwindung eingefahrener Sichtweisen entwickelten die Autoren die Käufer-Nutzen-Matrix (vgl. Abb. 5). Sie kann einerseits zur Analyse möglicher Nutzenfelder für potenzielle Käufer dienen, lässt sich aber auch als Überprüfungsinstrument der später zu erläuternden Nutzeninnovation verwenden.

Die sechs Nutzenhebel (Felder, die für den Kunden einen nachhaltigen Nutzen generieren können) aus jeweiliger Nichtkundensicht (Kategorie 1 bis 3) werden dabei anhand der Phasen des gesamten Käufer-Erfahrungs-Zyklus systematisch überprüft.

Auf folgende Fragen sollte besonders Wert gelegt werden:

- Welches sind die größten Nutzenhindernisse in der jeweilgen Phase?
- Warum »profitiert« der Nichtkunde in der jeweiligen Phase nicht von zusätzlichen Wertgewinnen aus dem Nutzenhebel?
- Was fehlt dem Nichtkunden, um den jeweils größtmöglichen Nutzen zu ziehen?

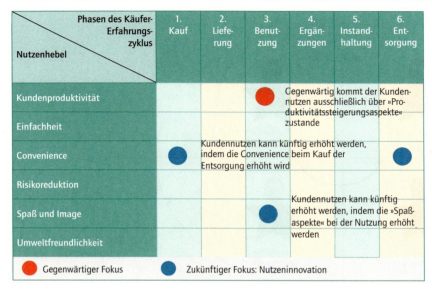

Abb. 5 Die Käufer-Nutzen-Matrix zur systematischen Analyse zukünftiger Nutzeninnovationen[6]

Das methodische Vorgehen zeigt eine Möglichkeit auf, sich dezidiert mit einem potenziellen Wertgewinn für den Kunden auseinanderzusetzen.

Phase 3: Entwicklung von Wertinnovationen

Um letztlich die entscheidende Wertinnovation für die latent vorhandene Nachfrage zu entwickeln und eine neue Nutzenkurve zu erreichen, muss unter Berücksichtigung der attraktiven Nichtkunden und der Ergebnisse aus der Käufer-Nutzen-Matrix das Angebot der Unternehmung umstrukturiert werden. Dazu eignet sich das Vier-Aktionen-Format (vgl. Abb. 6).

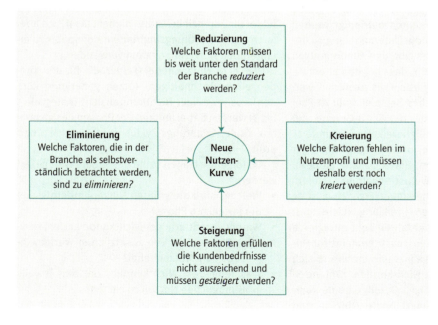

Abb. 6 Vier-Aktionen-Format zur Nutzeninnovation[7]

Das Vier-Aktionen-Format sorgt für eine sehr differenzierte Analyse der Kernattribute der angebotenen Leistung. Dabei ist immanent, dass sich das Unternehmen konsequent von bestehenden Denkstrukturen löst und neue Realitäten akzeptiert. Besonders bei der Eliminierung müssen zielgerichtet Leistungselemente identifiziert werden, die beispielsweise aufgrund von veränderten Kundenbedürfnissen keinen Zusatznutzen mehr für den Kunden erbringen oder den Nutzen sogar verringern – und dies obwohl eventuell der Wettbewerb innerhalb der Branche auf genau diesen Faktoren beruht. Die Reduzierung nivelliert dabei die kostspieligen, aber für den Kunden nicht Mehrwert generierenden Leistungsdifferenzierungen, die die roten Ozeane hervorgerufen haben. Sowohl die Steigerung als auch die Kreierung neuen Kundennutzens beschäftigen sich dagegen mit Faktoren, die in der Branche bisher vernachlässigt beziehungsweise gar nicht betrachtet wurden, jedoch bei Kunden Begeisterung hervorrufen. Werden alle vier Faktoren systematisch bearbeitet, eröffnet sich für das Unternehmen neben dem Innovationspotenzial durch Reduzierung und Eliminierung auch ein immenses Kostensenkungspotenzial. Die Unternehmensaktivitäten lassen sich somit auf Differenzierung und niedrige Kosten ausrichten, mit dem Ziel, dem (Nicht)Kunden über alternative Branchen hinweg ein neues, bisher unbekanntes Nutzenerlebnis zu verschaffen.

Um den neu definierten Kundennutzen vollständig darzustellen und den Vergleich mit dem Wettbewerb schematisch zu visualisieren, werden die Kernelemente der Leistung – die strategische Kontur – auf eine sogenannte Wertkurve gelegt und mit der Wertkurve des gegenwärtigen und potenziellen Wettbewerbs abgeglichen (vgl. Abb. 7).

Vor- und Nachteile

Die konsequente Verfolgung der Blue-Ocean-Strategie und ihrer Tools bringt eine ganze Reihe von Vorteilen:

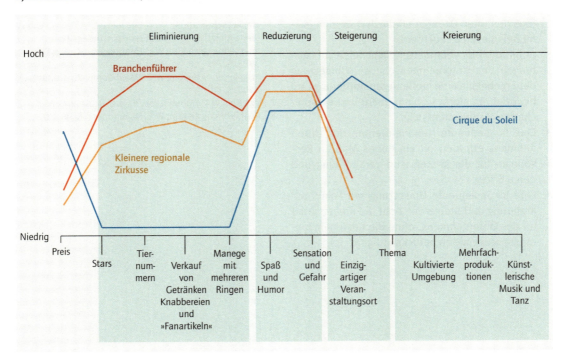

Abb. 7   Die strategische Kontur illustriert am Beispiel des Cirque du Soleil[8]

- Sie ist ein systematischer Ansatz für die Entwicklung kundenorientierter, strategischer Nutzeninnovationen, die außerhalb des bestehenden Preis-/Qualitätsraumes angesiedelt sind.
- Sie zeigt, wie neue Märkte ohne Konkurrenz zu finden sind, und befreit Unternehmen aus den Zwängen gesättigter Märkte.
- Sie leitet die strategischen Innovationen von Unternehmen konsequent auf die Nachfrageseite und auf attraktive Nichtkundensegmente. So kreiert sie neue Märkte.
- Sie schafft es, die unternehmerischen Aktivitäten sowohl auf Differenzierung als auch auf niedrige Kosten auszurichten.

Die Blue-Ocean-Strategie verlangt jedoch von der Unternehmung einen Paradigmenwechsel und birgt deshalb auch Nachteile:
- Sie benötigt trotz vieler Tools ein hohes Maß an Abstraktionsvermögen, Kundenkenntnis und Distanz zum eigenen Unternehmen.
- Blue-Ocean-Strategien brauchen häufig Zeit und müssen aus dem bestehenden Kerngeschäft (aus den roten Ozeanen) finanziert werden (siehe Beispiel Erco Leuchten).
- Aufgrund ihrer veränderten Sichtweise auf Leistungen des Unternehmens ist die Umsetzung der Ergebnisse eine große Herausforderung und benötigt ein starkes Commitment und entsprechende Managementskills.
- Eine konsequente Neuorientierung des Unternehmens erfordert oft ein hohes Maß an Ressourcen für die strategische Veränderung und deren Erfolg.
- Eine inkonsequente Umsetzung mit Fokus auf Kreierung und Steigerung hebt die Kostenstruktur des Unternehmens, ohne die Kosteneinsparungspotenziale zu berücksichtigen.

Perspektiven

Beim Blue-Ocean-Denken im Sinne von strategischer Innovation handelt es sich um ein Vorgehen, das in der Strategielehre mittlerweile als Klassiker zu bezeichnen ist. Sehr häufig reduziert sich dabei die Anwendung dieser Methode auf Start-ups oder Wachstumsgeschäfte großer Unternehmen. Dabei eignet sich die strategische Ausrichtung auf blaue Ozeane aufgrund ihrer einfachen Anwendbarkeit auch sehr gut für kleine und mittlere Unternehmen. Ebenso finden sich viele der erfolgreichen Beispiele der Blue-Ocean-Strategie in der Dienstleistungsbranche. Eine konsequente Anwendung der Tools eröffnet auch anderen Branchen eine neue Sichtweise und hilft, aus angestammten, scheinbar manifestierten Branchengrenzen auszubrechen.

Anmerkungen
1. Kim, W. C./Maulborgne, R.: Blue Ocean Strategy. In: Harvard Business Review, 9. Jg., 2004, H.10, S. 71–79.
2. Vgl. Kim, W. C./Mauborgne, R., a. a. O. 2004, S. 76.
3. Kim, W. C./Maulborgne, R.: Der Blaue Ozean als Strategie, München 2005.
4. Siehe hierzu auch www.blueoceanstrategy.com.
5. In Anlehnung an Kim, W. C./Mauborgne, R., a. a. O. 2005, S. 73.
6. In Anlehnung an Kim, W. C./Mauborgne, R., a. a. O. 2005, S. 111.
7. Vgl. Kim, W. C./Mauborgne, R., a. a. O. 2005, S. 26.
8. In Anlehnung an Kim, W. C./Mauborgne, R., a. a. O. 2005, S. 37.

Geschäftsmodelle

Die Erfolgslogik des Geschäfts verstehen und gestalten

Thomas Wunder

Geschäftsmodelle sind die Grundpfeiler einer Unternehmensstrategie. In ihnen wird festgelegt, wie das Unternehmen für seine Kunden Wert schaffen und damit selbst Gewinne realisieren will. Ihre Gestaltung und kontinuierliche Weiterentwicklung ist eine wesentliche Quelle für Wettbewerbsvorteile. Als wichtiger Teil des Strategieprozesses unterstützen Geschäftsmodelle die strukturierte Konkretisierung von Strategien.

Dynamische und komplexe Märkte, kurzlebige Wettbewerbsvorteile und veränderte strategische Rahmenbedingungen haben dazu geführt, dass sich immer mehr Unternehmen kritisch mit den bisherigen und zukünftigen Erfolgslogiken ihres Geschäftes auseinandersetzen. Vor diesem Hintergrund hat die Frage nach der Gestaltung und den Funktionsweisen von Geschäftsmodellen seit den 1990er-Jahren sowohl in der wissenschaftlichen Diskussion als auch in der Unternehmenspraxis stark an Bedeutung gewonnen.[1] Ein Geschäftsmodell kann dabei als Konkretisierung der Unternehmensstrategie für ein Geschäftsfeld verstanden werden.[2] Im Geschäftsmodell kommt das Grundprinzip zum Ausdruck, wie das Unternehmen für seine Zielkunden Werte schafft bzw. vermittelt (»value creation«) und dadurch selbst nachhaltig Gewinne realisiert (»value capture«).[3] Als »Modell« stellt es ein vereinfachtes Abbild der antizipierten Erfolgsmechanismen des Geschäfts dar. Wohldurchdachte und leistungsstarke Geschäftsmodelle helfen, sich erfolgreich im Wettbewerb zu behaupten. Der »Erfolg« kann dabei sowohl in monetären Größen (z. B. Gewinn) als auch in sozialen oder ökologischen Leistungen zum Ausdruck kommen. Im Rahmen eines Strategieprozesses können Geschäftsmodellansätze als eigene Komponente zur Strategieformulierung bzw. -konkretisierung verwendet werden. Mit ihrer Hilfe lassen sich wichtige strategische Grundsatzfragen systematisch und strukturiert identifizieren, diskutieren und bewerten.

Verfahren

Geschäftsmodelle sind die Grundpfeiler einer Strategie. Sie bestehen aus unterschiedlichen Elementen bzw. Bausteinen, die in einer bestimmten Art und Weise zusammenspielen (vgl. Abb. 1 und die Erläuterungen zu den sieben Bausteinen des Geschäftsmodells).[4] In jedem dieser Bausteine werden strategische Grundsatzentscheidungen im Sinne von »Ja/Nein«-Aussagen getroffen.[5] Die integrative Betrachtung der Bausteine hilft, das eigene Geschäft besser zu verstehen. Ein gutes Geschäftsmodell zeichnet sich durch intelligent aufeinander abgestimmte und sich wechselseitig ergänzende Bestandteile aus, die in ihrer Gesamtheit ein Differenzierungskriterium im Wettbewerb darstellen. Diese Andersartigkeit – der Kern einer jeden Strategie[6] – wird heute immer weniger durch meist kurzlebige Produkt- oder Serviceinnovationen erreicht.[7] Im Gegensatz dazu können Geschäftsmodellinnovationen aufgrund einzigartiger inhaltlicher Bausteine, der Beziehungen zwischen den Bausteinen oder der Gesamtarchitektur nur schwer von Wettbewerbern imitiert werden. Derartige Geschäftsmodelle bilden dann die Grundlage für die Realisierung nachhaltiger Wettbewerbsvorteile.[8] Die Einführung des iPod von Apple ist ein anschauliches Beispiel für eine solche Geschäftsmodellinnovation (vgl. Beispielkasten »Geschäftsmodellinnovation am Beispiel des Apple iPod«).

Schritt 1: Das eigene Geschäftsmodell verstehen

In einem ersten Schritt gilt es, das jeweilige Unternehmen bzw. Geschäftsfeld hinsichtlich der sieben Geschäftsmodellbausteine und deren Wirkungsmechanismen zu analysieren. Konkret kann dies beispielsweise dadurch geschehen, dass die Inhalte der Geschäftsmodellbausteine für das eigene Geschäft oder für eine neue Geschäftsidee im Team auf Notizzettel geschrieben werden. Eine für alle Beteiligten übersichtliche Visualisierung kann durch Zuordnung der Notizzettel zu der auf einem großen Papierbogen dargestellten Geschäftsmodellstruktur erfolgen (vgl. Abb. 1). Anschließend gilt es, wichtige Wechselwirkungen zwischen den Elementen zu identifizieren. Der so erarbeitete Geschäftsmodellentwurf wird abschließend im Team diskutiert und geschärft. Dabei sollte auch geprüft werden, inwieweit das aktuelle Geschäftsmodell in der Zukunft eine Quelle für nachhaltige Wettbewerbsvorteile darstellen kann. Liefert das Geschäftsmodell für den Kunden und das Unternehmen einen Wert? Ist es einzigartig oder zumindest selten? Kann es nur schwer imitiert oder gar substituiert werden? Nur wenn alle Fragen mit »ja« beantwortet sind, kann ein nachhaltiger Wettbewerbsvorteil realisiert werden.[9] Andernfalls sollte über eine Anpassung einzelner Elemente des Geschäftsmodells nachgedacht werden.

Schritt 2: Gestaltungsoptionen im Geschäftsmodell erarbeiten, bewerten und auswählen

Nachdem die »DNA« des eigenen Geschäfts geklärt ist, werden in Schritt 2 Optionen zur Weiterentwicklung des Geschäftsmodells erarbeitet. Die verfügbaren Spielräume zur Gestaltung der sieben Bausteine des Geschäftsmodells werden dabei durch die Strategie definiert. Soll das Unternehmen strategisch beispielsweise als Premiumanbieter im Wettbewerb positioniert werden, so ist es wenig zielführend, im Geschäftsmodell über ein Wertangebot für Niedrigpreissegmente nachzudenken. Eine wichtige Frage ist hier, wie eng die strategischen Leitplanken gesetzt werden sollen. Klar definierte strategische Stoßrichtungen des Unternehmens helfen zwar einerseits, fokussiert über entsprechende Geschäftsmodellkonfigurationen nachzudenken, behindern aber andererseits den kreativen Spielraum für andersartige (innovative) Geschäftsmodelle.

Einen Bezugsrahmen für die Entwicklung der Gestaltungsoptionen bilden die Ergebnisse einer strategischen Analyse, bspw. makroökonomische Trends, neue Kundenanforderungen, Markt- bzw. Wettbewerbsentwicklungen, neue Technologien oder Branchenstrukturen. Strategieansätze propagieren hier teilweise ein Vorgehen, in dem zunächst sogenannte »strategische Herausforderungen« aus

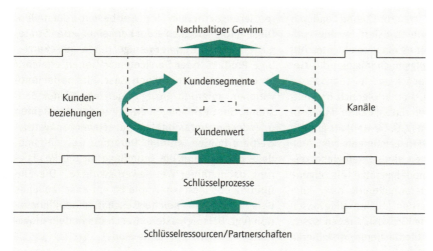

Abb. 2 Das Geschäftsmodell und seine sieben Bausteine

der externen Analyse identifiziert werden. Anschließend erfolgt für jede »Herausforderung« eine relativ mechanistische Ableitung von isolierten strategischen Projekten. Die Strategiearbeit mit Geschäftsmodellen dagegen folgt einem eher ganzheitlichen Ansatz. Auf Basis der externen Analyseergebnisse werden hier Zukunftsszenarien entwickelt und dann überlegt, mit welchen Geschäftsmodellen das Unternehmen künftig erfolgreich sein kann. Modelliert man das Geschäft anderer Unternehmen mit der gleichen Logik und denselben Elementen, so lassen sich dadurch branchenübergreifend erfolgreiche Geschäftsmodellmuster erkennen und als Impulse für die eigene Strategiearbeit verwenden.[10] Dies kann helfen, völlig neue (innovative) Geschäftsmodelle zu gestalten oder das heutige Geschäft graduell weiterzuentwickeln.[11] Die identifizierten Gestaltungsoptionen werden anschließend quantitativ (z. B. die Umsatzentwicklung oder der ROI) und qualitativ (z. B. die Durchführbarkeit, Plausibilität oder Konsistenz) bewertet und ausgewählt.

Schritt 3: Geschäftsmodelle umsetzen

Innerhalb einer Unternehmensstrategie sind verschiedene parallele Geschäftsmodelle für verschiedene Geschäftsfelder sowie unterschiedliche Geschäftsmodellkonfigurationen je Geschäftsfeld denkbar. Zur konsequenten Umsetzung der angestrebten Veränderungen in den Geschäftsmodellen empfiehlt sich die Ableitung von strategischen Zielen und deren Integration in sogenannte Strategy Maps (vgl. Abb. 2). Eine Strategy Map[12] fungiert als strategisches Umsetzungsinstrument, durch das die Aufmerksamkeit und die Ressourcen des Managements auf die wichtigsten strategischen Veränderungen gelenkt werden. In der Regel werden neue oder weiterentwickelte Geschäftsmodelle nur durch das abgestimmte Zusammenwirken von unterschiedlichen Bereichen im Unternehmen zu realisieren sein. Insbesondere in großen Organisationen helfen Strategy Maps, Geschäftsmodellveränderungen in strategische Prioritäten der an der Umsetzung beteiligten Unternehmensbereiche zu übersetzen und diese miteinander abzugleichen.[13] Kombiniert mit entsprechenden Messgrößen (KPIs), Zielwerten und Aktionsprogrammen lässt sich die Realisierung der Geschäftsmodelle anschließend diszipliniert steuern und mit dem Anreiz- und Zielvereinbarungssystem sowie mit der Budgetierung verknüpfen.

Vor- und Nachteile

Die konzeptionelle Herausforderung eines Geschäftsmodellansatzes liegt darin, dass das Konzept einfach und intuitiv zu erfassen sein muss, ohne dabei die Komplexität der Erfolgsmechanismen des Geschäfts allzu stark zu vereinfachen. Gelingt dieser Spagat, so hilft das Geschäftsmodell mit seinen Bausteinen, die aktuelle Geschäftslogik und neue Geschäftsideen im eigenen Unternehmen oder Erfolgsmodelle anderer Unternehmen systematisch zu beschreiben und damit besser zu verstehen. Durch die standardisierte Struktur lassen sich Unterschiede zu bestehenden Geschäftsmodellen und Möglichkeiten zur Differenzierung leichter erkennen. Auf Basis dieser Analyseergebnisse kann das Instrument anschließend herangezogen werden, um das eigene Geschäft zu verbessern und nachhaltig Wettbewerbsvorteile zu realisieren. Auf Basis der verschiedenen Bausteine und deren Zusammenspiel lassen sich strategische Grundsatzentscheidungen strukturiert aus einer ganzheitlichen und integrativen Perspektive treffen. Ein weiterer Vorteil liegt darin, dass sich auch abstrakte Erfolgsmechanismen mit Hilfe eines Geschäftsmodells gegenüber Mitarbeitern sowie Aufsichtsgremien, Investoren oder Kooperationspartnern schlüssig und plausibel kommunizieren lassen. Schließlich leistet das Instrument eine wichtige Brückenfunktion von eher abstrakten strategischen Stoßrichtungen hin zur konkreten Strategieumsetzung mit Zielen, Messgrößen und Aktionen, die aus den strategischen Grundsatzentscheidungen des Geschäftsmodells abgeleitet werden.

Ein wesentlicher Nachteil des Instruments ist die fragmentarische und meist qualitative Darstellung der Einflussgrößen auf den Geschäftserfolg. Dadurch wird eine Analyse von rechenbaren Korrela-

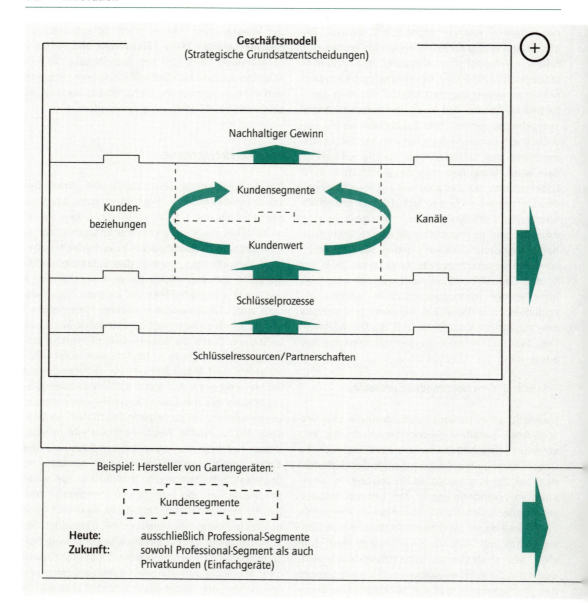

tionen zwischen den verschiedenen Bausteinen nur schwer möglich, obgleich dies eine Voraussetzung zum Nachvollziehen der Erfolgsmechanismen eines Geschäftes darstellt. In den Bausteinen erfolgt keine explizite Betrachtung von Wettbewerbern und deren möglichen Reaktionsmustern auf Änderungen im eigenen Geschäftsmodell. Auch fehlt es an einer expliziten Risikobetrachtung hinsichtlich der möglichen Geschäftsmodellausprägungen. Aufgrund der genannten Aspekte werden ergänzende quantitative und qualitative Bewertungen der verschiedenen Gestaltungsoptionen erforderlich, die dann bspw. im Rahmen eines Businessplans erfolgen.

Unterscheidet sich das Geschäftsmodell konzeptionell grundlegend von anderen bereits im Unter-

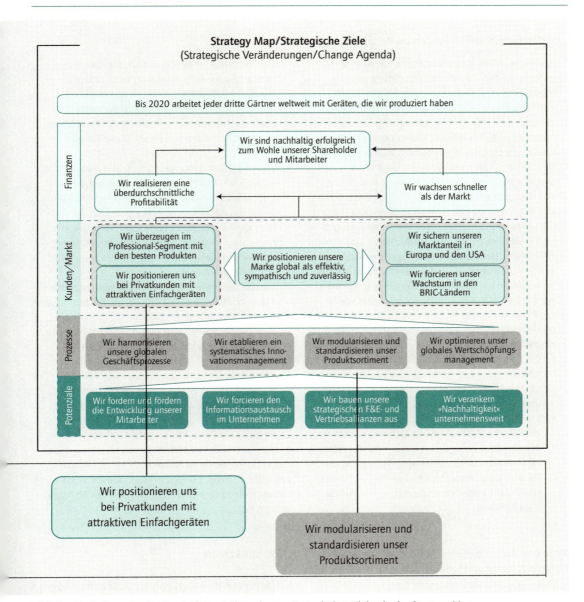

Abb. 2 Veränderungen im Geschäftsmodell werden zu strategischen Zielen in der Strategy Map

nehmen eingesetzten Strategieinstrumenten, dann besteht darüber hinaus die Gefahr, dass das Instrument von den Mitarbeitern nicht akzeptiert wird, auch wenn es isoliert betrachtet einfach gestaltet ist. Sind beispielsweise für die Strategieumsetzung Strategy Maps und Balanced-Scorecards mit den vier vertikal angeordneten Standardperspektiven im Einsatz, so kann eine grundlegend andere Architektur im Geschäftsmodell zu Irritationen führen und eine »Übersetzung« der Inhalte notwendig machen, was wiederum der angestrebten Einfachheit und intuitiven Erfassbarkeit widerspricht. Ein weiterer Nachteil ist der Mangel an einheitlich beschriebenen Geschäftsmodellmustern unterschiedlicher Branchen.

Geschäftsmodellinnovation am Beispiel des Apple iPod[14]

Bis in die 1990er-Jahre war Apple ein Nischenanbieter in der IT-Branche mit relativ geringem Marktanteil. Die Einführung des iPod im Jahre 2001 brachte schließlich den Durchbruch. War der Grund hierfür auf eine einzigartige Produktinnovation zurückzuführen? Wohl eher nicht. Die Idee des tragbaren Musikgerätes wurde schon in den 1980er-Jahren von Sony mit dem Walkman® umgesetzt. Zum Zeitpunkt der Markteinführung des iPod gab es darüber hinaus eine ganze Reihe von tragbaren digitalen Musikgeräten (sogenannte MP3-Player) in unterschiedlichen Ausführungen und Preisklassen auf dem Markt. Was es zu diesem Zeitpunkt allerdings nicht gab, war ein einzigartiges Geschäftsmodell, in dem die Produktidee bzw. Technologie um zusätzliche Elemente erweitert wurde, die sich wiederum in intelligenter Weise gegenseitig ergänzten. Das Geschäftsmodell von Apple rund um den iPod beinhaltete nachfolgende Elemente (Auszug):

- Ein hochmargiges Preismodell, das zu einem enormen Umsatz- und Ergebniswachstum sowie einer verbesserten Marktkapitalisierung führte (nachhaltiger Gewinn).
- Ein einfaches und benutzerfreundliches Design, eine starke Marke, hohe Speicherkapazität sowie iTunes, eine neue Art der Kundenschnittstelle, in der das einfache Herunterladen von digitaler Musik und anderen Inhalten für die Kunden einen ganz besonderen Zusatznutzen stiftete (Kundenwert).
- Der Fokus auf junge Menschen, die fast selbstverständlich mit iPods aufwachsen und in Zukunft zu kaufkräftigen Kunden von weiteren Apple-Produkten werden, sowie der zwischenzeitliche Anspruch von Apple, jedes Kundensegment bedienen zu können (Kundensegmente).
- Eigens gestaltete Verkaufseinrichtungen wie die Apple Stores an exklusiven Standorten, Apple Shops in ausgewählten Elektronikfachmärkten sowie der Apple Online-Store (Kanäle).
- Die geschützte Technologie bzw. Software, die für Kunden eine Wechselbarriere darstellt und dadurch zu einer starken Kundenbindung führt (Kundenbeziehung).
- Das Orchestrieren von Wertschöpfungsschritten bei spezialisierten Lieferanten, um Kosten- bzw. Qualitätsvorteile gegenüber der Eigenfertigung zu erzielen, sowie ein hohes »Speed to Market« bei neuen Produkten (Schlüsselprozesse).
- Ein innovatives Entwicklungsteam, starke Patente sowie attraktive Partner wie der Sportartikelhersteller Nike (Schlüsselressourcen/Partnerschaften).

Wenn auch die Produktidee selbst auf den ersten Blick relativ leicht zu imitieren war, so stellte doch das konsistente Geschäftsmodell ein einzigartiges Differenzierungsmerkmal dar, dass in seiner Gesamtheit zu einem Wettbewerbsvorteil für Apple geführt hat.

Viele der Muster basieren auf kommerziellen Aktivitäten im Internet und unterscheiden sich in ihrer Darstellung je nach verwendetem Geschäftsmodellansatz. Grundsätzlich ist die Anwendung des Instruments auf verschiedenen Ebenen im Unternehmen denkbar, wobei es derzeit aber kaum Empfehlungen für das Zusammenspiel zwischen den Ebenen gibt. In großen diversifizierten Unternehmen besteht die Gefahr, dass Geschäftsmodelle auf Ebenen oberhalb der Geschäftsfelder nur noch sehr allgemeine Aussagen beinhalten und dadurch an Wert verlieren.

Perspektiven

Möchte man den Nutzen von Geschäftsmodellen realisieren, so müssen Strategie- und Geschäftsmodellplanung sowie die Strategieumsetzung im Strategieprozess sinnvoll miteinander verknüpft werden. Geschäftsmodelle sind dann ein integraler Bestandteil des Strategieprozesses (vgl. Abb. 3). Da sich das Umfeld von Unternehmen ständig verändert, müssen auch die Geschäftsmodelle im Rahmen des Strategieprozesses kontinuierlich hinterfragt und gegebenenfalls angepasst werden.

Geschäftsmodelle 25

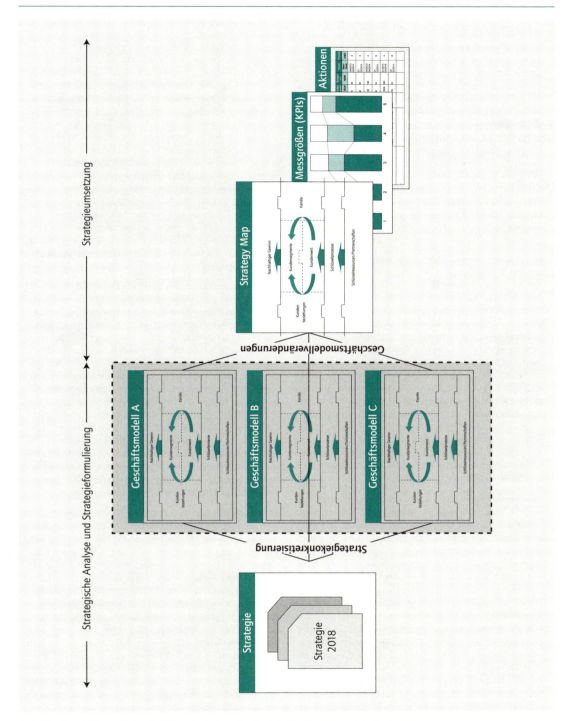

Abb. 3 Geschäftsmodelle als Brücke zwischen Strategieformulierung und -umsetzung

Die sieben Bausteine des Geschäftsmodells

Nachhaltiger Gewinn: Dieser Baustein beschreibt, mit welchen Mechanismen das Unternehmen auf Basis des für die definierten Kundensegmente gelieferten Kundenwertes Gewinne bzw. Nutzen für die weiteren Stakeholder realisieren möchte. Der Baustein ist in ertragsorientierten Unternehmen die Messlatte für den Erfolg oder Misserfolg des Geschäftsmodells. Aus ökonomischer Sicht geht es hier um Einnahmequellen (z. B. Verkauf, Mitgliedsgebühren, Vermietung/Leasing, Lizenzgebühren etc.) und die Preisgestaltung sowie um Kostenstrukturen, die aus den sechs anderen Bausteinen entstehen. Der angestrebte monetäre Mehrwert kann zusätzlich um ökologische Aspekte (z. B. den substanzerhaltenden Umgang mit erneuerbaren Ressourcen etc.) und gesellschaftliche Aspekte (z. B. psychische und physische Gesundheit, Chancengleichheit etc.) erweitert werden.

Kundenwert: Im Baustein Kundenwert oder auch Customer Value Proposition (CVP) wird die Frage beantwortet, welchen Mehrwert oder Nutzen das Unternehmen mit seinem Angebot für den Kunden stiftet. Das Wertangebot stellt gewissermaßen den Kern des Geschäftsmodells dar, da es der Grund ist, warum sich Kunden eher dem einen Unternehmen und nicht dessen Wettbewerbern zuwenden. Es ist zu klären, welche Kundenwünsche bzw. -bedürfnisse mit welchem Produkt- bzw. Dienstleistungskonzept (Kern- und Zusatznutzen, Verpackung, Service, Marke etc.) befriedigt werden sollen. Welche konkreten Kundenprobleme werden wie gelöst? Dabei kann der Kundennutzen sowohl materiell (z. B. Preis, Qualität, Schnelligkeit) als auch immateriell (z. B. Prestige, Status, Image, Kundenerlebnis) zum Ausdruck kommen. Entscheidend ist, ob der angestrebte Mehrwert oder Nutzen Kunden auch als solcher wahrgenommen wird und wie er in Relation zum Wettbewerb steht.

Kundensegmente: Im Baustein Kundensegment geht es um die Frage, für welche Kunden das Unternehmen schwerpunktmäßig Wert generieren möchte. Zielgruppendefinitionen können sich beispielsweise an demografischen, sozioökonomischen, geografischen, verhaltensbezogenen und psychografischen Kriterien bzw. einer Kombination daraus orientieren. Unterschiedliche Kundengruppen bzw. -segmente haben unterschiedliche Wünsche bzw. Ansprüche und weisen unterschiedliche Rentabilitäten auf (z. B. Privat- versus Firmenkunden, Massen- versus Nischenmarkt, Premium- versus Niedrigpreissegment etc.). Unterschiedliche Segmente müssen unterschiedlich bedient werden, beispielsweise mit segmentspezifischen Produkten, Kanälen oder Beziehungen. Insbesondere ist hier zu klären, welche Kunden besondere Aufmerksamkeit und Ressourcen des Unternehmens bekommen sollen und welche Segmente das Unternehmen bewusst nicht bedienen möchte.

Kanäle: Die Wege, auf denen ein Unternehmen seine definierten Kundensegmente erreicht bzw. anspricht, um das Wertangebot zu vermitteln, sind Gegenstand des Bausteins Kanäle. Dies beinhaltet neben den Verkaufskanälen (z. B. eigene Geschäfte, Handel, Katalog, Telefon, Online etc.) auch Distributions- und Kommunikationskanäle (einschließlich Werbung) sowie die Betreuung des Kunden nach dem Kauf. Hier können eigene und Partner kanäle sowie direkte und indirekte Kanäle unterschieden werden. Wichtige Gestaltungselemente bei indirektem Vertrieb sind hier beispielsweise die Tiefe eines Vertriebsweges (Anzahl der Vertriebsstufen zwischen Anbieter und Kunde) und die Breite eines Vertriebsweges (Anzahl der parallel eingesetzten Vertriebspartner). Darüber hinaus hat die Breite des gesamten Vertriebssystems (Anzahl der parallel benutzten Vertriebswege) einen Einfluss auf die Vermittlung des Wertangebotes an die Kundensegmente.

Kundenbeziehungen: Im Baustein Kundenbeziehungen sollte Klarheit geschaffen werden, welche Arten von Beziehungen ein Unternehmen mit bestimmten Kundensegmenten eingehen möchte. Das systematische Management der Kundenbeziehungen (Customer Relationship Management) ist ein wichtiger Hebel für die Kundenbindung und nachhaltig profitable Geschäftsaktivitäten mit den fokussierten Kundensegmenten. Die Kategorien von Kundenbeziehungen reichen von persönlichem Kontakt bis hin zu völliger Automatisierung. Ansatzpunkte zum Management von Kundenbeziehungen können sich beispielsweise auf die Interaktion mit dem Kunden beziehen (z. B. die Einbindung in die Produktentwicklung, 24/7 Servicenummern etc.) oder den Aufbau von Wechselbarrieren beinhalten (z. B. Preis-/Leistungsgarantien, gemeinsame Werbung/Co-Branding, Nichtkompatibilität des eigenen Wertangebots mit Wettbewerbsprodukten etc.).

Schlüsselprozesse: Im Baustein Schlüsselprozesse wird beschrieben, wie das Wertangebot für die definierten Kundensegmente erstellt wird und welche Aktivitäten für das Betreiben des Geschäftsmodells und aller seiner Bausteine (z. B. Kanäle, Kundenbeziehungen etc.) eine erfolgskritische Rolle spielen. Dabei geht es nicht um die Auflistung aller Prozesse und Aktivitäten im Unternehmen, sondern um die Identifikation und Gestaltung derjenigen Prozesse, die eine herausragende Bedeutung für die Realisierung des Geschäftsmodells haben. Dies kann beispielsweise Schlüsseltätigkeiten beinhalten, mit denen Kundenwünsche bzw. -anforderungen identifiziert werden. Je nach Geschäftsmodell können darüber hinaus Prozesse wie Innovationsmanagement bzw. Life Cycle Management, Produktion- und Supply Chain Management, Kundenmanagement oder Umweltmanagement eine besondere Bedeutung haben.

> **Schlüsselressourcen/Partnerschaften:** Hier wird beschrieben, welche internen und externen Ressourcen für die Wertschöpfung erfolgsentscheidend sind. Eine zentrale Rolle spielen dabei die Mitarbeiter mit ihrem Fachwissen, ihren Führungskompetenzen, ihrer Innovationskraft und ihren Erfahrungen. Darüber hinaus können auch physische Einrichtungen (z. B. Produktionsanlagen, IT, Logistik- und Vertriebsstrukturen, Technologien etc.), intellektuelle Ressourcen (z. B. Patente, Firmenwissen, Urheberrechte etc.), Aspekte der Unternehmenskultur oder auch finanzielle Mittel erfolgskritisch für das Geschäftsmodell sein. Neben den internen Ressourcen spielt in vielen Branchen Partnerschaften wie Entwicklungsallianzen, Vertriebspartnerschaften, Schlüssellieferanten etc. eine zentrale Rolle für die Erstellung des Wertangebots.

Je besser das Verständnis des eigenen Geschäftsmodells ist, desto leichter wird es sein, dieses flexibel auf neue Anforderungen hin auszurichten. Dies kann in einer graduellen Veränderung der Geschäftsmodellinhalte zum Ausdruck kommen oder in einer revolutionären Adaption, d. h. einer grundsätzlichen Veränderung des Geschäftsmodells als Antwort auf völlig neue Bedürfnisse oder als Hebel zum Schaffen völlig neuer Märkte. Vor dem Hintergrund der aktuellen Nachhaltigkeitsdiskussion hat gerade der letzte Aspekt an Bedeutung gewonnen. Unternehmen versuchen zunehmend, mit innovativen Geschäftsmodellen einen positiven sozialen und ökologischen Wandel einzuleiten und damit nachhaltig Wachstum und Gewinne zu erzielen. Zu nennen sind hier beispielsweise Geschäftsmodelle zur Lösung gesellschaftlicher Probleme im Sinne des »Bottom of the Pyramid«[15] oder sogenannte »Grüne Geschäftsmodelle«.[16] Die nächsten Jahre werden zeigen, inwieweit ökologische und soziale Problemstellungen der Gesellschaft mit neuen Geschäftsmodellmustern seitens der Unternehmen adressiert und gelöst werden können.

Anmerkungen
1 Ein Ursprung für die strukturierte Auseinandersetzung mit Geschäftsmodellen kann auf den E-Business-Boom der 1990er-Jahre zurückgeführt werden, wo neue Geschäftsmodelle für kommerzielle Aktivitäten im Internet entstanden sind.
2 In Unternehmen mit verschiedenen Geschäftsfeldern gibt es in der Regel auch verschiedene Geschäftsmodelle. Betreibt das Unternehmen nur ein Geschäft, wie es bspw. bei vielen kleinen Unternehmen der Fall ist, dann liegt i. d. R. auch nur ein Geschäftsmodell vor. Zum Verhältnis von Strategie und Geschäftsmodellen vgl. Casadesus-Masanell, R./Ricart, J. E.: From Strategy to Business Models and onto Tactics. In: Long Range Planning, 43. Jg., 2010, H. 2. S. 195–215.
3 Vgl. Casadesus-Masanell, R./Ricart, J. E., a. a. O., S. 197; Kagermann, H./Österle, H.: Geschäftsmodelle 2010. Wie CEOs Unternehmen transformieren, 2. Aufl., Frankfurt a. M. 2007, S. 16; Osterwalder, A./Pigneur, Y.: Business Model Generation. Ein Handbuch für Visionäre, Spielveränderer und Herausforderer, Frankfurt a. M. 2011, S. 18. Für den Begriff und das Konzept eines Geschäftsmodells gibt es bislang keine einheitliche Definition. Zu einem Überblick vgl. Zott, C./Amit, R./Massa, L.: The Business Model: Recent Developments and Future Research. In: Journal of Management, 37. Jg., 2011, H. 4, S. 1019–1042; Bieger, T./Krys, C.: Einleitung – Die Dynamik von Geschäftsmodellen. In: Bieger, T./zu Knyphausen-Aufseß, D./Krys, C.: Innovative Geschäftsmodelle. Konzeptionelle Grundlagen, Gestaltungsfelder und unternehmerische Praxis, Berlin/Heidelberg 2011, S. 18 f.; sowie Scheer, C./Deelmann, T./Loos, P.: Geschäftsmodelle und internetbasierte Geschäftsmodelle – Begriffsbestimmung und Teilnehmermodell. ISYM-Arbeitspapier Nr. 12, Johannes Gutenberg-Universität Mainz, Lehrstuhl Wirtschaftsinformatik und Betriebswirtschaftslehre, Mainz 2003.
4 Bausteine in Abbildung 1 in Anlehnung an Osterwalder, A./Pigneur, Y., a. a. O., S. 20–48; vgl. hierzu auch Horváth & Partners (Hrsg.): Balanced Scorecard umsetzen, 4. Aufl., Stuttgart 2007, S. 127–129; sowie Greiner, O./Wolf, T.: Das 7-K-Prinzip. Geschäftsmodelle gestalten – Strategien entwickeln, Whitepaper, Horváth & Partner GmbH (Hrsg.), Stuttgart Mai 2010.
5 Vgl. Casadesus-Masanell, R./Ricart, J. E., a. a. O., S. 197–201.
6 Vgl. Porter, M. E.: What is Strategy? In: Harvard Business Review, 74. Jg., Nov./Dez. 1996, S. 70–75.
7 Vgl. D'Aveni, R. A.: Hypercompetition. Managing the Dynamics of Strategic Maneuvering, New York 1994.
8 Vgl. Zollenkop, M.: Geschäftsmodellinnovation. Initiierung eines systematischen Innovationsmanagements für Geschäftsmodelle auf Basis lebenszyklusorientierter Frühaufklärung. Wiesbaden 2006; Wirtz, B. W.: Business Model Management. Design, Instrumente, Erfolgsfaktoren von Geschäftsmodellen, 2. Aufl., Wiesbaden 2011, S. 194–220.
9 In Anlehnung an das VRIN-Modell. Vgl. Barney, J. B.: Firm resources and sustained competitive advantage. In: Journal of Management, 17. Jg., 1991, H. 1, S. 99–129.

10 Vgl. Osterwalder, A./Pigneur, Y., a. a. O., S. 60–123. Zur Idee der (strategischen) Mustererkennung vgl. auch Slywotzky, A. J./Morrison, D. J./Moser, T./Mundt, K. A./Quella, J. A.: Profit Patterns. 30 Ways to Anticipate and Profit from Strategic Forces Reshaping Your Business, New York 1999.
11 Vgl. Bieger, T./zu Knyphausen-Aufseß, D./Krys, C.: Innovative Geschäftsmodelle, a. a. O.
12 Wunder, T.: Strategy Maps. In: Zeitschrift für Organisation, 81. Jg., 2012, H. 4, S. 273 ff.
13 Zum Konzept der Strategy Maps vgl. Wunder, T.: Strategy Maps. Strategien klären, beschreiben und abgleichen. In: Zeitschrift für Führung und Organisation (zfo), 81. Jg., 2012, H. 4, S. 273–277.
14 In Anlehnung an Johnson, M. W./Christensen, C. M./Kagermann, H.: Reinventing your business model. In: Harvard Business Review, 86. Jg., 2008, H. 12, S. 50 f.; sowie Osterwalder, A./Pigneur, Y., a. a. O., S. 50 f.
15 Vgl. Prahalad, C. K.: Fortune at the Bottom of the Pyramid: Eradicating Poverty Through Profits, Upper Saddle River, NJ 2005.
16 Schaltegger, S./Lüdeke-Freund, F./Hansen, E. G.: Business Cases for Sustainability and the Role of Business Model Innovation: Developing a Conceptual Framework, Centre for Sustainability Management, Lüneburg 2011; Leitschuh-Fecht, H./Salzmann, O./Steer, U.: Kann Nachhaltigkeit zum Geschäftsmodell werden? In: UmweltWirtschaftsForum, 11. Jg., 2003, H. 4, S. 37–42; Sommer, A.: Managing Green Business Model Transformations, Heidelberg u. a. 2011; Nidumolu, R./Prahalad, C. K./Rangaswami, M. R.: Why Sustainability is Now the Key Driver of Innovation. In: Harvard Business Review, 87. Jg., 2009, H. 9, S. 56–64.

Literaturempfehlungen

Bieger, T./zu Knyphausen-Aufseß, D./Krys, C.: Innovative Geschäftsmodelle. Konzeptionelle Grundlagen, Gestaltungsfelder und unternehmerische Praxis, Berlin/Heidelberg 2011.

Casadesus-Masanell, R./Ricart, J. E.: From Strategy to Business Models and onto Tactics. In: Long Range Planning, 43. Jg., 2010, H. 2–3, S. 195–215.

Greiner, O./Wolf, T.: Das 7-K-Prinzip. Geschäftsmodelle gestalten – Strategien entwickeln, Whitepaper, Horváth & Partner GmbH (Hrsg.), Stuttgart 2010.

Johnson, M. W.: Seizing the White Space. Business Model Innovation for Growth and Renewal, Boston (Massachusetts) 2010.

Johnson, M. W./Christensen, C. M./Kagermann, H.: Reinventing your business model. In: Harvard Business Review, 86. Jg., 2008, H. 12, S. 50–59.

Kagermann, H./Österle, H.: Geschäftsmodelle 2010. Wie CEOs Unternehmen transformieren, 2. Aufl., Frankfurt a. M. 2007.

Osterwalder, A./Pigneur, Y.: Business Model Generation. Ein Handbuch für Visionäre, Spielveränderer und Herausforderer. Frankfurt a. M. 2011.

Porter, M. E.: What is Strategy? In: Harvard Business Review, 74. Jg., 1996, Nov/Dez, S. 61–78.

Wirtz, B. W.: Business Model Management. Design, Instrumente, Erfolgsfaktoren von Geschäftsmodellen, 2. Aufl., Wiesbaden 2011.

Zott, C./Amit, R./Massa, L.: The Business Model: Recent Developments and Future Research. In: Journal of Management, 37. Jg., 2011, H. 4, S. 1019–1042.

Innovationsradar

Das unternehmenseigene Innovationspotenzial erweitern

Claudio Cometta/Jacques Hefti/Heike Rawitzer

Oft scheitern Unternehmen mit Innovationen, weil sie am Kundenbedürfnis vorbeigehen oder keinen Wettbewerbsvorteil generieren. Erfolgversprechender ist ein Konzept, das neu entwickelte Produkte oder Dienstleistungen in mehreren Dimensionen eines Geschäfts verankert und den Innovationsprozess in allen Phasen konsequent auf die Generierung neuer Werte für das Unternehmen und seine Kunden ausrichtet. Dabei helfen Instrumente wie der Innovationsradar.

Der Aufbau und die konsequente Nutzung des eigenen Innovationspotenzials steht als ein wichtiges Schlüsselelement für den Unternehmenserfolg ganz oben auf der Agenda vieler CEOs. Innovation ermöglicht Wachstum, erhöht die Wettbewerbsfähigkeit und befähigt eine Organisation, rasch auf Veränderungen in ihrem Umfeld zu reagieren. Doch was genau ist Innovation? In vielen Unternehmen wird dieser Begriff auf die Entwicklung neuer Produkte und Prozesse reduziert oder auch mit den Aufgaben einer klassischen F&E-Abteilung gleichgesetzt. Doch viele Innovationen scheitern genau deshalb, weil die Reduktion auf möglichst noch bessere Produkte und Prozesse die Kundenbedürfnisse nicht trifft oder von Wettbewerbern mit einem geringeren Ressourceneinsatz in kürzester Entwicklungszeit nachgeahmt werden kann. Damit erodiert ein durch Innovation erzielter Wettbewerbsvorteil rasch, die Angebote der Wettbewerber gleichen sich wieder an. Aus diesem Grund ist es notwendig, mit einem breiteren Verständnis von Innovation die Potenziale eines Unternehmens zu erkennen, auszuschöpfen und langfristig Wettbewerbsvorteile zu sichern.

Neue Werte schaffen, nicht neue Dinge

Die Literatur zum Thema Innovationsmanagement bietet heute zahlreiche Konzepte, die ein breiteres Verständnis von Innovation einfordern. Als etabliert gilt unter dem Begriff der *Geschäftsinnovation* ein Ansatz, mit dem die Wertgenerierung für die Kunden und damit auch für das Unternehmen im Zentrum der Innovation steht. Dabei wird davon ausgegangen, dass aus der Entwicklung neuer Produkte oder Prozesse nur dann erfolgreiche Innovationen entstehen, wenn diese in mehreren Dimensionen des Geschäfts verankert werden. Das senkt nicht nur die Gefahr der Imitierbarkeit durch Wettbewerber, sondern erhöht auch den Wert einer Innovation für die Kunden. Denn letztlich entscheidet der Markt, ob ein neues Produkt einen tatsächlichen Mehrwert darstellt. Was zählt, ist der zahlende Kunde.

Mit ihrem Ansatz eines Innovationsradars[1] bezeichnen Sawhney, Wolcott und Arroniz vier Kernbereiche, in denen Innovation im Geschäft eines Unternehmens verankert werden kann:

1. in den Produkten und Dienstleistungen des Unternehmens (Angebote),
2. bei den Kunden und ihren Bedürfnissen,
3. in den Prozessen des Unternehmens nach innen und nach außen sowie
4. in der Präsenz am Markt über die Vertriebskanäle.

Innovation

Dimension	Definition	Dimension	Definition
Angebote (Was)?	Entwicklung neuer, innovativer Produkte und Dienstleistungen	Prozesse (Wie?)	Redesign der Prozesse zur Verbesserung von Effizienz und Effektivität
Plattform	Verwendung bestehender Komponenten und Bausteine	Organisation	Veränderung von Form, Funktion oder Aktivitätsfokus der Unternehmung
Lösungen	Integration verschiedener Angebote zur Kundenproblemlösung	Lieferkette	Verändertes Verständnis von Beschaffung und Absatz
Kunden (Wer?)	Entdeckung neuer Kundenbedürfnisse und Kundensegmente	Präsenz (Wo?)	Entwicklung neuer und innovativer Vertriebskanäle
Kundenerlebnis	Neugestaltung der Interaktion mit Kunden an allen Kontaktpunkten	Vernetzung	Entwicklung intelligenter und integrierter Angebote
Wertabschöpfung	Erschließung neuer Ertragsquellen, Veränderung der Ertragslogik	Marke	Multiplizierung einer Marke in neue Märkte und Produkte

Abb. 1 Die zwölf Dimensionen von Geschäftsinnovationen[1]

Diese Kernbereiche werden in insgesamt zwölf Dimensionen, die für die Entwicklung einer Geschäftsinnovation von Bedeutung sind, weiter differenziert (vgl. Abb. 1). Diese Dimensionen bezeichnen Stellhebel, die dem Management zum Erzielen eines nachhaltigen Wettbewerbsvorteils durch Innovation zur Verfügung stehen. Gelingt es einem Unternehmen beispielsweise, mit einem neuen Produkt gleichzeitig die Logik der Lieferkette und der Wertabschöpfung in einem Markt zu verändern, wird die Innovation robuster und lässt sich von Wettbewerbern nicht mehr so rasch imitieren. So hat es das Unternehmen Skype geschafft, mit seinem Angebot (IP-Telefonie) die klassische Wertschöpfungslogik der Telekommunikationsbranche zu durchbrechen, und hat dadurch, dass der Dienst für die breite Masse der Nutzer kostenlos ist und nur wenige Premiumkunden bezahlen, schnell einen entscheidenden Wettbewerbsvorteil erzielt.

Diese zwölf Dimensionen gilt es nun mit dem klassischen Innovationsprozess im Unternehmen zu verknüpfen und so eine konsequente Verankerung des Innovationsradars sicherzustellen.

Innovationspotenziale erkennen und erschließen

Doch wie lässt sich Geschäftsinnovationsdenken zur Gestaltung von Innovationsprozessen nutzbringend im Unternehmen einsetzen? Im klassischen Verständnis des Innovationsmanagements (vgl. Abb. 2) steht das Suchen und Erkennen von neuen Möglichkeiten am Beginn eines erfolgreichen Innovationsprozesses.[2]

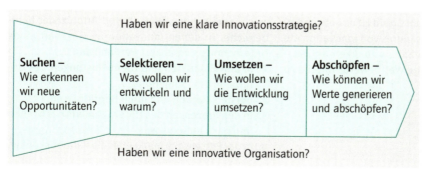

Abb. 2 Klassisches Prozessmodell von Innovation nach Tidd & Bessant[3]

Schritt 1: Suchen

Neue Opportunitäten durch Veränderungen im Umfeld des Unternehmens entstehen, sei es durch neue technologische Möglichkeiten, Aktivitäten von Wettbewerbern, veränderte Rahmenbedingungen im Markt oder sich wandelnde Kundenbedürfnisse. Auch unvorhergesehene Ereignisse wie Katastrophen oder anhaltende Krisen sind oft Anlass für das Entstehen neuer Opportunitäten. Wichtig ist, dass Unternehmen auch schwache Signale in ihrem Umfeld wahrnehmen, entlang möglichst vieler Dimensionen von Geschäftsinnovation Möglichkeiten erkennen und daraus neue Ideen für Innovationsprojekte ableiten.

Schritt 2: Selektieren

Das Ziel dieser Phase ist die Bewertung und Eingrenzung der Opportunitäten vor dem Hintergrund der Kompetenzen und Ressourcen, die dem Unternehmen zur Verfügung stehen. Das Resultat ist ein Innovationskonzept oder eine Innovationsstrategie, mit der ein Vorteil gegenüber den Wettbewerbern erzielt werden soll. Dabei hilft der Innovationsradar, das Potenzial des eigenen Unternehmens mit demjenigen der Wettbewerber zu vergleichen (vgl. Abb. 3). So wird das Differenzierungspotenzial durch Geschäftsinnovation sichtbar und Innovationsprojekte lassen sich konsequenter darauf ausrichten, Kundennutzen zu erzielen und Wettbewerbern das Imitieren der Innovation zu erschweren.

Schritt 3: Umsetzen

Nach der Selektion relevanter Opportunitäten und der Entwicklung eines Innovationskonzepts folgt die wichtigste und anspruchsvollste Phase jedes Innovationsprozesses: Potenzielle Ideen werden im Kontext identifizierter Geschäftsmöglichkeiten umgesetzt. Es entstehen Prototypen, neue Produkte und Dienstleistungen, verbesserte Verfahren und Prozesse oder auch neue Geschäftsmodelle.

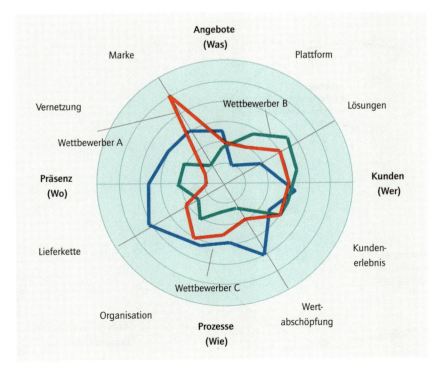

Abb. 3 Innovationsradar mit Benchmarking

Wichtig ist, dass Entwicklungen koordiniert in mehreren Geschäftsdimensionen erfolgen und nicht nur in einer Dimension isoliert bleiben. So wird sichergestellt, dass Innovationen tief in der Geschäftslogik des Unternehmens verankert werden.

Schritt 4: Abschöpfen

Im letzten Schritt stehen Unternehmen vor der Herausforderung, die Wertabschöpfung der Ergebnisse in der Umsetzungsphase sicherzustellen. Im Erfolgsfall ergeben sich höhere Marktanteile, Kosteneinsparungen, kommerzielle Gewinne oder im Falle von sozialen Innovationen auch ein Mehrwert für die Gesellschaft. Unternehmen, die sich in dieser Dimension des Innovationsradars positiv von ihren Wettbewerbern unterscheiden, sind deutlich weniger abhängig vom richtigen Timing für den Markteintritt. Damit können sie auch in einer reifen Phase eines Produkt- oder Marktlebenszyklus mit inkrementellen Innovationen und geringeren Risiken einen Wettbewerbsvorteil erzielen.

Dynamiken von Innovationsprozessen nutzen

Die Beachtung der verschiedenen Dimensionen von Geschäftsinnovation stellt hohe Anforderungen an die Gestaltung eines Innovationsprozesses im Unternehmen. Denn in der Realität verlaufen Innovationsprozesse selten entlang einer klassischen Phasenabfolge. So befinden sich im Normalfall meist zahlreiche Ideen und Entwicklungsprojekte gleichzeitig in unterschiedlichen Phasen der Suche, Konzeption, Umsetzung oder Abschöpfung. Innovationsprojekte beeinflussen sich so unabhängig von ihrer Sequenz und liefern sich im Idealfall gegenseitig laufend neue Inspirationen und Ideen. Solche nichtlinearen Prozesse sind zwar schwieriger zu steuern, hinsichtlich ihres Beitrags zur einer vertieften Verankerung neu entwickelter Produkte oder Prozesse in möglichst vielen Geschäftsdimensionen eines Unternehmens jedoch von großer Bedeutung. In der Literatur zum Thema Innovationsmanagement sind folglich auch Beiträge en vogue, die Ansätze zur Steuerung iterativer nichtlinear verlaufender Innova-

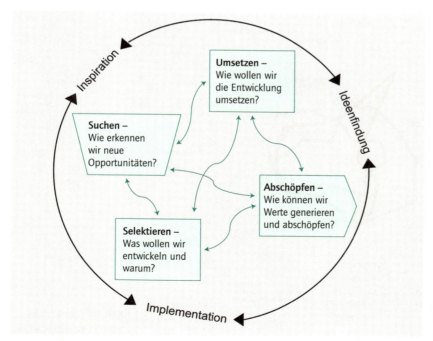

Abb. 4 Nichtlineares Prozessmodell von Innovation

tionsprozesse beschreiben (vgl. Abb. 4). Daher empfiehlt es sich, den Informationsfluss zwischen den Schnittstellen aller Dimensionen aktiv zu fördern und die Erkenntnisse aus allen Phasen aktiv zur konsequenten Ausrichtung auf die Generierung von neuen Werten zu nutzen.[4]

Vor- und Nachteile

Unternehmen, die eine stärkere Ausrichtung ihrer Entwicklungsaktivitäten auf Geschäftsinnovationen planen, können mit folgenden Vorteilen rechnen:
- Innovationen werden tief im Unternehmen verankert und sind daher besser vor Nachahmern geschützt.
- Die Wahrscheinlichkeit, dass eine Innovation auf ein Kundenbedürfnis trifft, steigt.
- Eine Integration in nichtlinear verlaufende Innovationsprozesse ist gut möglich.

Mögliche Nachteile der Anwendung des Konzepts der Geschäftsinnovation offenbaren sich in folgenden Punkten:

- großer Koordinations- und Abstimmungsbedarf zwischen unterschiedlichen Innovationsprojekten.
- Vernachlässigung der Qualität der technischen oder prozessualen Innovation, da die Geschäftsverankerung wichtiger ist.

Grundsätzlich lässt sich konstatieren, dass eine ausschließliche Produktfokussierung bei Innovationen nicht mehr ausreicht, um langfristig Wettbewerbsvorteile zu generieren und das Unternehmen vor Nachahmern zu schützen. Nur die Öffnung des Blickwinkels im Hinblick auf eine sogenannte Mehrfachinnovation führt letztendlich in Zeiten zunehmenden Wettbewerbs und erhöhtem Innovationsdruck zu nachhaltigen strategischen Erfolgen.

Anmerkungen
1 Sawhney, M./Wolcott, R. C./Arroniz, I.: The 12 different ways for companies to innovate. In: MIT Sloan Management Review, 47. Jg., 2006, H. 3, S. 74–81.
2 Tidd, J./Bessant, J., a. a. O.
3 Tidd, J./Bessant, J.: Managing Innovation – Integrating Technological, Market and Organizational Change, Chichester 2009.
4 Brown, T.: Design Thinking. In: Harvard Business Review, 86. Jg., 2008, H. 6, S. 84–93.

Umfeldanalyse

Szenariotechnik

Zukunftsbilder entwickeln und für strategische Vorhaben nutzen

Benjamin Künzli

Das Umfeld von Unternehmen und Organisationen ist in den letzten Jahren erheblich komplexer und dynamischer und damit auch fragiler geworden. Eine Rückkehr in überschaubarere und stabilere Verhältnisse wird es nicht mehr geben. Daher ist es umso wichtiger, dass man sich schon in der Gegenwart auf eine ungewisse Zukunft vorbereitet, um später kraftvoll agieren zu können. Die Szenariotechnik hilft dabei.

Damit sich Unternehmen, Business Units oder Funktionsbereiche (Human Resource Management, Logistik etc.) strategisch ausrichten können, brauchen sie eine Vorstellung davon, wie wichtige Aspekte ihres Umfelds in Zukunft aussehen könnten. Solche Zukunftsbilder können mit Hilfe der Szenariotechnik erarbeitet werden. Abbildung 1 grenzt diese Technik inhaltlich und zeitlich von anderen Instrumenten ab, die sich ebenfalls mit der (näheren oder ferneren) Zukunft des Unternehmens oder seines Umfelds befassen.

Erste Ansätze der Szenariomethode wurden in den 1950er-Jahren in den USA für militärische Zwecke entwickelt. Für den Durchbruch in der Geschäftswelt war nicht zuletzt auch der Erfolg der Methode bei Shell im Zusammenhang mit der Bewältigung der Ölkrise der 1970er-Jahre wichtig. Seither wurde sie ständig weiterentwickelt und immer breiter angewandt. Heute wird diese Technik nicht nur in Konzernen, sondern auch in vielen mittelständischen Unternehmen sowie in Organisationen des öffentlichen Sektors erfolgreich eingesetzt.[1]

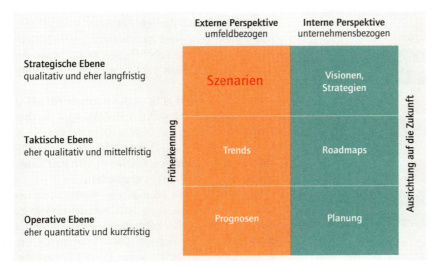

Abb. 1 Zukunftsgerichtete Instrumente der Unternehmensführung[2]

Verfahren

Ziel des Verfahrens ist es, mehrere plausible Bilder der Zukunft des relevanten Umfelds eines Unternehmens, einer Business Unit oder eines Funktionsbereichs zu entwickeln. Das kann zum Beispiel mit Blick auf …
- die Entwicklung oder die Überprüfung eines Geschäftsmodells oder einer Strategie,
- die mögliche Entwicklung von Produkten, Technologien, Märkten oder Branchen,
- die Einschätzung der Entwicklung bestimmter Risiken und Krisen,
- oder die Personalplanung

… hilfreich oder nötig sein. Dabei geht es nicht darum festzuhalten, wie die Zukunft in Wirklichkeit aussehen wird, sondern vor allem darum, sich auf verschiedene mögliche Zukünfte vorzubereiten, um so für alle Fälle besser gewappnet zu sein.

Abbildung 2 zeigt, dass der Weg zu den Szenarien fünf Etappen umfasst. In der Praxis werden dafür in aller Regel Workshops organisiert.

Abb. 2 Die fünf Schritte der Szenario-Entwicklung

Im ersten Schritt muss der Rahmen für die Arbeit an den Szenarien genau festgelegt werden. Sonst läuft das Ganze sehr schnell aus dem Ruder. Dazu wird zunächst geklärt, wer die Szenarien später zu welchem Zweck überhaupt einsetzen will. Dementsprechend muss dann das Umfeld, dessen mögliche Entwicklungen man skizzieren will, sachlich, räumlich und zeitlich genau eingegrenzt werden. Die sachliche Abgrenzung wird einfacher und systematischer, wenn sie mit Hilfe eines zweckmäßigen Modells[3] erfolgt. Die räumliche Grenzziehung hängt natürlich nicht zuletzt von den einzubeziehenden (künftigen) Märkten ab. Die zeitliche Abgrenzung richtet sich nach dem strategischen Horizont und variiert daher je nach Branche und typischer Dauer der Lebenszyklen der Produkte oder Dienstleistungen. Dabei ist auch zu beachten, dass es umso anspruchsvoller wird, Szenarien zu entwickeln, je weiter deren zeitliche Spanne reicht.

Im zweiten Schritt gilt es, die im eingangs definierten Umfeld wirksamen Schlüsselfaktoren zu identifizieren. Das können z. B. bedeutsame wirtschaftliche, technische, gesellschaftliche, politische, rechtliche oder ökologische Kräfte sein. Dazu können interne und externe Wissensträger mit Blick auf Gegenwart und Zukunft befragt werden. Zudem wird man auch weitere Informationen, wie etwa entsprechende Verlautbarungen von Branchenverbänden, hinzuziehen. Die Erfahrung zeigt, dass man mit rund 20 Schlüsselfaktoren gut arbeiten kann. Mit deutlich weniger Faktoren ist es schwer, das Umfeld genügend zu erfassen. Deutlich mehr Faktoren hingegen erhöhen die Komplexität der Szenariokonstruktion sehr schnell in einen kritischen Bereich.

Im dritten Schritt geht es dann darum, für jeden Schlüsselfaktor mögliche Entwicklungen zu beschreiben (vgl. dazu auch Abb. 3). In der Praxis hat es sich bewährt, plausible Geschichten zur möglichen Entwicklung dieser Faktoren (auch im Zusammenspiel miteinander) zu erarbeiten.[4]

Im vierten Schritt können die erarbeiteten Geschichten zur Entwicklung der Schlüsselfaktoren zu stimmigen Szenarien gebündelt werden (in Abb. 3 mit A, B und C bezeichnet). Diese Szenarien – i. d. R. sind es drei bis fünf – sollen für sich je ein mög-

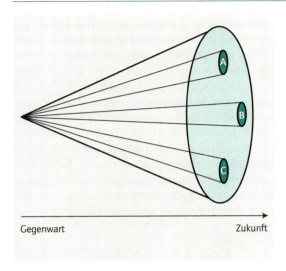

Abb. 3 Szenariotrichter mit den Szenarien A, B und C[5]

liches und in sich stimmiges Zukunftsbild des betrachteten Umfelds abgeben. Wenn man dabei – wie man es in der Praxis oft sieht – zu einem optimistischen, einem mittleren und einem pessimistischen Szenario kommt, ist das natürlich vollkommen in Ordnung. Die Erfahrung zeigt jedoch, dass es nicht immer hilfreich ist, die Arbeit im Workshop von Anfang an so auszurichten, dass genau dies geschieht, denn das kann zu verzerrten Szenarien führen. Plausibilität ist wichtiger. In jedem Fall ist es hilfreich, den Szenarien aussagekräftige Namen zu geben und sie so darzustellen, dass sie auch für Dritte (z. B. für den Aufsichtsrat) gut nachvollziehbar sind.

Im fünften Schritt geht es schließlich darum, die erarbeiteten Szenarien anzuwenden. Je nach ursprünglich festgelegtem Zweck, wird man jetzt zum Beispiel die Robustheit der bestehenden Strategie prüfen können. Dazu stellt man sich die Frage: Was geschieht mit unserer Strategie, wenn Szenario A, B oder C eintrifft? Oder man wird die Risiken eines bestimmten langfristigen Projekts abschätzen, mit der eigenen Risikotragfähigkeit vergleichen und entsprechende Vorkehrungen treffen. Man kann auch eine Personalbeschaffungsstrategie entwickeln, um sicherzustellen, dass man auch in verschiedenen denkbaren Zukunftsszenarien über die benötigten Talente verfügt.

Die Qualität der Szenarien zeigt sich nicht daran, wie genau sie später eintreffen. Vielmehr sollten sie danach bewertet werden, inwieweit sie bei der Vorbereitung auf die ungewisse Zukunft hilfreich waren.

Vor- und Nachteile

Richtig angewendet bietet die Szenariotechnik eine ganze Reihe von Vorteilen:

- Sie hilft Unternehmen und Organisationen, sich besser auf eine ungewisse Zukunft vorzubereiten. Genau das wird angesichts zunehmender Komplexität und Dynamik sowie der daraus resultierenden Fragilität des Unternehmensumfeldes immer wichtiger werden.
- Werden die Szenarien (teilweise) von den Entscheidungsträgern selbst entwickelt, erarbeiten sie gemeinsam ein differenziertes Verständnis der möglichen Zukunft. Das ist nicht nur eine gute Basis für das Entwickeln oder Überprüfen von Strategien, sondern gibt zusätzliche Impulse für das Verfolgen strategischer Ziele.
- Das Arbeiten mit der Methode unterstützt das Denken in Alternativen und eröffnet somit die Chance, dass Überraschungen weniger überraschen, weil man besser darauf vorbereitet ist.
- Gut kommuniziert können Szenarien motivierend sein, weil sie vielversprechend sind oder weil sie den sense of urgency (das Gefühl für die Dringlichkeit) für bestimmte Veränderungsmaßnahmen verstärken.

Die Methode ist aber auch mit einigen Nachteilen und Grenzen verbunden:

- Die entwickelten Zukunftsbilder entstehen mit Mitteln der Gegenwart. Die Zukunft bleibt nur als »vergegenwärtigte« verfügbar. Absolute Zuverlässigkeit ist natürlich nicht zu haben. Das Entwickeln mehrerer alternativer, plausibler Bilder und vor allem das Ableiten der entsprechenden Konsequenzen erhöht aber die Aussicht darauf, sich besser vorbereiten zu können, künftige

Chancen besser nutzen und künftige Risiken besser managen zu können.
- Zwar kann notorischer Optimismus im Alltag hilfreich sein. Beim Erarbeiten von Szenarien ist er jedoch hinderlich, weil es darum gehen muss, auch mögliche kritische Entwicklungen offen thematisieren zu können. Daher wird man für eine heterogene Zusammensetzung der zuständigen Arbeitsgruppe sorgen und einen neutralen Moderator hinzuziehen, der – durchaus im Sinne der Sache – für eine möglichst ausgewogene Diskussion sorgt.
- Der Umgang mit der Methode ist eher anspruchsvoll. Das hat unter anderem damit zu tun, dass man beim Blick in die fernere Zukunft die Basis von Zahlen, Daten und Fakten verlassen muss. Daher ist es hilfreich, beim Zusammenstellen der Arbeitsgruppe darauf zu achten, dass auch einige Mitarbeiter darunter sind, die die Zeitspanne der Betrachtung auch gerne einmal ausdehnen und auch gewagte Thesen aufstellen. Zudem muss der Moderator über entsprechende Qualifikationen verfügen, um die Teilnehmenden im Umgang mit der Methode tatkräftig unterstützen zu können.

Perspektiven

Angesichts der eingangs erwähnten Zunahme von Komplexität und Dynamik wird sich die Zukunft von Unternehmen und Organisationen künftig noch weniger als bisher mit früher gefertigten Plänen gestalten lassen können. Um damit erfolgreich umgehen zu können, muss man noch stärker als zuvor das relevante Umfeld beobachten, dessen mögliche Entwicklungen gedanklich vorwegnehmen und entsprechende Vorkehrungen treffen. Wie bereits erwähnt, kann einem dabei die Szenariotechnik in verschiedener Hinsicht behilflich sein. Für das Erarbeiten von komplexeren Szenarien bietet der Markt unterstützende Software an. Zudem können – je nach Fragestellung – auch andere Szenario-Ansätze (wie das Scenario Planning oder die Cross-Impact-Analyse) hinzugezogen werden.

Anmerkungen

1 Vgl. z. B. Nagel, R./Wimmer, R.: Systemische Strategieentwicklung. Modelle und Instrumente für Berater und Entscheider, 5. Aufl., Stuttgart 2009, S. 170; Fink, A./Siebe, A.: a. a. O., S. 16.
2 In Anlehnung an Fink, A./Siebe, A.: Handbuch Zukunftsmanagement. Werkzeuge der strategischen Planung und Früherkennung, 2., akt. u. erw. Aufl., Frankfurt a. M. 2011, S. 12 f.
3 Vgl. z. B. Rüegg-Stürm, J.: Das neue St. Galler Management-Modell. Grundkategorien einer integrierten Managementlehre. Der HSG-Ansatz, 2. durchg. Aufl., Bern et al. 2003; oder: Johnson, G./Scholes, K./Whittington, R.: Exploring Corporate Strategy, 8. Ed., Harlow 2008.
4 Zum narrativen Ansatz vgl. auch van der Heijden, K.: The Sixth Sense. Accelerating Organizational Learning with Scenarios, Chichester 2002.
5 In Orientierung an Graf, H. G.: Prognosen und Szenarien in der Wirtschaftspraxis. Unter Mitarbeit von Roland Sütterlin, Zürich et al. 1999, S. 174.

Trend- und Umweltanalyse

Strategische Potenziale erkennen und analysieren

Heike Rawitzer/Jacques Hefti

Die strategische Positionierung vieler Unternehmen ist durch die Folgen der Globalisierung in Kombination mit den neuesten technologischen Entwicklungen aus den Fugen geraten. In der Praxis bedeutet dies, dass neben der Konzentration auf die erfolgreiche Führung des Kerngeschäftes gleichzeitig eine systematische Auseinandersetzung mit den Anforderungen der Zukunft erfolgen muss.

Nationale Märkte und Branchengrenzen haben im wirtschaftlichen Umfeld stark an Bedeutung verloren, Produkte und Dienstleistungen können heute problemlos weltweit beschafft werden und globale Wettbewerber drängen in vielen Segmenten auf den Markt. Die Bewältigung dieses stetigen Wandels ist zwar eine klassische Herausforderung, aber die Geschwindigkeit mit der sich heute ganze Branchen verändern, hat eine Dimension angenommen, die nach neuen, griffigen Konzepten verlangt. Denn die Fähigkeit, das eigene Unternehmen den Dynamiken der Unternehmensumwelt anzupassen, bezieht sich nicht nur auf die Struktur und die Entscheidungsprozesse, sondern auch auf Geschäftsmethoden, Geschäftsmodelle und die eigentlichen Veränderungsaktivitäten. Die mittlerweile zu einem komplexen und dynamischen Unterfangen gewordenen Herausforderungen, rufen nach einfacheren Rezepten für die Bewältigung der Zukunft.

Grundlagen

Strategiearbeit erfordert ein Denken in verschiedenen Horizonten (vgl. Abb. 1). Die Konzentration auf den Ausbau und die Verteidigung des Kerngeschäfts als wichtiger Umsatzträger und als Cashflow-Lieferant reicht nicht mehr. Zu schnell erodieren heute Wettbewerbsposition und Innovationsvorteile und die häufig gewählte Alternative, der Fokus auf Effizienzverbesserungen, hat natürliche Grenzen und rüttelt gleichzeitig an den beiden ersteren Positionen. Das Denken in verschiedenen strategischen Horizonten ermöglicht es deshalb, zukünftige Wachstumspotenziale zu erschließen und Keimzellen für zukünftige Geschäfte zu entwickeln, um diese bei Erfolg ausweiten zu können. Damit verändert sich der Fokus in der Strategiearbeit auf die Nutzung von Zukunftschancen, den kontinuierlichen Rollout von Leistungsbündeln in zusätzliche Märkte und den Aufbau von Ressourcen und Kompetenzen für zu-

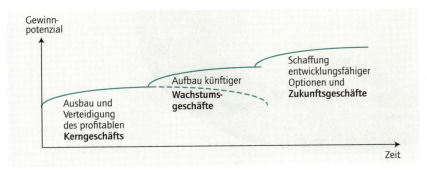

Abb. 1 Strategiearbeit erfordert ein Denken in verschiedenen Horizonten

künftiges Umsatz- und Gewinnwachstum. Der dritte Strategiehorizont ist dabei ein wichtiges Element, bei dem es nicht nur um Ideengenerierung, sondern um die Entwicklung konkreter Projekte geht. Nach dem Credo »lass 1.000 Blumen blühen« werden gezielt Wachstumsoptionen generiert und Prototypen von zukünftigen Geschäftsmodellen entwickelt, welche dann in verschiedenen Umweltszenarien (Zukunftsbildern) auf ihre Robustheit hin geprüft werden können. Die Positionierung in der Zukunft wird somit ein zentrales Thema der Strategiearbeit.

Die strategische Positionierung eines Unternehmens hängt im Wesentlichen von der *strategischen Ambition und von der strategischen Position*[1] ab. Während sich die Ambition darauf bezieht, was das Unternehmen erreichen möchte, etwa die Erwartungen der wichtigsten Anspruchsgruppen oder die Formulierung der Vision und der Mission im Kontext der Unternehmenskultur und der Unternehmensgeschichte, geht es bei der Position darum, was das Unternehmen »kann«. Dabei verfügen viele Unternehmen über strategische Ressourcen und Kompetenzen[2], mit denen die Umsetzung der gewählten Strategie ermöglicht, aber auch gehemmt werden kann. Ein wesentlicher Baustein für die zukünftige, erfolgreiche Positionierung ist ein gutes Verständnis einer künftigen Unternehmensumwelt, die mehr oder weniger reich an Chancen, aber auch an bedrohlichen und aufgezwungenen Gefahren oder Einschränkungen sein kann. Führungskräfte stecken hier in einem permanenten Dilemma: Wie viel Zeit und Energie sollen sie in die Suche nach attraktiven Chancen am Markt investieren und wie viel Zeit bleibt dabei für die Entwicklung der internen Fähigkeiten, die unbestritten die Basis für eine erfolgreiche Positionierung am Markt bildet? Auch wenn es für diese Frage nicht die »richtige« Antwort gibt, ist es offensichtlich, dass Führungskräfte im Rahmen der strategischen Wahlfreiheit eine Balance finden müssen, die für das individuelle Unternehmen und sein Umfeld passend ist. Dabei kommt der intensiven Beobachtung der Entwicklungen in der Unternehmensumwelt eine immer wichtigere Rolle zu, die an einigen Beispielen illustriert werden kann.

Alleine die Verbreitung der Mobiltechnologie hat in den letzten Jahren ganze Branchen disruptiv verändert. Es geht in der Zukunft beispielsweise nicht etwa darum, ob und wie sich die Elektromobilität entwickelt, sondern dass sich die Personentransportbranche (Bahn, Busse etc.) und die Automobilbranche transformieren. Getrieben durch die globale Nutzung der Mobiltechnologie und zusammen mit neu eintretenden, nationalen und globalen

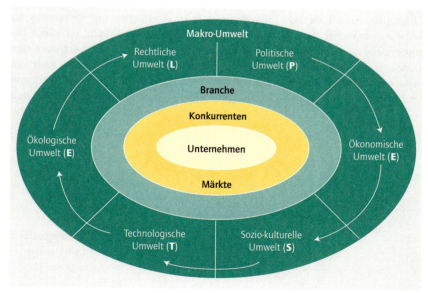

Abb. 2 Das PESTEL-Modell zur Trend- und Umweltanalyse

IT-Unternehmen (Telekom, Google etc.) formieren sie sich zu einer gänzlich neuen, vernetzten Branche, der Mobilitätsbranche. Ein zweites Beispiel zeigt, dass die Energie- und Klimapolitik der Europäischen Union seit längerem kontrovers diskutiert wird und sich auf einem Scheideweg befindet. Was aber viel entscheidender für zukünftige Unternehmensstrategien sein wird, ist die Tatsache, dass es bei den gemeinschaftlichen Zielen für 2030 – konkret: CO_2-Reduktion, erneuerbare Energien und Energieeffizienz – um konvergierende Ziele geht. Energieversorger sollen also neben der Sicherstellung der Versorgungssicherheit und der Entwicklung ihrer Geschäftsfelder auch *weniger* Strom verkaufen, um die Effizienzziele zu erreichen. Eine permanente Trend- und Umfeldanalyse wird deshalb immer mehr zur Grundlage strategischer Entscheidungen und wichtig für die Entwicklung nachhaltiger Wettbewerbsvorteile in der Energiebranche.

Das PESTEL-Model

Ein einheitliches Modell zur Abbildung der Trend- und Umfeldanalyse und zur Identifikation möglicher Veränderungen findet sich in der Literatur nicht. In den letzten Jahren hat sich allerdings das PESTEL-Modell als hilfreiches Werkzeug international etabliert (vgl. Abb. 2). Es gibt Antworten auf zwei grundlegende Fragen: Erstens identifiziert und konkretisiert es die Umwelt, in der das Unternehmen aktiv ist, weit über die Definition der Branche und der direkten Mitbewerber hinaus. Zweitens liefert es wertvolle Ergebnisse, die das Unternehmen befähigen sollen, Zukunftsszenarien zu entwerfen und mögliche Entwicklungen zu erkennen, die einen wesentlichen Einfluss auf die Strategieentwicklung haben können. Letztlich ist das Ziel der PESTEL-Analyse die Identifikation der wichtigsten Antriebskräfte des Wandels, die sogenannten »Key Drivers of Change«, die sich in hohem Maße auf den zukünftigen Erfolg des Unternehmens auswirken können.

Das dargestellte Zwiebelmodell zeigt auf, dass sich die Unternehmensumwelt in mehrere Ebenen aufteilen lässt. Neben den bedienten und den zukünftigen Märkten des Unternehmens lassen sich die Mitbewerber und die Branche als eigenständige Ebenen der Unternehmensumwelt identifizieren. Die Makro-Umwelt besteht dementsprechend aus allgemeinen und umfassenden Einflussfaktoren, die mehr oder weniger alle Unternehmen betreffen und Einfluss auf deren Strategie haben können.

Vorgehen

Mithilfe des PESTEL-Models kann die Unternehmensumwelt systematisch auf Einflussfaktoren untersucht werden, die sich in die dargestellten Kategorien einteilen lassen: politisch (P = political), ökonomisch (E = economical), sozio-kulturell (S = socio-cultural), technologisch (T = technological), ökologisch (E = ecological) und rechtlich (L = legal). Dabei lassen sich politische und rechtliche Entwicklungen nicht immer eindeutig trennen, da rechtlichen Entwicklungen meistens ein politischer Prozess vorangeht. In manchen Fällen werden daher auch die politische und rechtliche Kategorie zusammenfasst dargestellt.

Die PESTEL-Analyse kann in drei wesentlichen Prozessschritten durchgeführt werden, um das weitere Unternehmensumfeld zu analysieren und um die Einflussfaktoren zu bewerten. In der Folge können dann mittels der identifizierten »Key Drivers of Change« Zukunftsszenarien gebildet werden, um verschiedene Zukunftsentwicklungen zu simulieren und zu erkunden. Deshalb liefert die PESTEL-Analyse eine unverzichtbare und umfassende Liste von möglichen Einflüssen auf den Erfolg oder Misserfolg von zukünftigen Strategien (vgl. Abb. 3).

Schritt 1: Einflussfaktoren identifizieren

In einem ersten Schritt geht es darum, möglichst viele Einflussfaktoren zu ermitteln und diese den sechs respektive fünf Kategorien (politisch-rechtlich kombiniert) zuzuordnen. Bei der Erfassung der Einflussfaktoren ist es essentiell, die Datenquelle festzuhalten, um bei wesentlichen Faktoren späterer Verifizierungen standhalten zu können und die Nachver-

44 Umfeldanalyse

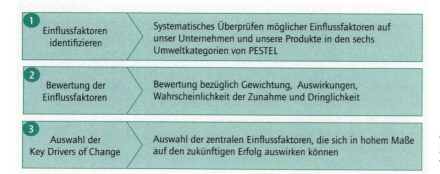

Abb. 3 Drei Schritte zur systematischen Trend- und Umweltanalyse

folgbarkeit sicherzustellen. Für die Identifizierung und Zuordnung möglicher Einflussfaktoren bietet sich nachstehende Checkliste an (vgl. Abb. 4).

Dies kann methodisch sehr unterschiedlich angegangen werden. Es bietet sich allerdings an, nicht nur auf Brainstorming im Team abzustellen, sondern verschiedenste Quellen systematisch anzugehen und auch externes Expertenwissen für diesen Prozessschritt in Anspruch zu nehmen. Gerade Zukunftsinstitute oder Unternehmen, die sich auf Trendanalysen spezialisiert haben, können wertvolle Inputs liefern (vgl. Abb. 5).

Schritt 2: Bewertung der Einflussfaktoren

Für Führungskräfte ist es wichtig, eine Einschätzung darüber treffen zu können, wie sich die Faktoren verändern, um mögliche Implikationen für die eigene Unternehmung daraus abzuleiten. Manche dieser Einflussfaktoren sind voneinander abhängig. So können sich politische oder technologische Veränderungen auf ökonomische Faktoren wie beispielsweise die Entwicklung der Beschäftigung auswirken. Es ist deshalb naheliegend, dass die Bewertung der Einflussfaktoren einen eher komplexen Prozess darstellt, der entsprechendes Fachwissen erfordert. Um in der Praxis bei dieser Vielzahl von Möglichkeiten und Abhängigkeiten nicht überfordert zu werden, ist es essentiell, den Fokus sehr schnell auf die eigentlichen Schlüsseltreiber der Veränderung zu legen. Dies erfolgt in Schritt 3.

Die Bewertung der identifizierten Einflussfaktoren geschieht vorerst in folgenden Teilschritten:

1. Gewichtung der Faktoren[3]
2. Beurteilung der erwarteten Auswirkungen
3. Wahrscheinlichkeit der Veränderung (Zunahme des Trends)
4. wahrgenommene Dringlichkeit, der Veränderung entgegenzutreten

Diese Bewertung erlaubt es nun, den sogenannten »strategischen Fit« zu beurteilen.[4] Dabei geht es darum festzustellen, inwieweit die bestehenden Ressourcen und Fähigkeiten des Unternehmens die Wahrnehmung von Chancen oder die Milderung von Gefahren aus dem Unternehmensumfeld ermöglichen. Damit die aus der SWOT-Analyse bekannte Zirkularität umgangen werden kann, wird jedoch auf eine Unterteilung in Chancen und Gefahren verzichtet. Damit kann der allzu häufigen Gefahr, Umweltentwicklungen, die mit internen Stärken korrespondieren, einfach als Chancen zu qualifizieren, vorgebeugt werden. Eine Strategie muss gerade in der heutigen, sehr dynamischen Umwelt letztendlich auch Gefahren genügend adressieren.

Schritt 3: Auswahl der »Key Drivers of Change«

Im letzten Schritt werden die sogenannten »Key Drivers of Change« ausgewählt. Bei diesen handelt es sich um jene Umweltentwicklungen, die eine sehr starke Auswirkung auf den Erfolg oder Misserfolg der Strategie haben. Typische Key Drivers gibt es im Grunde genommen nicht, da diese sehr unterschiedlich je nach Branche oder Unternehmens-

Poltische Faktoren (P)	Ökonomische Faktoren (E)	Sozio-kulturelle Faktoren (S)
✓ Globale politische Entwicklungstendenzen: lokale oder internationale Konflikte ✓ Stabilität des gesellschaftlichen und politischen Systems ✓ Regierungsform in relevanten Ländern ✓ Entwicklungstendenzen in der Wirtschaftspolitik ✓ Entwicklungen des internationalen Handels: Integration, Protektionismus ✓ erkennbare Veränderungen nationaler und internationaler Rechtsnormen ✓ Änderungen in der Steuerpolitik	✓ Gesamtleistung der Volkswirtschaft: Bruttosozialprodukt, verfügbare Einkommen ✓ Geldwertentwicklung: Konsumentenpreise, Großhandelspreise, Rohstoff und Erzeugerpreise ✓ Außenhandelsentwicklung: Wechselkursentwicklung ✓ öffentliche Finanzen: Staatsquote, Verschuldung, Subventionen Investitionstätigkeit des privaten und des öffentlichen Sektors ✓ Internationale Währungs- und Zinsentwicklungen ✓ Internationale Verschuldungen ✓ Saisonale Schwankungen	✓ Demografische Faktoren wie Bevölkerungsentwicklung und -struktur, Einkommensverteilung, ethnischer Mix ✓ Veränderung der menschlichen Grundbedürfnisse: Kleidung, Lebensraum, Klima, Gesundheit, Umwelt ✓ Gesellschaftliche Werthaltungen ✓ Konsumgewohnheiten ✓ Einstellung zu Bildung und Forschung ✓ Einflüsse von Ethik und Religion ✓ Freizeitverhalten: Bedeutung von Unterhaltung, Sport und Erholung ✓ Arbeitsmentalität, Mobilität, Sparneigung, Einstellung gegenüber der Wirtschaft ✓ Unternehmerische Grundhaltungen: Sicherheitsstreben, Risikoeinstellungen
Technologische Faktoren (T)	Ökologische Faktoren (E)	Rechtliche Faktoren (L)
✓ Produktinnovationen ✓ Entwicklung der Energie und Rohstofftechnologien ✓ Verfügbarkeit von ökologischen Ressourcen: Boden, Wasser, Luft, Licht ✓ Verfügbarkeit von Energie: Erdöl, Gas, Strom, Kohle, andere Energiequellen ✓ Staatliche und private Entwicklungsinvestitionen ✓ Produktionstechnologien: Automation, Verfahrenstechnologien ✓ Entwicklung von Schlüsseltechnologien ✓ Substitutionstechnologien ✓ Informations- und Kommunikationstechnologien ✓ Rationalisierungstechnologien	✓ Verfügbarkeit von Rohstoffen und Energieträgern ✓ Strömungen im Umweltschutz ✓ Recycling ✓ Entwicklungen in der Umweltbelastung	✓ Regulation/Deregulation ✓ Rechtssicherheit ✓ Entwicklungstendenzen im Wettbewerbsrecht, Kartellrecht ✓ Arbeitsrecht, Produkthaftpflichtrecht etc. ✓ Wirtschaftsgesetzgebung (Patentrecht, Produzentenhaftung, Arbeitsrecht)

Abb. 4 Checkliste möglicher Einflussfaktoren je Kategorie

konstellation sein können. Kleinunternehmen etwa, die in einer hochspezialisierten Nische tätig sind, sind von ganz anderen Faktoren betroffen als der Einzelhandel, der sich bereits stark verändert hat, oder die in Deutschland sehr wichtige Automobilbranche, die großen Herausforderungen gegenübersteht.

Letztlich geht es darum, mithilfe von Trend- und Umfeldanalysen als Grundlage strategischer Entscheidungen die strategischen Potenziale von Unternehmen besser zu verstehen und auszuschöpfen. Die Konzentration auf die »Key Drivers of Change« aus einer Vielzahl von mehr oder minder wichtigen Einflussfaktoren hilft Führungskräften, sich in aller Konsequenz denjenigen Faktoren zu widmen, welchen die höchste Priorität zukommt, weil sie den zukünftigen Unternehmenserfolg maßgeblich beeinflussen und nur so die richtigen Entscheidungen getroffen werden können.

Würdigung

Veränderungen und Trends in der Unternehmensumwelt sind für die Strategiearbeit und das Denken in strategischen Horizonten vor allem dann relevant, wenn sie:

- mögliche Zukunftsbilder, mit denen die Unternehmung konfrontiert sein könnte, nachhaltig beeinflussen können
- spürbaren Einfluss auf den Unternehmenserfolg haben können (positiv wie negativ)

Analystenberichte	Messen und Konferenzen
Branchenreports	Wirtschaftsdatenbanken
Statistische Ämter	Internet-Recherchen
Verbände	Fachzeitschriften
Wirtschaftsforschungsinstitute	Tagespresse
Zukunftsinstitute	Brancheneinschätzungen
Ministerien	Internationale Organisationen
Trendanalysen	

Abb. 5 Mögliche allgemeine Quellen für die Trend- und Umweltanalyse

- genügend dringlich sind, also eine hohe Eintrittswahrscheinlichkeit haben und über einen absehbaren Zeithorizont eintreten werden.

Die Auseinandersetzung mit Trends und Veränderungen der Unternehmensumwelt ist vor allem dann angezeigt, wenn eine hohe Unsicherheit bezüglich der zukünftigen Entwicklungen besteht. Diese ist vor allem in sehr komplexen Umgebungen oder bei schnellen Veränderungen, mit denen viele Unternehmen heute konfrontiert sind, der Fall. Eine umfassende Trend- und Umfeldanalyse als Grundlage strategischer Entscheidungen ist deshalb zu einem unverzichtbaren Instrument in der Strategieentwicklung geworden.

Anmerkungen

1 Johnson, G./Scholes K./Whittington, R.: Strategisches Management – Eine Einführung: Analyse, Entscheidung und Umsetzung, Hallbergmoos 2011.
2 Vgl. auch: Hefti, J./Rawitzer, H.: Nicht jede Stärke ist eine Kernkompetenz – Das VRIO-Modell zur Identifikation wahrer Kernkompetenzen. In: Zeitschrift für Führung + Organisation (zfo), 83. Jg., 2014, H. 1. S. 41–45.
3 Für die eine wissenschaftlich fundierte Gewichtung von Kriterien gibt es verschiedene Methoden, darunter AHP von T.L. Saaty (1980) für die Lösung von komplexen Problemen, die hier nicht im Detail vorgestellt werden.
4 Agarwal R./Grassl W./Pahl J.: Meta-SWOT: introducing a new strategic planning tool. In: Journal of Business Strategy, 33. Jg., 2012, H. 2, S. 12–21.

Porter's Five Forces

Die Attraktivität der Branche beurteilen

Benjamin Künzli

Erfolgreich kann ein Unternehmen nur dann sein, wenn es sich am Markt richtig positioniert. Dazu genügt es nicht, Kunden und Wettbewerber zu kennen. Vielmehr müssen auch die Attraktivität der Branche und deren Entwicklung analysiert werden. Mit dem Five-Forces-Tool von Michael E. Porter gelingt es, wesentliche Analysefragen für die Strategieentwicklung zu formulieren.

Es ist gängige Praxis im Rahmen von Strategieentwicklungsprozessen das weitere Umfeld des Unternehmens, also das Makro-Umfeld, zu analysieren (vgl. Abb. 1). Dass man zudem auch eine Konkurrenz- und eine Kundenanalyse macht, also wichtige Aspekte des Mikro-Umfelds analysiert, ist ebenfalls selbstverständlich. In den letzten Jahren kamen auf dieser Ebene zudem ergänzende Analysen weiterer Anspruchsgruppen wie z. B. der Staat, die Öffentlichkeit oder die Mitarbeitenden dazu.

Damit hat man aber seine Hausaufgaben noch nicht erledigt. Laut Porters bekanntem Artikel »What is Strategy?«[1] von 1996 besteht die Hauptaufgabe der Strategie darin, das Unternehmen so am Markt zu positionieren, dass es seinen Kunden im Vergleich zu den Mitbewerbern nachhaltige Vorteile anbieten kann. Um dies bewerkstelligen zu können, braucht es Kenntnisse des relevanten Umfelds, die über die oben erwähnten Analysen hinausgehen. Denn diese blenden die mittlere Ebene des Umfelds, die Meso-Ebene oder die Branche, aus (vgl. Abb. 1).

Abb. 1 Strategische Analyse[2]

Umfeldanalyse

Porter liefert bereits 1979[3] ein Tool, mit dessen Hilfe die Branchenstruktur untersucht werden kann. Die mit diesem Instrument erarbeiteten Erkenntnisse ergänzen jene aus der Kunden- und Konkurrenzanalyse. Im Folgenden soll gezeigt werden, wie dieses Instrument in der Praxis eingesetzt werden kann und wie damit wertvolle Informationen für die Strategieentwicklung gewonnen werden können.

Verfahren

Porters Five-Forces-Tool hilft, die Attraktivität einer Branche und deren Entwicklung zu beurteilen. Abbildung 2 gibt dazu einen ersten Überblick.

Unternehmen sollten über genügend Branchen- und Marktkenntnisse verfügen, um die Analyse intern durchführen zu können. In der Praxis hat es sich bewährt, diese Untersuchung im Rahmen eines Workshops durchzuführen. Wichtig ist es, die richtigen Wissensträger einzuladen und diese schon im Vorfeld darüber zu informieren, welche Vorbereitungsarbeiten sie machen sollen. Es können auch ergänzend externe Experten hinzugezogen werden. Zudem muss ein erfahrener Moderator zur Verfügung stehen, der den Workshop[4] konzipieren und kompetent leiten kann.

1. Schritt Zunächst müssen die konkreten Aufgaben und der Rahmen der Analyse präzise abgesteckt werden. Sonst verliert man sich schnell in der Komplexität des Unternehmensumfelds.
- Worin genau besteht die Aufgabe der Analyse?
- Wer soll was mit den Ergebnissen machen können?
- Welche Branche und welche Märkte sollen konkret untersucht werden?
- Welche Wettbewerber, welche Abnehmer und Abnehmergruppen gilt es einzubeziehen?

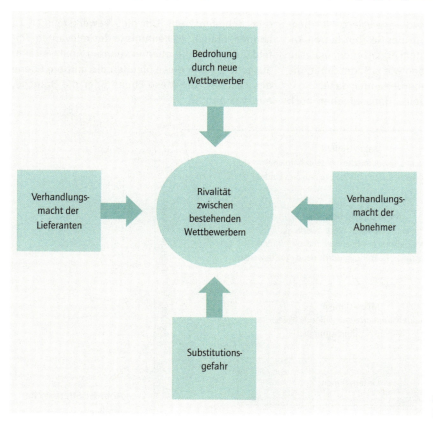

Abb. 2 Faktoren der Branchenattraktivität[5]

Wettbewerbskräfte	Beispiele von Analysefragen	Erläuterungen
Rivalität zwischen bestehenden Wettbewerbern Wie ausgeprägt ist die Rivalität zwischen den bestehenden Wettbewerbern?	Gibt es viele relevante Wettbewerber, die mit einem vergleichbaren Angebot um die gleichen Abnehmer buhlen wie wir?	Je mehr Wettbewerber mit einem ähnlichen Angebot auftreten, desto intensiver fällt der Preiskampf aus.
	Wie findet die Differenzierung zwischen den Wettbewerbern statt? Nur über den Preis oder auch über den Kundennutzen?	Findet die aktuelle Positionierung nur über den Preis statt, besteht eventuell die Chance, sich vermehrt über zusätzlichen oder andern Kundennutzen zu differenzieren. Falls nicht, können nur Wettbewerber erfolgreich sein, die dank tieferen Stückkosten trotzdem noch die nötige Marge erwirtschaften können.
	Wie entwickelt sich der Markt? Wie wirkt sich diese Entwicklung auf das Verhalten der Wettbewerber aus?	Stagniert der Markt, geht das Gewinnen von Marktanteilen zulasten der Mitbewerber, was die Rivalität verstärkt. Letztere wird noch ausgeprägter, wenn der Markt schrumpft.
	Wie hoch sind die Austrittsbarrieren?	Sind die Austrittsbarrieren z. B. wegen hoher Kosten für schwer liquidierbare Anlagen oder wegen emotionaler Barrieren beim Management (z. B. Angst vor Gesichtsverlust) hoch, heizt das bei stagnierendem oder schrumpfendem Markt die Rivalität zusätzlich an.
Bedrohung durch neue Wettbewerber Wie hoch ist das Risiko, dass neue Wettbewerber auftreten?	Wie attraktiv ist die Branche für neue Wettbewerber?	Ist eine Branche z. B. bekannt für ausgeprägte Rivalität (siehe oben) oder stagniert/schrumpft der Markt, verkleinert sich das Risiko, dass neue Wettbewerber auftreten.
	Sind Größenvorteile (Economies of Scale) wichtig, um erfolgreich zu sein?	Je wichtiger Größenvorteile sind, desto mehr muss in Produktionsanlagen, Marketing etc. investiert werden. Die dafür nötigen Anfangsinvestitionen erhöhen die Eintrittsbarriere erheblich, weil diese in einem für den eintretenden Wettbewerber neuen Markt zu erfolgen hätten, was oft mit erheblichen Risiken verbunden ist.
	Hätten die Abnehmer bei der Umstellung auf die Produkte neuer Anbieter hohe Kosten zu tragen?	Hohe Umstellkosten können z. B. dann anfallen, wenn ein komplexes Software-Produkt von einem neuen Anbieter bezogen wird. Hohe Umstellkosten erhöhen die Eintrittsbarriere für neue Wettbewerber.
	Gibt es bei den bereits etablierten Wettbewerbern Vorteile, die nicht oder kaum zu kompensieren sind?	Verfügen etablierte Wettbewerber z. B. über wichtige Patente, nicht zu egalisierende oder übertreffende Produktionsverfahren oder Zugänge zu wichtigen Rohstoffen, die anderen nicht offenstehen, erhöht dies die Eintrittsbarriere für neue Wettbewerber.
Substitutionsgefahr Wie hoch ist das Risiko, dass unser Produkt durch ein Ersatzprodukt abgelöst wird?	Gibt es heute oder in Zukunft attraktive Ersatzprodukte?	Ersatzprodukte sind dann attraktiv, wenn sie mehr Zusatznutzen und/oder Preisvorteile bieten. Wichtig ist es auch, über die eigene Branche hinauszuschauen. So kam etwa die Substitution von Sofortbildkameras nicht nur aus der eigenen Branche, sondern auch aus der Telekommunikation (Erstellen und Verteilen von Fotos mittels Handy).
Verhandlungsmacht der Abnehmer Wie viel Einfluss können Abnehmer auf den Preis und andere Verkaufsbedingungen nehmen?	Besteht eine hohe Marktmacht auf Seiten der Abnehmer?	Das ist vor allem dann der Fall, wenn eine Branche nur einige wenige Abnehmer hat oder wenn Abnehmer sich zu Gruppen zusammenschließen.
	Wie einfach ist es für die Abnehmer, die Produkte bei alternativen Anbietern zu beziehen?	Wenn es – wiederum unter Berücksichtigung der Umstellkosten – einfach für die Abnehmer ist, auf einen anderen Lieferanten auszuweichen, verfügen sie grundsätzlich über mehr Verhandlungsmacht.
	Haben die Abnehmer Margenprobleme, die sie (teilweise) auf ihre Lieferanten abwälzen möchten?	Abnehmer mit Margenproblemen werden eher dazu tendieren, auf ihre Lieferanten Druck auszuüben.
Verhandlungsstärke der Lieferanten Wie viel Einfluss können unsere Lieferanten auf den Preis und andere Lieferbedingungen nehmen?	Wie viele potenzielle Lieferanten gibt es?	Je weniger Lieferanten es gibt, desto höher das Risiko, dass sie über eine starke Position in Verkaufsverhandlungen verfügen.
	Entstehen für uns hohe Umstellkosten bei einem Lieferantenwechsel?	Je höher die Umstellkosten, desto stärker die Position des Lieferanten.
	Hat unser Unternehmen für den Lieferanten nur wenig Bedeutung?	Je geringer die Bedeutung für den Lieferanten, desto höher dessen Verhandlungsmacht.

Abb. 3 Beispiele von Analysefragen[6]

- Wie sollen die geografischen Grenzen definiert werden?
- Welcher Zeitraum soll berücksichtigt werden?

In der Praxis hat es sich bewährt, diesen Schritt noch vor dem eigentlichen Workshop durchzuführen, weil dann vorgängig allenfalls noch benötigte Informationen beschafft werden können.

2. Schritt Mit der Analyse der Branchenstruktur beginnt der oben erwähnte Workshop. Dazu werden die fünf relevanten Kräfte (vgl. Abb. 2) näher untersucht. Das geschieht anhand von Fragen, wie sie beispielhaft in Abbildung 3 aufgeführt sind. In der Regel wird es dabei sinnvoll sein, nicht nur die Gegenwart, sondern auch mögliche künftige Entwicklungen zu untersuchen. Falls der Blick in die mögliche Zukunft – aufgrund der im ersten Schritt definierten Aufgaben – wichtig ist, kann dafür auch die Szenariotechnik[7] verwendet werden. In Kombination mit Porters Five Forces können dann verschiedene Szenarien zur möglichen Entwicklung der Branche erarbeitet werden.

3. Schritt Es wird ein Fazit aus der Branchenanalyse gezogen:
- Wie beurteilen wir die heutige Attraktivität der von uns analysierten Branche?
- Wie wird sich deren Attraktivität entwickeln?
- Welche Spielregeln prägen unsere Branche heute und in Zukunft?
- Wann gewinnt man? Wann verliert man?
- Gibt es Wettbewerber, die das Potenzial haben, diese Spielregeln neu zu definieren?
- Welche Chancen und Risiken erwachsen aus all dem für unser Unternehmen?

4. Schritt Dieser Schritt geht über die eigentliche Analyse hinaus. Es hat sich in der Praxis gezeigt, dass bei der Durchführung der Analyse immer wieder Ideen auftauchen, wie man auf Chancen und Risiken der Branche strategisch reagieren könnte. Es empfiehlt sich daher, diese strategischen Optionen zu sammeln und sicherzustellen, dass sie nicht verloren gehen. Im Verlaufe des Strategieentwicklungsprozesses werden später mit anderen Methoden weitere Optionen entwickelt. Schließlich werden alle strategischen Möglichkeiten einer vergleichenden Bewertung unterzogen und die überzeugendsten ausgewählt und weiterverfolgt.

Vor- und Nachteile

Richtig angewendet, bietet das hier vorgestellte Verfahren eine ganze Reihe von Vorteilen:
- Es weitet den Fokus der strategischen Analyse auf die Branche und auf Themen aus, die auch heute noch oft vernachlässigt werden. (Was wäre wohl aus Kodak geworden, wenn man rechtzeitig erkannt hätte, dass traditionelles Filmmaterial durch Chips in Digitalkameras substituiert werden würde?)
- Dank dem besseren Verständnis des relevanten Umfelds kann das Unternehmen nachhaltiger positioniert werden.
- Aus den vertieften Kenntnissen der Spielregeln der Branche und deren möglichen Entwicklung können sich neue strategische Optionen ergeben.
- Die Workshop-Teilnehmer vernetzen ihr Wissen, profitieren voneinander und erarbeiten ein gemeinsames Verständnis des für ihre tägliche Arbeit wesentlichen Kontextes des Unternehmens.

Wie immer ist es wichtig, auch die Nachteile, Grenzen und mögliche Stolpersteine des Verfahrens zu kennen:
- Die Erkenntnisse, die mit der Analyse gewonnen werden können, hängen unter anderem vom im ersten Schritt definierten Rahmen ab. Wird der Rahmen zu eng gesteckt, riskiert man, dass wichtige Entwicklungen übersehen werden. Auf der anderen Seite darf dieser Rahmen nicht zu weit gesteckt werden, weil sonst die Komplexität der Analyse so weit ansteigen kann, dass sie kaum mehr handhabbar ist.
- In Porters Modell kommen Drittunternehmen, die die eigenen Produkte oder Dienstleistungen für die eigenen Kunden attraktiver machen können, nicht vor. Ein Beispiel wäre McAffee, Hersteller von Anti-Viren-Programmen, der die Produkte von Microsoft sicherer und damit attrakti-

ver macht. Solche Unternehmen sind weder Wettbewerber, noch Abnehmer, noch Lieferanten, sondern stellen eine eigene Kategorie dar. Je nach der zu analysierenden Branche sollte daher das Modell von Porter um eine sechste Kraft ergänzt werden.[8]

- Natürlich ist auch die solideste Analyse der Branche nicht frei von Ungewissheit. Wie sich die Wettbewerber in Zukunft tatsächlich verhalten oder welche Substitute mittel- bis langfristig die eigenen Produkte bedrängen werden, wird sich nie zweifelsfrei vorhersagen lassen. Diese Herausforderung kann mit der oben erwähnten Szenariotechnik zwar nicht aus der Welt geschaffft, aber immerhin verringert werden. Dazu wird man die zu erarbeitenden strategischen Optionen im Licht der verschiedenen Szenarien bewerten.

Perspektiven

Die Analyse der Attraktivität und der Dynamik der Branche mittels des hier vorgestellten Modells ergänzt und vertieft traditionelle Konkurrenz- und Kundenanalysen. Werden die mit Hilfe dieser Tools gewonnenen Daten in ein sinnvolles Gesamtbild integriert, stehen die Chancen gut, dass strategische Optionen erkannt werden, die über das Nachahmen oder Abwehren von Initiativen der Wettbewerber hinausgehen, und dass auf diese Weise die eigene Position am Markt und in der Branche nachhaltig gestärkt wird.

Anmerkungen

1. Vgl. Porter, M.: What Is Strategy? In: Harvard Business Review, 2008, S. 4–21 (Reprint des Artikels von 1996).
2. Vgl. Johnson, G. et al.: Exploring Strategy, 10. Aufl., Harlow 2014, S. 33.
3. Vgl. Porter, M.: How Competitive Forces Shape Strategy. In: Harvard Business Review, 2008, S. 27–41 (Reprint des Artikels von 1979).
4. Der hier dargestellte Workshop baut auf Vorschlägen von Porter, M., a. a. O., Nagel, R./Wimmer, R.: Systemische Strategieentwicklung. Modelle und Instrumente für Berater und Entscheider, 5. Aufl., Stuttgart 2009, S. 125 ff. sowie Nagel, R.: Lust auf Strategie. Workbook zur systemischen Strategieentwicklung, 2. Aufl., Stuttgart 2009, S. 41 ff. auf. Zudem sind eigene Erfahrungen eingeflossen.
5. Vgl. Porter, M.: a. a. O., S. 27; Übersetzung vom Autor.
6. Eigene Darstellung auf der Basis von Nagel, R./Wimmer, R.: a. a. O., S. 137 ff.
7. Vgl. Künzli, B.: Szenariotechnik. Zukunftsbilder entwickeln und für strategische Vorhaben nutzen. In: Zeitschrift Führung + Organisation 82. Jg., 2013, H. 1, S. 46–48.
8. Vgl. Johnson, G. et al.: a. a. O., S. 49.

Konkurrenzanalyse

Potenzielle und tatsächliche Wettbewerber identifizieren

Jacques Hefti/Heike Rawitzer/Claudio Cometta

Konkurrenten und ihr Verhalten werden sehr oft als einer der Haupteinflussfaktoren für den Erfolg einer Unternehmung genannt. Fehleinschätzungen ihres Verhaltens oder gar die Ignoranz kraftvoller potenzieller Wettbewerber führen dabei immer wieder zu schmerzvollen Erfahrungen in der eigenen Unternehmung und nicht häufig zu ineffizienten strategischen Handlungen. Das Verständnis für die Notwendigkeit einer Konkurrenzbeobachtung ist dabei in vielen Unternehmen gegeben, es zeigt sich jedoch mehrfach, dass die systematische und strukturierte Identifikation und Analyse der Wettbewerber nicht stattfindet. Mit zunehmender Wettbewerbsintensität ist es aber unabdingbar, dass sich die Unternehmung vor unerfreulichen Überraschungen seitens ihrer Konkurrenten schützt und die Wahrnehmung ihrer Mitbewerber nicht nur auf Erfahrungen und einer augenscheinlichen, jahrelangen Branchenkenntnis abstützt.

Die Strategielehre nennt die Konkurrenzanalyse als einen wichtigen Baustein des strategischen Prozesses. Sie liefert rechtzeitig Informationen über Bedrohungen und Chancen durch Wettbewerbsaktivitäten, die wiederum als Grundlage für strategische Entscheide dienen.

In der Literatur wird der Schwerpunkt auf das Reaktionsprofil von Porter[1] gelegt, das wohl bekannteste Werkzeug zur Ermittlung von Reaktionsprofilen in der Konkurrenzanalyse. Eher selten findet sich jedoch ein strukturierter ganzheitlicher Ansatz, der sich darüber hinaus ausführlich mit der Identifikation der Konkurrenz beschäftigt, um sicher zu gehen, dass alle gezogenen Schlussfolgerungen und Handlungsprämissen eine sinnvolle und tragfähige Basis haben. Denn jedes Handeln und Tun einer Organisation basiert auf der Konstruktion und Interpretation ihrer Umgebung. Das Wettbewerbsfeld, in dem sie sich bewegt, wird skizziert und zur Komplexitätsreduktion werden weitere Informationen ausgeblendet. Aus diesem Grund ist es wichtig, den Wahrnehmungsraum der Unternehmensentscheider systematisch und fundiert zu gestalten.

Verfahren

Ein geeignetes Modell zur Abbildung des gesamtheitlichen Vorgehens findet man in der Literatur nicht. Es gibt jedoch hilfreiche Werkzeuge, die in drei prozessualen Schritten zusammengefasst werden können und wichtige Fragen im Hinblick auf den latenten und tatsächlichen Wettbewerb beantworten (vgl. Abb. 1).

Schritt 1: Konkurrenten systematisch identifizieren Die Beschreibung des Wettbewerbs und der tatsächlichen Konkurrenten wird klassischerweise auf diejenigen Mitbewerber reduziert, die das gleiche Produkt für den gleichen Markt mit ungefähr gleicher Technologie anbieten. Für Kodak waren jahrelang Agfa und Fuji die Wettbewerber in ihrem Markt – bis sie sich eines Besseren belehren lassen und den Markt an die Hersteller digitaler Fotoapparate abgeben mussten.

Es ist deshalb ratsam, den Blickwinkel zu erweitern und potenzielle sowie tatsächliche Wettbewerber anhand folgender Kategorisierungen beziehungsweise Fragestellungen einzuordnen:[2]

1. Wer bietet unserem Kundenkreis ein vergleich-

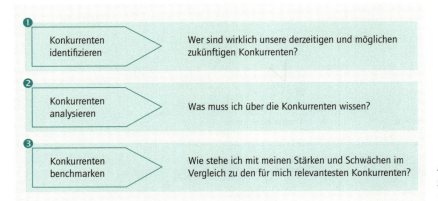

Abb. 1 Drei Schritte zur systematischen Konkurrenzanalyse

bares Produkt oder eine vergleichbare Dienstleistung zu einem vergleichbaren Preis an? Mit wem herrscht Leistungs- und Marktkongruenz? Mit diesen Anbietern befindet sich die Unternehmung im sogenannten Marktsegmentswettbewerb. Mercedes sieht seine Hauptkonkurrenten in dieser Sichtweise beispielsweise in BMW und Audi.

2. Wer bietet das gleiche Produkt oder die gleiche Produktklasse an?
   Beim Produktklassenwettbewerb definiert ein Unternehmen jene Unternehmen als Konkurrenz, die das gleiche Produkt anbieten. Mercedes sieht in diesem Fall alle Automobilhersteller als Mitbewerber.

3. Wer bietet unserem Kunden die gleiche Grundleistung? Wer adressiert die gleichen Kundenbedürfnisse?
   Bei dieser zunehmend wichtigen Identifikationsform, dem Funktionsträgerwettbewerb, definiert ein Unternehmen diejenigen Unternehmen am Markt als Mitbewerber, die denselben Kundenwunsch erfüllen. Mercedes sieht sich hier im Wettbewerb mit anderen Personenbeförderern (Taxi, Bus, Bahn etc.). Die Ignoranz des Funktionsträgerwettbewerbs war es auch, die Kodak schließlich zu Fall brachte.

4. Wer konkurriert mit uns um den gleichen »Verbraucher-Euro«?
   Die am weitesten gefasste Betrachtungsweise ist der Generikawettbewerb, der diejenigen Unternehmen in den Fokus nimmt, welche die gleichen Bedürfnisse, beispielsweise nach sozialer Anerkennung oder Selbstverwirklichung des Kunden, erfüllen. Für BMW-Kunden könnte die Freude am Fahren und motorisierter sportlicher Fortbewegung auch durch ein schnelles Motorboot gewährleistet werden.

Durch die konsequente Abarbeitung der Fragestellungen werden nicht nur die derzeitigen, offensichtlichen Mitwerber erkannt, sondern auch diejenigen, die latent um die Kaufkraft des gemeinsamen Kunden werben.

Um nun das Wettbewerbfeld in Gänze darzulegen, empfiehlt sich eine Wettbewerbskarte, die auf den zwei Definitionsdimensionen der Konkurrenz aufbaut und sich aus der vorherigen Beantwortung der wichtigsten Identifikationsfragen speist. Die Wettbewerbskarte strukturiert und visualisiert anhand der Stärke der Übereinstimmung des Marktes bzw. der Bedürfnisbefriedigung und der Stärke der Leistungskongruenz[3] das Wettbewerbsfeld und erlaubt eine Klassifizierung der Wettbewerbsteilnehmer (vgl. Abb. 2). Die Umsatzstärke des Unternehmens und sein Marktanteil werden durch Kreisgröße und Kreisausschnitt dargestellt.

Schritt 2: Konkurrenten strukturiert analysieren Die dargestellte Wettbewerbskarte lässt nun eine Priorisierung der derzeitigen und potenziellen Konkurrenten zu. Um die Wettbewerbssituation jedoch inhaltlich erfassen zu können, hat Hussey ein Vorgehen entwickelt, das mehrere Ansätze der stra-

54 Umfeldanalyse

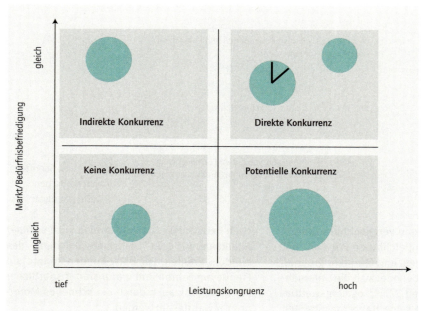

Abb. 2 Die Wettbewerbskarte

tegischen Analyse (Umweltanalyse, Wertkettenanalyse, Konkurrenzanalyse nach Porter) verbindet und gleichzeitig die relevanten Techniken zur Informationsgenerierung darlegt.[4] In Abbildung 3 sind die wichtigsten Tools und Methoden dargestellt.

Die im ersten Quadranten befindlichen Informationsbedürfnisse beruhen darauf, den Markt als Ganzes zu verstehen und die spezifischen kritischen Erfolgsfaktoren unabhängig von der eigenen Unternehmung zu ermitteln. Beim Konkurrenz-Profiling hingegen (Quadrant 2) beschäftigt man sich intensiv mit einzelnen Wettbewerbern, die man anhand der Wettbewerbskarte erkannt und priorisiert hat (siehe Infobox unten links).

Im dritten Quadranten fordert Hussey als Voraussetzung einer sinnvollen Konkurrenzanalyse die Auseinandersetzung mit den eigenen Stärken und Schwächen. Hierzu eignet sich die Wertkettenanalyse, auf die wir an dieser Stelle nicht näher eingehen können.

Wie ebenfalls in Abbildung 3 ersichtlich, ist die Quellenanalyse eine entscheidende Grundlage für belastbare Ergebnisse. Abbildung 4 liefert einige Primär- und Sekundärquellen, die dann hilfreiche Informationen liefern können[5], wenn sie strukturiert und mit Hilfe einer guten technischen Datenbasis aufgenommen werden. Die Institutionalisierung der Informationsbeschaffung über die wichtigsten Wettbewerber ist hierbei ein entscheidender Meilenstein auf dem Weg zum Erfolg.

Schritt 3: Konkurrenten benchmarken Im letzten Schritt wird das eigene Profil über jenes der relevantesten Wettbewerber gelegt, um aus dem dar-

---

Konkurrenz-Profiling – das interessiert uns:
- Rechtsform, Hauptsitz, Niederlassungen, Eigentumsverhältnisse
- Strategie, Mission Statement
- Kerngeschäft
- Produktportfolio, Patente
- Produktentwicklungskompetenz
- Kennzahlen (Jahresumsatz, Marktanteil, Marktstellung, Mitarbeiterzahl, ...)
- Finanzkraft
- Ressourcenausstattung
- Marken, Markenwert/Kundenloyalität
- Hauptkundensegment
- Vertriebswege

Konkurrenzanalyse

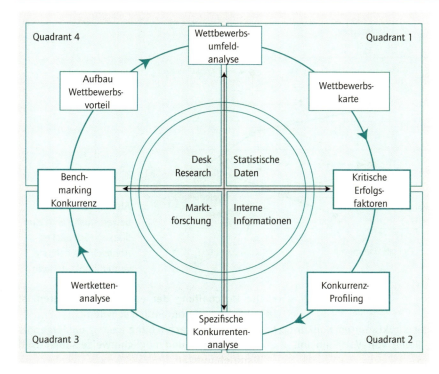

Abb. 3 Inhalt und Methoden der Konkurrenzanalyse

aus entstehenden Stärken-Schwächen-Diagramm Handlungsempfehlungen für das eigene Unternehmen ableiten zu können. In diesem sogenannten Wettbewerbsraster werden die Ergebnisse des ersten Quadranten aus Schritt zwei und die wichtigsten Profileigenschaften aus Quadrant zwei entlang der Wertekette mit dem Wettbewerb verglichen. Die schließlich ersichtlichen Lücken oder Übererfüllungen geben Hinweise auf Wettbewerbspotenziale, Kosteneinsparungsmöglichkeiten, aber auch eine realistische Einschätzung der eigenen Position gegenüber jedem integrierten Mitbewerber. Ein Wettbewerbsraster ist in Abbildung 5 dargestellt.

Relevante Primärquellen	Relevante Sekundärquellen
Gemeinsame Kunden und Lieferanten	Verbände und staatliche Institutionen
Messen, Ausstellungen und Kongresse	Tages-, Wirtschafts- und Fachpresse
Marktforschungsinstitute, Branchenverbände, Kammern, Unternehmensberatungen, etc.	Veröffentlichungen der Konkurrenten (Geschäftsberichte, Kataloge, Preislisten, Stellenausschreibungen, Internetseiten, Kundenzeitschriften)
Banken und Finanzanalysten	Elektronische Datenbanken
Gewerkschaften, Umweltverbände	Foren und Beschwerdeseiten im Internet
Ehemalige Mitarbeiter	Informationen des Außendienstes
Patentämter	Informationen der Marktforschungsabteilung
Handelsregister	

Abb. 4 Relevante Primär- und Sekundärquellen für die Konkurrenzanalyse

Umfeldanalyse

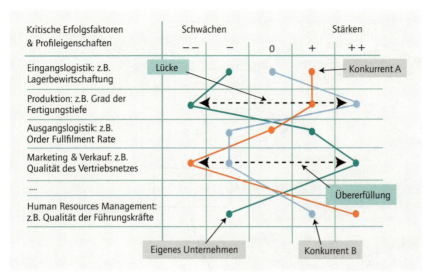

Abb. 5 Das Wettbewerbsraster wird zum Stärken-/Schwächen-Abgleich mit den relevanten Konkurrenten

Vor- und Nachteile

Die Beschäftigung mit der strukturierten Konkurrenzanalyse bringt eine Reihe von Vorteilen mit sich:
- Die Analyse der Konkurrenz in der dargestellten Form sorgt dafür, dass ein Unternehmen sich konsequent und systematisch mit potenziellen und tatsächlichen Mitbewerbern auseinandersetzt.
- Es schützt die Unternehmung vor unerkannten Mitbewerbern.
- Es hilft, Strategieoptionen zu erkennen und strategische Entscheidungen auf einer fundierten Basis zu treffen.

Die Nachteile der Konkurrenzanalyse offenbaren sich in folgenden Punkten:

- Die Beschaffung der erforderlichen Daten ist teilweise außerordentlich schwierig.
- Trotz aller Versachlichung basiert das Ergebnis auf Annahmen und möglicherweise subjektiven Wahrnehmungen.

Anmerkungen
1 Porter, M.: Competitive Strategy: Techniques for Analyzing Industries and Competitors, New York, 1998.
2 Wilson, R.: Competitor Analysis, Management Accounting, 72, 1994, April, S. 24.
3 Bergen, M./Peteraf, M.: Competitor Identification and Competitor Analysis: A Broad-Based Managerial Approach, Managerial and Decision Economics, 23, 2002, S. 157-169.
4 Hussey, D.: Building competitive Advantage, Management Training Update, London, 1993.
5 Kerth, K./Asum, H./Stich, V.: Die besten Strategietools in der Praxis, München, 2011.

SWOT-Analyse

Die Ausgangslage des Unternehmens wirklich kennen

Benjamin Künzli

Die bereits in den 1960er-Jahren entwickelte SWOT-Analyse gehört zu den wichtigsten Methoden der Strategieentwicklung. Sie ist mehr als nur ein Analyse-Instrument. Denn richtig angewendet liefert sie nicht nur wertvolle Erkenntnisse zur strategischen Ausgangslage, sondern auch Optionen für die Zukunft des Unternehmens. Nutzt man das Instrument nicht systematisch genug, kann man jedoch auch zu falschen Schlüssen kommen. Das große Potenzial der SWOT-Analyse wird zu selten wirklich ausgeschöpft.

Die SWOT-Analyse ist wohl eines der bekanntesten Management-Tools. Sie kann grundsätzlich immer dann eingesetzt werden, wenn Stärken und Schwächen einer organisationalen Einheit im Verhältnis zum relevanten Umfeld analysiert und beurteilt werden sollen. Beispiele solcher Einheiten wären etwa ein Unternehmen, eine Business Unit, ein Profit Center, das Marketing, die Produktion oder das Human Resource Management. Dabei stellt sich die Frage, welche Möglichkeiten der untersuchten Einheit zur Verfügung stehen, um Chancen des Umfelds mittel- bis langfristig zu nutzen und Risiken erfolgreich zu managen. Gegebenenfalls muss auch diskutiert werden, wie die eigenen strategischen Voraussetzungen gestärkt werden können. Aus den gewonnenen Einsichten werden dann strategische Optionen abgeleitet und allenfalls operativer Handlungsbedarf festgestellt.

Allerdings hält die SWOT-Analyse auch ein paar Stolpersteine bereit, die dazu führen, dass deren Potenzial nicht immer voll genutzt wird (vgl. Abb. 1). Im Folgenden soll daher gezeigt werden, wie das Tool erfolgreich eingesetzt werden kann. Als Beispiel dient dabei die Entwicklung oder Überprüfung einer Unternehmensstrategie.

Verfahren

Zunächst ist die SWOT-Analyse nicht viel mehr als eine ziemlich offene Vierfelder-Matrix (vgl. Abb. 2). Das Verfahren, in dem sie angewandt wird, muss daher so gestaltet werden, dass einerseits Oberflächlichkeit und Beliebigkeit, andererseits aber auch Lähmung durch endlose Analysen vermieden werden können. Bevor man mit den Analysen überhaupt beginnt, sollte man sich deshalb zunächst über den Fokus und die Tiefe der Abklärungen verständigen. Dabei sollte man darauf achten, dass mit diesen Untersuchungen ein hinreichendes (also nicht maximales) Verständnis der strategischen Situation erzielt wird. Soweit als möglich und sinnvoll sollte mit Zahlen, Daten, Fakten, also nicht nur mit subjektiven Ansichten gearbeitet werden. Die SWOT-Analyse muss zudem in einen klar strukturierten Strategieentwicklungs- oder -überprüfungsprozess eingebunden werden (vgl. Abb. 3).

Untersuchungsgegenstand der SWOT-Analyse ist die Positionierung des Unternehmens in seinem Umfeld im Vergleich zu den Mitbewerbern (vgl. Abb. 4). Daher muss man sich zuerst ein klares Verständnis des relevanten Umfeldes erarbeiten. Das weitere Umfeld kann man zum Beispiel mit Hilfe einer PESTEL-Analyse[1] untersuchen. Daran anschließend kann das nähere Umfeld mit den bekannten Instrumenten zur Analyse der Märkte und der Stakeholder beurteilt werden.[2] Dann wird das eigene Unterneh-

Umfeldanalyse

Stolpersteine	mögliche Konsequenz	Abhilfe
• zu wenig fundierte Analyse	• Fehlschlüsse, die zu falscher Strategie führen können	• wesentlichste Ergebnisse der Analysen des Umfelds und der Unternehmung in die SWOT einfließen lassen (vgl. Abb. 4), SWOT zum Fazit dieser Analysen machen
• eigene, schon vorher vorhandene Sichtweisen werden unkritisch eingebracht	• bestehende Strategie wird nicht wirklich überprüft, eventuell wird nur der Status quo verteidigt	• »evidence-based« Analysen hinzuziehen • Ergebnisse der SWOT kritisch hinterfragen. Was ist neu daran? Woran halten wir fest? Warum? • SWOT von Dritten (z. B. mit neutralen Peers oder externem Berater) »challengen« lassen
• unsystematischer Umgang mit der Komplexität des beobachteten Umfelds und des eigenen Unternehmens	• strategisch Relevantes wird verpasst, strategisch Irrelevantes ausgebreitet	• SWOT im Rahmen eines klar strukturierten Strategieentwicklungs-, resp. -überprüfungsprozesses anwenden, vgl. dazu Abb. 3 • auf der Basis eines expliziten (Unternehmens-) Modells arbeiten (z. B. St. Galler Management-Modell[3]) • »Flughöhe« prüfen: Sind unsere Themen wirklich von strategischer Bedeutung? Gibt es Aspekte, die wir weglassen können?
• Vermischung der Dimensionen Strengths und Opportunities respektive Weaknesses und Threats	• strategische Position der Unternehmung im Umfeld kann nicht richtig erfasst werden, die richtigen Schlüsse können nicht gezogen werden	• klare Unterscheidung zwischen Innendimension (Strengths und Weaknesses) und Umfelddimension (Opportunities und Threats), vgl. dazu Abb. 2.
• kein direktes Ableiten von strategischen Optionen aus den Erkenntnissen der SWOT	• strategische Chancen werden verpasst, Bedrohungen nicht abgewandt	• aus der SWOT-Analyse strategische Optionen ableiten, vgl. dazu Abb. 4
• Vermischen strategischer und operativer Themen	• falsche Prioritätensetzung • »Strategie« mit operativen Themen	• vorgängig vereinbaren, was unter »strategisch« verstanden werden soll, Themen dann entsprechend filtern • operative Themen, die bei der Anwendung der SWOT auftauchen, nicht in Strategie aufnehmen, sondern gesondert behandeln

Abb. 1 Stolpersteine der SWOT-Analyse, deren Konsequenzen und Abhilfemöglichkeiten

Abb. 2 Die vier Analysebereiche der SWOT-Analyse

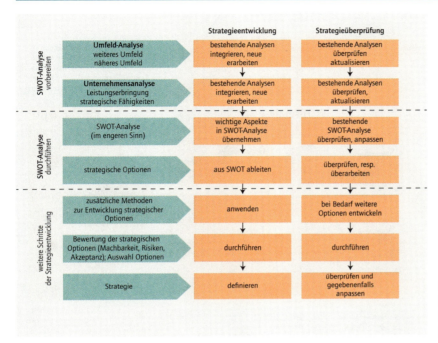

Abb. 3 Vorbereitung, Durchführung und Strategieentwicklung mit Hilfe der SWOT-Analyse

men durchleuchtet. Von Interesse sind vor allem die aktuelle Leistungserbringung und Wertschöpfung sowie die strategischen Fähigkeiten. Dabei werden die (wichtigsten) Produkte und Dienstleistungen, die Kernprozesse sowie die Kompetenzen und Ressourcen *im Vergleich zu den Mitbewerbern* beurteilt. Nur so kann später abgewogen werden, wie gut das eigene Unternehmen bestehende Chancen am Markt nutzen kann. Sind die Mitbewerber stärker und schneller, werden *sie* die Chancen realisieren.

Hat man sich ein hinreichendes Bild über das Umfeld und das eigene Unternehmen erarbeitet, übernimmt man die jeweils wesentlichsten Aspekte davon in die vier Felder der SWOT (vgl. Abb. 4). Dabei reichen pro Feld oft fünf bis sechs Themen aus. Mit der SWOT bringt man also die vorherigen Analysen auf den Punkt.

Mit dem nächsten Schritt leitet man zum Entwickeln von strategischen Optionen über. Die SWOT ist also mehr also »nur« Analyse. Dazu stellt man im Wesentlichen folgende Fragen:
- Welche unserer Stärken können wir wie einsetzen, um Chancen des Umfeldes zu nutzen?
- Welche unserer Stärken können wir wie einsetzen, um Bedrohungen des Umfeldes abzuwenden oder zu mildern?
- Wie wirken sich unsere Schwächen darauf aus, wie wir Chancen nutzen? Was ist daher zu tun?
- Haben wir Schwächen, die uns besonders anfällig für Bedrohungen aus unserem Umfeld machen? Was ist daher zu tun?

Beim Beantworten dieser Fragen erkennt man die strategisch wirklich relevanten Faktoren und deren Implikationen. Strategische Optionen erscheinen dann schon fast automatisch. Damit man sich nicht zu sehr einengt und um nach der Analysephase Kreativität zu ermöglichen, ist es empfehlenswert, erst einmal »brainstorming-ähnlich« vorzugehen, also die Ideen einfach fließen zu lassen. Um zunächst möglichst viele Optionen zu kreieren, wird man neben der SWOT weitere einschlägige Verfahren hinzuziehen.[4] Erst dann werden die Optionen bewertet und ausgewählt (respektive bei der Review mit der bestehenden Strategie verglichen; vgl. Abb. 3).

Die Erfahrung zeigt, dass beim Beantworten obiger Fragen auch operative Themen an die Oberflä-

60 Umfeldanayse

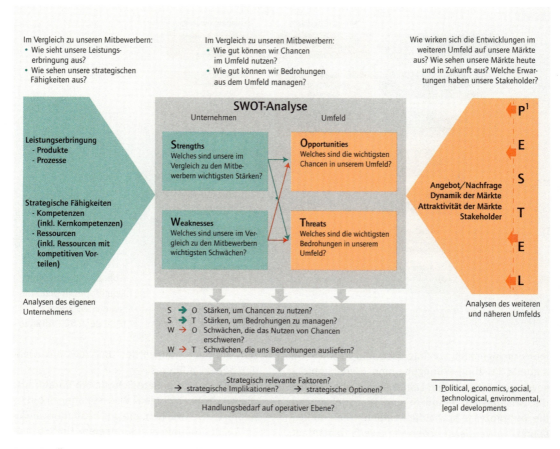

Abb. 4 Überblick über die wichtigsten Schritte und Zusammenhänge der SWOT-Analyse

che kommen. Ein Beispiel wäre etwa der Optimierungsbedarf bestimmter Geschäftsprozesse. Auch wenn damit ein hoher Handlungsbedarf verbunden sein kann, gehören solche Themen nicht in die eigentliche Strategie. Damit sie nicht verloren gehen, müssen sie gesondert bearbeitet werden (etwa indem entsprechende Projekte angestoßen werden).

Vor- und Nachteile

Wenn die SWOT-Analyse sachgerecht angewandt wird, bietet sie eine ganze Reihe von Vorteilen:
- Hoher Bekanntheitsgrad und hohe Akzeptanz
- Einfach und vielseitig in der Anwendung
- Hilft dabei, vorangegangene Analysen auf den Punkt zu bringen und sich so wieder einen Überblick zu verschaffen.
- Führt fast automatisch zu strategischen Optionen (und meist auch zu Hinweisen auf operativen Handlungsbedarf).

Insbesondere wenn sie nicht systematisch genug angewandt wird, birgt die SWOT-Analyse aber auch Nachteile:
- Wegen ihrer Offenheit, kann sie zu Beliebigkeit und zur unkritischen Bestätigung des Status quo verleiten.

- Sie kann zu oberflächlichen oder aber auch zu zu weitgehenden Analysen verführen. Im ersten Fall besteht das Risiko, dass die daraus gezogenen strategischen Schlüsse unzutreffend sind. Im zweiten Fall droht die oft beschworene »Analyse Paralyse«.
- Operativ relevante Erkenntnisse, die mit der SWOT erarbeitet werden, können allenfalls fälschlicherweise in die Strategie eingebaut werden und diese so erheblich verwässern. Dann besteht das Risiko, dass Prioritäten falsch gesetzt werden.

Perspektiven

Bei der SWOT-Analyse handelt es sich um einen Klassiker der Strategieentwicklung und -überprüfung mit viel ungenutztem Potenzial:
- Wie oben dargestellt, ist sie mehr als »nur« Analyse. Man sollte sie vermehrt auch zum Ableiten von strategischen Optionen nutzen.
- Vielbeschäftigte strategische Gremien haben die Möglichkeit, die Analysen, die der SWOT vorangehen, an interne oder externe Fachleute zu delegieren. Wenn möglich sollten sie aber die SWOT, in der Regel durch einen Moderator begleitet, selbst durchführen und so ein Fazit aus den Analysen ziehen. Das hilft, die strategische Position des eigenen Unternehmens noch besser zu verstehen. Die daraus abzuleitenden strategischen Entscheide werden somit eher gemeinsam getragen, als wenn sie durch externe Berater erarbeitet worden sind.
- Die SWOT-Analyse kann auch außerhalb ihrer angestammten Gefilde, also der Strategieentwicklung und -überprüfung auf der Stufe des gesamten Unternehmens, angewandt werden. Wie bereits eingangs erwähnt, ist sie immer dann hilfreich, wenn die Positionierung einer organisationalen Einheit in ihrem Umfeld zu beurteilen ist und wenn daraus strategische (und allenfalls auch operative) Schlüsse gezogen werden sollen. Dazu wird man die entsprechenden Fragestellungen anpassen müssen. Erfahrungen im Coaching mit Teams und Führungskräften zeigen zudem, dass die SWOT-Analyse auch auf diesem Gebiet gut angenommen wird, weil sie auf einfache Weise Überblick und Orientierung verschafft.
- Schließlich zeigt die Tabelle in Abbildung 1, wie man Stolpersteinen bei der Anwendung der SWOT-Analyse aus dem Weg gehen kann und so weiteres Potenzial dieses praxisbewährten Instruments nutzen kann.

Anmerkungen

1 Political, economical, social, technological, environmental, legal developments. Vgl. z. B. Johnson, G./ Scholes, K.: Exploring Corporate Strategy. Text and Cases. 9. Aufl., Harlow 2011, S. 55 ff.
2 Vgl. z. B. Nagel, R./Wimmer, R.: Systemische Strategieentwicklung. Modelle und Instrumente für Berater und Entscheider. 5. Aufl., Stuttgart 2009, S. 119 ff.
3 Ruegg-Stürm, J.: Das neue St. Galler-Management-Modell. Grundkategorien einer integrierten Managementlehre: der HSG-Ansatz. Bern 2003.
4 Vgl. z. B. Nagel, R./Wimmer, R., a. a. O., S. 201 ff.

Strategie

VRIO-Modell

Kernkompetenzen identifizieren und gezielt einsetzen

Jacques Hefti/Heike Rawitzer

Was ist der Unterschied zwischen einer Kompetenz und einer Kernkompetenz? Das VRIO-Modell von Jay Barney gibt Unternehmen Kriterien an die Hand, mit denen sie ihre Kernkompetenz ermitteln können.

Das Thema Kernkompetenzen ist heutzutage aus keiner Managementdiskussion mehr wegzudenken. Der Begriff ist bereits teilweise in die Umgangssprache eingegangen und daher werden Kernkompetenzen von manchen Strategieteams bei der Analyse ihres Unternehmens allzu leichtfertig attestiert. Basisressourcen und -kompetenzen werden dabei schnell zur Kernkompetenz stilisiert. Der US-amerikanische Managementexperte Jay Barney hat mit seinem VRIO-Framework ein Tool geschaffen, das auf einfache Weise, durch das Stellen der richtigen Fragen, die Ressourcen und Fähigkeiten einer Unternehmung im Hinblick auf ihre Eignung zur Kernkompetenz, identifiziert.[1]

Grundlagen

Neuere Strategieentwicklungsprozesse, wie die Meta-SWOT[2], gehen davon aus, dass sich ein Unternehmen nicht den Gegebenheiten des Marktes anpassen muss, um erfolgreich zu sein, sondern dann erfolgreich neue Chancen schaffen kann, wenn interne Kräfte und Wachstumsfaktoren zusammenwirken.[3] So entstehen Wettbewerbsvorteile, die Ergebnis eines konsequenten Auf- und Ausbaus sowie der Pflege von Schlüsselressourcen und Kernkompetenzen sind. Dabei wird jedes Unternehmen als ein einzigartiges Bündel dieser Ressourcen und Fähigkeiten betrachtet. Weil der Strategieentwicklungsprozess auf diesen unternehmensinternen Assets beruht, ist es unumgänglich, diese optimal auf gegenwärtige und zukünftige Marktbedürfnisse auszurichten und sich damit deutlich gegenüber dem Wettbewerb zu profilieren.

Es reicht dabei jedoch nicht aus, nur besondere Stärken in verschiedenen funktionalen Einheiten des Unternehmens aufweisen zu können. Sie bilden zwar die Basis jeglicher Wettbewerbsvorteile gegenüber der Konkurrenz, genügen aber für die langfristige erfolgreiche Entwicklung des Unternehmens nicht. Aus diesem Grund ist es besonders wichtig, die Identifikation wahrer Kernkompetenzen im Unternehmen voranzutreiben und ein gemeinsames Verständnis über die Erfolgsfaktoren zu schaffen. Hierfür eignet sich das VRIO-Verfahren.

Um Kernkompetenzen zu entwickeln, zu identifizieren[4] und zu bewerten, muss man sich zunächst mit den Ressourcen und Fähigkeiten des Unternehmens auseinandersetzen. Denn sie sind die Grundlage für Erfolg oder Misserfolg und zugleich die Basis für die notwendigen Wettbewerbsvorteile (vgl. Abb. 1).

Die gesuchten *Ressourcen* werden von Barney als die auf das Unternehmen zugeschnittenen individuellen Ausstattungen verstanden. Zu unterscheiden sind hierbei sogenannte tangible Ressourcen (Produktionsanlagen, IT-Systeme, Standorte, aber auch finanzielle Ausstattung etc.) und intangible Ressourcen, wie beispielsweise Patente, Markenrechte, Ausbildung, Erfahrung und Know-how der Mitarbeiter und organisationale Fähigkeiten (Firmenprozesse, Managementsysteme etc.). Sie sind das unternehmensspezifische Handlungspotenzial. Inwieweit sie

66 Strategie

Abb. 1 Von den Ressourcen zum Wettbewerbsvorteil

bereits das Potenzial haben, eine Differenzierung gegenüber der Konkurrenz zu erreichen, hängt von ihrer Einzigartigkeit und ihrer Marktrelevanz ab.

Kompetenzen entstehen aus den notwendigen Fähigkeiten, die vorhandenen Ressourcen erfolgreich und zielgerichtet zu nutzen. Eine Kompetenz liegt nur dann vor, wenn es sich um konkrete, reproduzierbare Fähigkeiten handelt, die relevante Problemlösungen schaffen. Die Kompetenzbasis selbst ist noch keine Kernkompetenz.

Eine *Kernkompetenz* ist erst dann gegeben, wenn bestimmte Kompetenzen einen einzigartigen Nutzen für den Kunden generieren und/oder einen Kostenvorteil für das Unternehmen schaffen. Sie sind auf mehrere Produkte anwendbar und losgelöst von Produkt- und Technologievorteilen zu betrachten. Das bedeutet auch, dass Kernkompetenzen häufig abteilungsübergreifend vorliegen oder die Grenzen strategischer Geschäftsfelder zu überschreiten vermögen. Diese am Markt einzigartige Kombination aus Ressourcen und außergewöhnlichen Fähigkeiten ermöglicht es dem Unternehmen dann, dauerhaft Wettbewerbsvorteile zu erzielen.[5]

Verfahren

Um das VRIO-Modell sinnvoll anzuwenden, ist es zunächst notwendig, die Ressourcen und Fähigkeiten innerhalb des Unternehmens zu identifizieren. Es geht um die Frage: Über welche Kompetenzen verfügen wir in der jetzigen Marktsituation? Hierfür empfiehlt Barney die klassische Wertkettenanalyse von Michael E. Porter.[6]

Folgende Fragen erleichtern einem die Suche nach den mehr oder weniger offensichtlichen Kompetenzen eines Unternehmens:

- Welche Wertschöpfungsaktivitäten und Prozesse existieren in unserem Unternehmen?
- Welche Aktivitäten und Prozesse tragen in signifikanter Weise zu unserer Gewinnmarge bei?
- An welcher Stelle im Unternehmen generieren wir echte Mehrwerte?
- Welche unternehmensspezifischen Ressourcen helfen uns bei der Marktbearbeitung?
- Welche Aktivitäten und Differenzierungsmerkmale schaffen für den Kunden einen besonderen Nutzen?
- Sind wir anders positioniert als unsere wichtigsten Wettbewerber? Und wenn ja, in welcher Weise?
- Was können wir in jedem Teilbereich der Kompetenzkette besonders gut?
- Welches sind die spezifischen Schwächen unserer Mitbewerber?

Nach diesem sogenannten Kompetenz-Check-up, der die Ressourcen und Fähigkeiten des Unternehmens möglichst vollständig erfasst, müssen diese auf ihre strategischen Leistungspotenziale und ihre Bedeutung bezüglich der Wettbewerbsstellung hin geprüft werden, damit werden zugleich die Kompetenzen von den Kernkompetenzen abgegrenzt. Dafür wird international am häufigsten das VRIO-Modell von Barney eingesetzt. Es bewertet die einzelnen Kompetenzen – also die Fähigkeit, Ressourcen einzusetzen und durch Strukturen, Prozesse, Systeme sowie die Kultur zu koordinieren – im Hinblick

VRIO-Modell

Abb. 2 Das VRIO-Modell – Kriterien für wahre Kernkompetenzen

auf die Entwicklung einer erfolgversprechenden Strategie. Laut Barney liegen Kernkompetenzen nur dann vor, wenn die im Folgenden dargelegten VRIO-Kriterien erfüllt sind (vgl. Abb. 2).[7]

Die vier Kriterien – Value, Rarity, Imitability und Organizational Specificity – stehen für die vier Fragen, mit deren Hilfe das Unternehmen das Potenzial einer Kompetenz im Hinblick auf die Generierung von Wettbewerbsvorteilen einschätzen kann. Die jeweilige Bewertung der Kriterien lässt wiederum einen Rückschluss auf die Auswirkungen der Ressource bezüglich des Wettbewerbs und des unternehmerischen Erfolgs zu (vgl. auch Abb. 3).

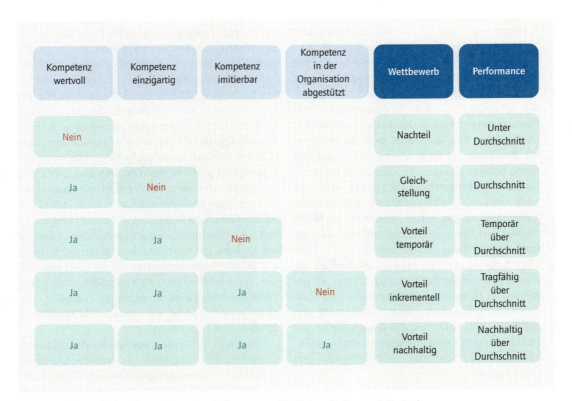

Abb. 3 Die Ergebnisse der VRIO-Analyse haben unterschiedlichen Einfluss auf die Performance

V – Wert einer Kompetenz

Eine Kompetenz ist nach Barney dann wertvoll, wenn sie die Erträge des Unternehmens zu erhöhen oder deren Kosten zu senken vermag. Dabei lassen sich vier verschiedene Komponenten des Werts von Kompetenzen unterscheiden:

1. Der Wertbeitrag einer Kompetenz besteht darin, Chancen aus Umweltveränderungen in Unternehmenserfolg umzumünzen oder erwarteten Risiken besser zu begegnen als der Wettbewerb. Ein Unternehmen muss sich also die Frage stellen, ob es über Ressourcen und Fähigkeiten verfügt, mit denen es Umweltfaktoren besser und vorteilhafter zur Gewinnerzielung einsetzen kann als seine Mitbewerber.
2. Die Kompetenz leistet einen direkten Beitrag zum Kundennutzen. Die damit verbundene Frage lautet: Welche Kompetenzen führen direkt zu einem vom Kunden wahrgenommenen Vorteil, der dem Kunden tatsächlich etwas wert ist? Die Kundenperspektive ist hierbei essenziell und setzt voraus, dass das Unternehmen weiß, warum der Kunde seine Produkte und Leistungen wählt und welche klaren Nutzenvorstellungen der Kunde besitzt.
3. Sie unterstützt die Einzigartigkeit. Dank der Kernkompetenz ist das Unternehmen in der Lage, Produkte und Dienstleistungen zu erstellen, die Wettbewerber nicht ohne weiteres auf den Markt bringen können. Die zugehörige Frage ist: Sind die Leistungen oder Teile der Leistung des Unternehmens, die für den Kunden einen signifikanten Wertbeitrag leisten, so bereits am Markt vorhanden? Wenn nicht, aus welcher Kompetenz entsteht diese Einzigartigkeit?
4. Die Kompetenz ist nur dann als wertvoll zu betrachten, wenn sie zu Kosten umsetzbar ist, bei denen das Unternehmen trotzdem einen attraktiven Return generieren kann. Somit stellt sich die Frage: Wie hoch sind die Kosten der in den Punkten eins bis drei identifizierten Kompetenzen und den daraus resultierenden Produkt- und Leistungskomponenten?

R – Einzigartigkeit einer Kompetenz

In Abgrenzung zur Einzigartigkeit von Produkten weist Barney darauf hin, dass eine Kompetenz nur dann einen Wettbewerbsvorteil schaffen kann, wenn sie nur im Unternehmen selbst oder bei einer sehr begrenzten Zahl von Mitbewerbern vorzufinden ist. Dabei sollte die Kompetenz nicht nur einzigartig, sondern auch nachhaltig sein. Eine Kompetenz lässt sich also nur dann als Kernkompetenz bezeichnen, wenn das Unternehmen in der Lage ist, sie über eine längere Zeit aufrechtzuerhalten. Die Einzigartigkeit fordert deshalb, dass die Kompetenz nutzenstiftend für den Kunden, einmalig und nachhaltig sein muss, um als Kernkompetenz klassifiziert zu werden.

I – Imitierbarkeit einer Kompetenz

Dass die Suche nach Kernkompetenzen nicht trivial ist, liegt auf der Hand. Denn die Einzigartigkeit und der Wert reichen nicht aus, um als Basis für langfristige Wettbewerbsvorteile zu dienen. Um langfristig zu wirken, braucht die Kompetenz neben der Nachhaltigkeit auch einen Schutz vor Imitierbarkeit sowie Substituierbarkeit. Dieser Aspekt ist Teil der Definition von Kernkompetenz, die ausdrücklich nicht nur zur Erstellung eines einzelnen, sehr wettbewerbsfähigen Produkts beiträgt, sondern über mehrere Produkte und Geschäftsfelder hinweg einzigartig und nutzenstiftend ist. Das bedeutet auch, dass der Wettbewerber zwar einzelne herausragende Leistungen kopieren kann, aber nicht in der Lage ist, die hinter den Produkten stehende Fähigkeit zu imitieren oder anderweitig zu erbringen (substituieren). Dies gelingt besonders dann nicht, wenn das Unternehmen Aktivitäten, Fähigkeiten und Wissen intern miteinander verknüpft. Dadurch liegt der Kernkompetenz eine Komplexität zugrunde, die nicht vereinfacht in ein anderes Unternehmen übertragen werden kann.

Es stellt sich also die Frage, ob die identifizierten Kompetenzen tatsächlich unternehmensweit in verschiedene Lösungen einfließen und die Aktivitäten über Sparten und Produktdenken hinweg miteinander verbunden werden.

O – organisatorische Einbettung
der Kompetenzen

Die geforderte Vernetzung der Aktivitäten und die Idee, die Kernkompetenzen als Basis des unternehmerischen Handelns zu betrachten, führen zu der Notwendigkeit, die Unternehmensorganisation daraufhin zu überprüfen. Herausragende, nutzenstiftende, einzigartige Fähigkeiten können nur dann dem langfristigen Unternehmenserfolg dienen, wenn sie auch organisatorisch berücksichtigt werden. Nur wenn die Struktur des Unternehmens es zulässt, alle Potenziale seiner wertvollen Ressourcen und Fähigkeiten zu nutzen, ist ein langfristiger Wettbewerbsvorteil gegeben. Das Unternehmen muss sich deshalb die Frage stellen, ob die Aufbauorganisation, das Anreiz- und Controllingsystem sowie die Reportingstrukturen den wichtigsten Ressourcen und Fähigkeiten gemäß ausgestaltet sind.

Die im Unternehmen diskutierten Fragen nach dem Wert, der Einzigartigkeit, der Imitierbarkeit und der organisatorischen Einbettung ergeben Hinweise auf die Auswirkungen auf den Wettbewerb und die Performance (vgl. Abb. 3).[8]

Vor- und Nachteile

Die Nutzung des VRIO-Modells bringt eine ganze Reihe von Vorteilen mit sich:
- Es handelt sich um ein anerkanntes, in der Praxis etabliertes Modell, das das Unternehmen dazu veranlasst, sich konsequent und strukturiert mit seinen Kompetenzen zu beschäftigen.
- Es schützt das Unternehmen davor, allzu leichtfertig anzunehmen, dass Kernkompetenzen[9] vorliegen.
- Es hilft, Kompetenzlücken zu erkennen und die notwendige Entwicklung nachhaltiger Ressourcen und Fähigkeiten voranzutreiben.

Die Nachteile des VRIO-Modells offenbaren sich in folgenden Punkten:
- Die konkrete Operationalisierung ist schwierig und sicherlich für das Unternehmen eine Herausforderung, da konkrete Messgrößen fehlen.
- Das Modell verlangt einen sachlichen und differenzierten Umgang mit Ressourcen und eine ausgeprägte Analysefähigkeit.
- Die Beschäftigung mit vermeintlichen Kernkompetenzen fordert im Zweifelsfall eine Loslösung von alten Denkmustern und liebgewonnenen Aktivitäten.
- Das Modell basiert auf verschiedensten Faktoreneinschätzungen, die je nach Standpunkt und Verantwortungsbereich sehr unterschiedlich ausfallen können. Dem Management des Analyseprozesses ist deshalb eine große Bedeutung beizumessen.

Perspektiven

Die VRIO-Methode zur Identifikation von Kompetenzen, die das Potenzial zu nachhaltigen Wettbewerbsvorteilen haben, ist nicht nur bei der Bewertung der vorhandenen Fähigkeiten und Ressourcen hilfreich, sondern zeigt zudem Möglichkeiten auf, Kompetenzen im Unternehmen an verschiedensten Stellen wirksam einzusetzen sowie In- und Outsourcingentscheidungen kompetenzbasiert zu treffen.

Anmerkungen
1 Barney, J.: Firm Resources and Sustained Competitive Advantage. In: Journal of Management, 17. Jg., 1991, H. 1, S. 99–120.
2 Vgl. Meta-SWOT: Ein neues Tool im strategischen Werkzeugkasten, SOLYP Informatik GmbH (www.solyp.com), http://tinyurl.com/lgkwc8n (letzter Zugriff 24.10.2013), Künzli, B: SWOT-Analyse. In: Zeitschrift Führung + Organisation, 81. Jg., 2012, H. 2, S. 126.
3 Rawitzer, H./Hefti, J.: Meta-SWOT: Vom Brainstorming zu erfolgreichen Strategien. In: KMU-Magazin, 16. Jg., 2013, H. 3, S. 102–107.
4 Vgl. Barney, J.: a. a. O.
5 Prahalad, C. K./Hamel, G.: The Core Competence of the Cooperation. In: Harvard Business Review, 68. Jg., 1990, H. 3, S. 79–91.
6 Porter, M.: Competitive Advantage, New York 1985.
7 Vgl. Barney, J.: a. a. O.
8 Barney, J.: a. a. O.
9 Vgl. Prahalad, C. K./Hamel. G.: a. a. O.

Duale Betrachtung strategischer Stoßrichtungen

Intuition und Kognition für strategische Entscheidungen nutzen

Kerstin Pichel/Erika Lüthi

Strategische Entscheidungen sind komplex: Sie legen Handlungsschwerpunkte für eine Zukunft fest, deren Folgen oft vielschichtig und schwer kalkulierbar sind. Kognitive und intuitive Strategie-Informationen können helfen, komplexe Entscheidungen zu treffen.

Für komplexe Entscheidungen greift unser Gehirn normalerweise auf intuitive, assoziierende, vereinfachende, schnelle Beurteilungen zurück[1] – ein Verhalten, das aber für Strategieprozesse selten als adäquat angesehen wird, Marktdynamik und Einflusskomplexität hin oder her. Dezidierte, systematisierte Teilschritte sollen strategische Entscheidungen kognitiv begründbar machen. Gemäß Klatt und Möller[2] führen sie allerdings oft nur zu Scheingenauigkeit und Fehleinschätzungen. Nobelpreisträger Daniel Kahneman erläutert, dass unser kognitives Denksystem eben oft nur jene Informationen aufnimmt und verarbeitet, die zur intuitiven Entscheidung passen.[3] Quasi ein Perpetuum mobile des strategischen Bauchgefühls.

Das muss kein Manko sein: Strategieteams könnten komplexe Entscheidungen durch das »Zusammenlegen« ihrer unterschiedlichen Sichtweisen und Erfahrungen vielseitig beleuchten und beantworten.[4] Schließlich ist die Strategieentwicklung eine Kommunikationsplattform, auf der sich verschiedenartige Erfahrungen und Sichtweisen begegnen und Menschen sich gegenseitig inspirieren können.[5] Der explizite Wechsel zwischen intuitiven und kognitiven Beurteilungen kann einem Strategieteam die bewusste Auseinandersetzung mit relevanten Informationen erleichtern – wir nennen das eine duale Strategieentwicklung.

Besonders interessant ist die praktische Umsetzung dualer Denkprozesse in Strategiediskussionen. Unserer Erfahrung nach führt ein Ungleichgewicht zwischen kognitiven und intuitiven Entscheidungsaspekten zu fragilen Strategieentscheidungen. So hat beispielsweise ein Strategiegremium eines national tätigen Weiterbildungsträgers aufgrund von Wirtschaftlichkeitsmodellen und Weisungen entschieden, bestimmte Fachausbildungen landesweit zu einheitlichen Preisen, Zeiträumen und Prüfungsmodalitäten anzubieten. Nach nur drei Monaten waren die ersten Sonderformen in einzelnen Bundesländern auf dem Markt, zu unterschiedlichen Preisen und Modalitäten. Im Nachhinein wurde berichtet: »War klar, dass dieser Länderchef ausschert, der hat schon damals bei der Entscheidung so komisch reagiert«. Er selbst war sich dessen nicht bewusst, seine Bedenken gegen die nationale Vorgabe konnte er kaum begründen – ein Bauchgefühl, das er nicht artikuliert hatte.[6]

Wie können Intuition und Kognition bewusst angesprochen und kombiniert werden? Wie wird das Potenzial eines Strategieteams genutzt, ohne die einzelnen Mitglieder zu überrollen? Sucht man nach pragmatischen Konsequenzen für die Gestaltung von Strategiesitzungen, so erweist sich der Ansatz der Kommunikationstiefen aus der Theorie U von C. Otto Scharmer[7] sehr hilfreich.

Das Modell dualer Entwicklungen

Die Kombination der Ansätze von Kahneman und Scharmer ergibt das Basismodell für die Moderation dualer Strategieprozesse (vgl. Abb. 1).
1. Die erste wichtige Gestaltungsachse ist jene zur *Ausbalancierung von Intuition und Kognition*: Sehr häufig sind kognitive und intuitive Informationen in Strategiediskussionen getrennt und nutzen eine andere Ausdrucksform. Oft ist nur die kognitive Informationsquelle bewusst durch Analyse- und Entscheidungsmethoden (5-Forces-Analyse[8] oder der BCG-Matrix) erschlossen. Intuitive Informationen drücken sich eher in Form von Freude oder Unwohlsein (wie Angst vor dem Neuen) bei strategischen Entscheidungen aus.
2. Die zweite Achse der Kommunikationstiefe: Gelingt es einem Strategieteam vom reinen Schlagabtausch in eine tiefgehende Auseinandersetzung zu gelangen, kann es eine vertrauensvolle Kommunikationsbasis für die Offenlegung kognitiver und intuitiver Informationen schaffen. In einem zukunftsorientierten, schöpferischen Austausch können Strategieentscheidungen wirklich alle Argumente der Beteiligten nutzen und somit tragfähig und umsetzbar sein.[9]
3. Und schließlich gilt es, die Achse von Individuum und Gruppe im Auge zu behalten. Die zuvor beschriebene vertrauensvolle Kommunikation verbindet das Individuum mit seinen eigenen Wünschen, Meinungen und Argumenten mit denjenigen der anderen in der Gruppe. Dadurch wird es möglich, von der eigenen Sichtweise abzurücken zugunsten der Entwicklung der gesamten Organisation.

Für eine Ausbalancierung dieser drei Achsen bietet sich ein ganzheitlicher Ansatz an. Um neben den intellektuellen Fähigkeiten auch die emotionalen und intuitiven Kompetenzen aktiv zu nutzen und einzusetzen, können gestalterische Mittel wie z. B. Malen sowie Stille und Bewegung eingesetzt werden. Dadurch entstehen Austauschformen, in die unbewusstes und kollektives Wissen einfließt. Dies ermöglicht den Teilnehmenden, aus der gewohnten »Alltagssituation« herauszutreten, sich vom Problemzustand zu distanzieren und so alternative Lösungswelten zu erkunden.

Im Folgenden wird eine Moderationsmethode

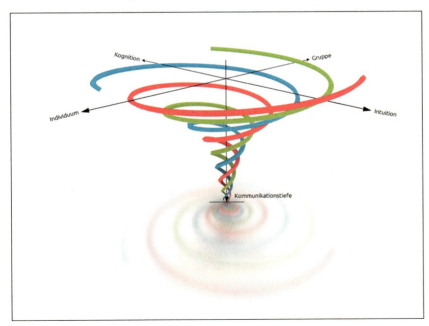

Abb. 1 Duales Entwicklungsmodell

vorgestellt, die die Kommunikation über strategische Entscheidungen vertieft und auch intuitive Informationen zugänglich macht.[10] Diese Methode kann sowohl in der Auswahl von strategischen Stoßrichtungen als auch bei andern Entscheidungsprozessen eingesetzt werden, wie beispielsweise bei Berufs- oder privaten Entscheidungen.

Die Methode »Vergangenheit, Gegenwart, Zukunft«

Die Teilnehmenden versetzen sich in die Vergangenheit, Gegenwart und Zukunft und betrachten aus der jeweiligen Perspektive die strategischen Stoßrichtungen, die so auch aufgrund intuitiver Informationen überprüft und ausgewählt werden können. Dadurch kann ein Gefühl für die auszuwählende strategische Stoßrichtung entwickelt und den rationalen Informationen gegenübergestellt werden.

Strategische Optionen als Voraussetzung

Dem strategischen Entscheidungsteam sollten verschiedene Entwicklungsrichtungen ihres Unternehmens oder ihrer Abteilung zur Auswahl vorliegen.[11] Nur dann können strategische Stoßrichtungen aus verschiedenen Perspektiven betrachtet werden. Hier zwei Beispiele:
- Bei einem Glashersteller standen die Optionen zur Auswahl, ihr Sicherheitsglas als architektonische Komponente für Gebäude fortzuentwickeln oder als Fensterelement für Hochgeschwindigkeitszüge und Rennwagen.
- Bei einer Human-Resources-Abteilung ging es um die Optionen, sich auf Personaladministration zu fokussieren oder proaktive Personalentwicklung inklusive Gesundheits- und Sicherheitsvorsorge zu betreiben.

Es wird diejenige strategische Stoßrichtung betrachtet, bei der sich die Teilnehmenden noch unsicher sind oder verschiedene Meinungen bestehen.

Arbeitsschritte

1. Schritt (5 Minuten): Auswahl der Plätze   Die Moderierenden bestimmen die Plätze der Zukunft, der Gegenwart und der Vergangenheit im Raum. Dabei ist wichtig, dass die drei Plätze weit genug voneinander entfernt liegen, damit einerseits die Teilnehmenden dazwischen mit einigen Schritten hin- und hergehen und andererseits alle Teilnehmenden auf einem Platz stehen können. Empfehlenswert ist eine örtliche Anordnung, wie sie in Abbildung 2 dargestellt ist. Die Betrachtungsorte befinden sich in einer Art Dreieck, damit die Teilnehmenden vom Platz der Vergangenheit auf die Zukunft blicken können usw.

2. Schritt (5 Minuten): Platz der Zukunft   Alle begeben sich auf den Platz der Zukunft. Die Moderierenden lesen die strategische Stoßrichtung vor, die nun genauer betrachtet werden soll, und stellen folgende Fragen: »Angenommen, Sie entscheiden sich alle für diese strategische Stoßrichtung, wie sieht dann die Zukunft Ihrer Organisation aus? Welches Bild zeigt sich Ihnen? Wie fühlt sich die Zukunft dieser Stoßrichtung an?« Die Teilnehmenden bleiben still stehen und malen sich die Zukunft mit dieser strategischen Option aus. Die Moderierenden können sie dabei unterstützen, indem sie nach zwei bis drei Minuten ergänzende, inspirierende Fragen in den Raum stellen, etwa: »Wie sieht Ihr Arbeitsalltag mit dieser strategischen Option aus?«, »Welche Kunden sind bei dieser strategischen Option wichtig geworden?«.

3. Schritt (10 bis 15 Minuten) Zwischen Vergangenheit, Gegenwart und Zukunft hin- und hergehen   Jede Person begibt sich schweigend mit ihrem Zukunftsbild dieser strategischen Stoßrichtung entweder auf den Platz der Gegenwart oder der Vergangenheit und betrachtet sie nun aus dieser Perspektive. Die Moderierenden bitten die Teilnehmenden, die auf dem Platz der Vergangenheit stehen, sich im Stillen zu überlegen, was ihnen die Vergangenheit ihrer Organisation zu dieser auszuwählenden strategischen Stoßrichtung sagt. Auf dem Platz der Gegenwart fragen die Moderieren-

Strategischer Stoßrichtungen

Abb. 2 Betrachtungsorte Vergangenheit – Gegenwart – Zukunft für strategische Optionen

4. Schritt (10 bis 15 Minuten) Reflexion und Erkenntnisse Alle Teilnehmenden tauschen ihre Erfahrungen und Erkenntnisse aus. Die Moderierenden unterstützen die Reflexion durch folgende Fragen und schreiben die Antworten am Flipchart mit:
- Wie ist es mir auf dem Platz der Zukunft, der Gegenwart und der Vergangenheit ergangen? Was ist mir aufgefallen?
- Welche Informationen haben wir bisher noch nicht in unseren Analysen berücksichtigt? Welche müssten validiert werden, weil unsere Intuition ihnen widerspricht?
- Was hat sich für mich bezüglich dieser Stoßrichtung verändert (inhaltlich, gefühlsmäßig usw.)? Was müsste allenfalls an der Stoßrichtung verändert werden?

5. Schritt (20 Minuten) Vertiefte Recherche und Anpassung Die genannten Erkenntnisse werden mit der vorhandenen strategischen Stoßrichtung in Beziehung gesetzt. Die bisher unbeachteten strategischen Informationen, die während der Methode neu auftauchten, werden gewürdigt, egal aus welchen Quellen sie auch kommen, sei es aus Erfahrungen, neuer Kommunikation oder Information, Kombinationen verschiedener Eindrücke, Bedürfnissen usw. Dabei haben alle Quellen eine unbestrittene Berechtigung; das sagen die Moderierenden laut und explizit. Anschließend wird gefragt, wie heikel eine Fehleinschätzung dieser Informationen für den Erfolg der strategischen Stoßrichtung ist und wie gut informiert sich das Team diesbezüglich fühlt.

Es wird gegebenenfalls recherchiert. Gerade für die erfolgsrelevanten, unsicheren Informationen wird vereinbart, wie eine eindeutigere Einschätzbarkeit zu erreichen ist. Allenfalls werden eine Recherche, Information und spätere Entscheidung festgelegt.

Die bisher unbeachteten Informationen können auch unmittelbar für die Entscheidung genutzt werden. Beurteilt das Team die neuen Informationen als nicht heikel oder gut einschätzbar, kann die Stoßrichtung abschließend beurteilt werden, sie wird allenfalls angepasst.

den, was die Gegenwart den Teilnehmenden sagt, wenn sie auf die zukünftige strategische Option blicken.

Es ist wichtig, dass die Teilnehmenden einen örtlichen Wechsel vornehmen. Dies unterstützt den inneren Dialog und das Aufkommen von neuen intuitiven Erkenntnissen.

Ebenso wichtig ist es, dass die Teilnehmenden alle Eindrücke, Bilder und Gefühle zulassen. Die Moderierenden erwähnen dies explizit.

Die Personen gehen hin und her. Sie stellen sich zwischendurch auch wieder auf den Platz der Zukunft, um zu überprüfen, wie sich der Platz der Zukunft nun anfühlt, oder um sich nochmals zu verdeutlichen, wie denn der Platz der Zukunft mit dieser strategischen Stoßrichtung aussieht. Jede Person entscheidet für sich und in ihrem Tempo, wann sie einen örtlichen Wechsel vornimmt.

Wenn die Teilnehmenden für sich das Hin- und Hergehen beendet haben, treffen sie sich alle an einem neutralen Platz, der vorher bestimmt wurde.

Vor- und Nachteile

Ein wesentlicher Vorteil dieser Methode ist die explizite, wertschätzende Thematisierung intuitiver Informationen zu strategischen Stoßrichtungen, die gerade in hochkomplexen Entscheidungssituationen rational kaum zu durchdringende Erkenntnisse bergen.[12] Außerdem sind sie ein wesentliches Motivationselement; werden sie gar nicht thematisiert, bleibt häufig ein Vorbehalt gegenüber der gewählten strategischen Stoßrichtung. Die Zeit, die man in eine intuitive Einschätzung der fraglichen Stoßrichtung investiert, ebnet somit oft den Boden für tiefgreifende Abwägungen und nachhaltige Entscheidungen.

Der wesentliche Nachteil dieser Methode ist mit dem Vorteil eng verbunden: Sie braucht Extrazeit. Das bedeutet nicht, dass Strategiediskussionen mit ganzheitlichen Methoden eine stundenlange Auszeit von der inhaltlichen Auseinandersetzung mit sich bringen, wohl aber, dass sie länger dauern können als eine reine Besprechung. Ihre Wirksamkeit rechtfertigt unserer Ansicht nach den um ca. 20 % bis 30 % höheren Zeitbedarf.

Eine wichtige Basis für die Arbeit mit derartigen Methoden bildet die Haltung der Moderierenden. Diese Haltung ist geprägt von der eigenen Kommunikationstiefe, also von Offenheit und Wertschätzung gegenüber dem Prozess und den Beteiligten. Die Moderierenden begleiten die Gruppe mental. Es ist sehr wichtig, dass sie selber mit ihren Gedanken voll und ganz bei den Themen, den einzelnen Personen in der Gruppe und der Gruppe als Gesamtes sind und sich auf die Beiträge möglichst wertfrei einlassen. Sie sollten auf keinen Fall selbst inhaltlich mitdiskutieren, sondern sich auf einen offenen Diskussionsprozess konzentrieren.

Tipps für Moderationsherausforderungen

Einige Tipps für Störungen und Überraschungen, die unserer Erfahrung nach ab und zu vorkommen:
- Die Teilnehmenden plaudern, statt schweigend hin- und herzugehen. Interventionsmöglichkeiten: Die Moderierenden weisen bei der Einleitung darauf hin, dass das Schweigen wichtig ist, um sich in die verschiedenen Sichtweisen vertiefen zu können, und sagen der Gruppe, dass ein Gongschlag ertönen wird, wenn die Teilnehmenden aus dem Schweigen kippen.
- Die Teilnehmenden gehen zu schnell hin und her und verweilen nicht auf den Plätzen. Interventionsmöglichkeiten: Die Moderierenden bitten alle Teilnehmenden, gleichzeitig z. B. auf den Platz der Vergangenheit zu gehen. Sie geben ein Zeichen (Gong) zum Innehalten, mit dem nächsten Gongschlag das Zeichen zum Weitergehen usw.

Anmerkungen

1. Vgl. Kahneman, D.: Thinking, Fast and Slow, New York 2011.
2. Klatt, T./Möller, K.: Entscheidungsanomalien in der strategischen Unternehmensplanung. In: Zeitschrift für Management, 6. Jg., 2011, H. 4, S. 427.
3. Kahneman, D.: a. a. O.
4. Für Methoden, die Teamentwicklung in heterogenen Teams fördern, vgl. Lüthi, E./Oberpriller, H./Loose, A./Orths, S.: Teamentwicklung mit Diversity Management, Methoden-Übungen und Tools, 4. Aufl., Bern 2012.
5. Vgl. Pichel, K./Lüthi, E.: Strategie und Diversität – Moderationsmethoden, Erfahrungen, Workshopdesign, Bern 2014.
6. Für weitere Beispiele aus strategischen Entscheidungsprozessen vgl. Pichel, K./Lüthi, E.: a. a. O.
7. Scharmer, C. O.: Theorie U – Von der Zukunft her führen, Presencing als soziale Technik, Heidelberg 2009.
8. Vgl. Künzli, B.: Porter's Five Forces. Die Attraktivität der Branche beurtilen und Chancen gezielt nutzen. In: Zeitschrift Führung + Organisation, 84. Jg., 2015, H. 1, S. 43–46.
9. Für vertiefte Erläuterungen zur Nutzung der Teamvielfalt in Strategieprozessen vgl. Pichel, K./Lüthi, E.: a. a. O.
10. Für über 35 weitere Methoden vgl. . Pichel, K./Lüthi, E.: a. a. O. und www.strategie-und-diversität.ch.
11. Für eine Beschreibung strategischer Entscheidungsgrößen und Empfehlungen zum Prozess der strategischen Entscheidungsfindung vgl. Pichel, K./Lüthi, E.: a. a. O., S. 27 ff.
12. Vgl. Kahnemann, D.: a. a. O.

Strategy Maps als Kommunikationsinstrument

Strategien für Mitarbeiter und Stakeholder klären, beschreiben und abgleichen

Thomas Wunder

Mitarbeiter als wesentliche Adressaten der Strategie suchen nach Sinn und Motivation in ihrer Tätigkeit. Das Instrument der Strategy Map liefert hier einen wesentlichen Beitrag, indem es die strategische Ausrichtung systematisch schärft, strategische Prioritäten einheitlich beschreibt und Strategien organisationsübergreifend aufeinander abstimmt.

Mit einer Strategy Map können Strategien beschrieben und miteinander abgeglichen werden. Sie schafft damit eine Brücke zwischen strategischer Analyse und Strategieentwicklung auf der einen Seite und den strategischen Aktionen, die typischerweise am Ende des Strategieprozesses stehen, auf der anderen Seite. Eine gute Strategy Map hilft den Mitarbeitern das große Ganze zu sehen und den eigenen strategischen Beitrag zu erkennen. Dadurch stiftet sie Sinn und motiviert zur Leistung. Kombiniert mit Balanced Scorecards (Messgrößen mit Zielwerten) und strategischen Aktionsprogrammen bilden Strategy Maps heute die Grundlage für eine erfolgreiche Strategieumsetzung.[1]

Verfahren

In einer Strategy Map kommt das kognitive Strategiemodell der Organisationsmitglieder, die sie entwickelt haben, zum Ausdruck. Dabei wird auf diejenigen strategischen Prioritäten fokussiert, die heute besondere Aufmerksamkeit und Ressourcen benötigen, um in Zukunft wichtige Erfolgsbeiträge zu liefern. Diese strategischen Prioritäten werden in Form von strategischen Zielen artikuliert, die in ihrer Gesamtheit eine in sich schlüssige, in hohem Maße individualisierte, leicht verständliche und motivierende Strategiegeschichte darstellen sollten.

Gelingt es mit Hilfe von Strategy Maps die mentalen Strategiemodelle von Führungskräften bzw. -teams in unterschiedlichen Bereichen (z.B. Gesamtunternehmen, strategische Geschäftsbereiche, Regionen oder Landesgesellschaften, Funktionsbereiche) transparent zu machen, so können diese anschließend im Sinne einer einheitlichen und optimierten Gesamtausrichtung einfacher miteinander abgeglichen werden (»Alignment«).[2] Strategy Maps fungieren hier als strategische Sprache, die das Bewusstsein für mögliche Zielkonflikte in und zwischen den Bereichen erhöht und letztlich die Grundlage für ein einheitliches Strategieverständnis darstellt.

Schritt 1: Strategische Ziele festlegen

Ein erster Schritt zur Erarbeitung einer Strategy Map ist die Festlegung sogenannter strategischer Ziele aus den vier Perspektiven Finanzen, Kunden/Markt, Prozesse und Potenziale.[3] Dabei wird die grundsätzliche strategische Ausrichtung des Unternehmens oder der Organisationseinheit in aktionsorientierte Aussagen übersetzt, die jeweils eine hohe Wettbewerbsrelevanz und eine hohe Handlungsnotwendigkeit haben sollen. Je konkreter diese strategischen Ziele formuliert werden, desto klarer wird die Strategie beschrieben und desto besser werden die strategischen Botschaften später von den Adressaten der Strategie verstanden.[4]

Die Festlegung strategischer Ziele setzt voraus, dass grundlegende strategische Fragestellungen (z. B. anvisierte Zielmärkte, fokussierte Kundensegmente etc.) im Vorfeld geklärt wurden. Ist dies nicht der Fall, so erschwert dies die Konkretisierung der Strategy Map, schafft damit aber auch Transparenz über offene Punkte, die im Sinne strategischer »Hausaufgaben« noch zu behandeln sind. Versteht man Strategie als »Ja/Nein«-Entscheidungen hinsichtlich der Positionierung im Wettbewerb (»Trade-offs«)[5], so leistet die Zielkonkretisierung und -wahl für eine Strategy Map einen wesentlichen Beitrag zur Strategieklärung.

Schritt 2: Strategy Map(s) entwickeln

Die strategischen Ziele werden nun auf einer Seite angeordnet und illustrativ zu einem sinnvollen und konsistenten Ganzen verknüpft (vgl. Abb. 1). Dabei geht es bewusst nicht um das Darstellen möglichst aller Beziehungen zwischen den strategischen Zielen oder gar Kennzahlen, wie dies noch Anfang der 1990er-Jahre im Balanced-Scorecard-Konzept oder früher im Kontext des vernetzten Denkens angestrebt wurde.[6] In klarer Abgrenzung zu diesen sogenannten »Ursache-Wirkungsketten« geht es vielmehr darum, durch Fokussierung und Illustration der wenigen entscheidenden Gedankengänge eine schlüssige und leicht verständliche Beschreibung der Strategie zu erzielen.

In privatwirtschaftlichen Unternehmen stehen die finanziellen Ziele an oberster Stelle auf der Strategy Map. Darunter folgen strategische Ziele bezo-

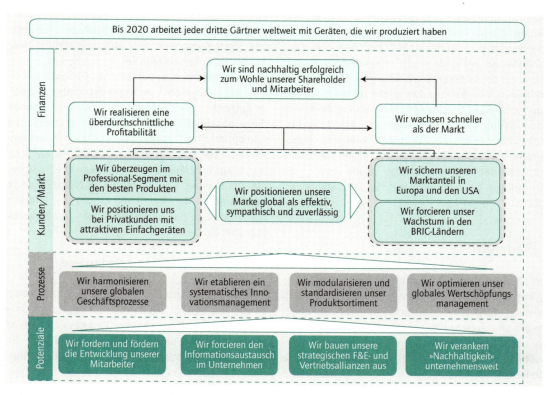

Abb. 1 Illustratives Beispiel einer Strategy Map

gen auf Kunden und Märkte, deren Erfüllung eine Voraussetzung für das Erreichen der Finanzziele darstellt. In der nachfolgenden Prozessperspektive werden diejenigen Prozesse herausgehoben, die für das Erreichen der Kunden-/Marktziele und der Finanzziele erfolgskritisch sind. Strategische Ziele bezüglich Mitarbeitern, Organisation oder Informationskapital finden sich in der Potenzialperspektive. Sie bilden die Grundlage bzw. das Fundament für alle übergeordneten Ziele. Eine Strategy Map ist dann gelungen, wenn nicht nur die Mitarbeiter, sondern auch externe Stakeholder wie Lieferanten, Allianzpartner oder Banken schnell die Strategie erkennen können.[7]

Schritt 3: Strategien abgleichen

In großen Organisationen wird die erfolgreiche Strategieumsetzung maßgeblich von der Strategieabstimmung zwischen Gesamtunternehmen, den strategischen Geschäftseinheiten, Regionen bzw. Länderorganisationen und Funktionsbereichen beeinflusst (vgl. Abb. 2). In und zwischen diesen Bereichen gilt es, die individuellen und teils konfligierenden Prioritäten der Mitarbeiter abzugleichen und mit der strategischen Intention der Organisationsleitung im Sinne eines Gesamtoptimums in Einklang zu bringen. Die daraus entstehenden Synergien sind für jedes Unternehmen ein Schlüssel zum Erfolg.

Dieser Prozess kann mit Hilfe von Strategy Maps effizient unterstützt werden.[8] Ein vertikaler Strategieabgleich wird durch einen systematischen Kaskadierungsprozess erreicht. Dabei werden die übergeordneten strategischen Ziele von den nachgelagerten Einheiten als strategischer Orientierungsrahmen angesehen und daraus der eigene Strategiebeitrag herausgearbeitet. Das Ergebnis ist

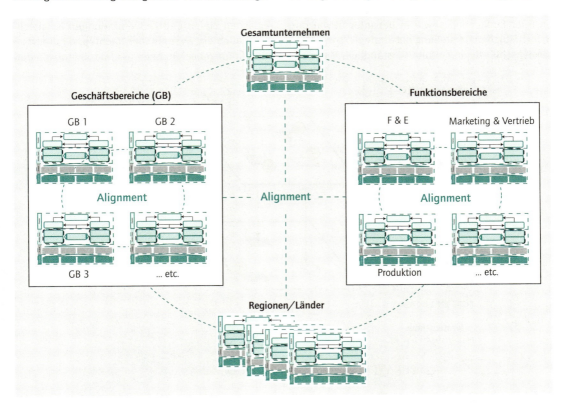

Abb. 2 Strategieabgleich (Alignment) mit Strategy Maps

eine weiter konkretisierte und bereichsspezifische Strategy Map (vgl. Abb. 3). Wird dies in den verschiedenen Organisationseinheiten gleichermaßen durchgeführt, so lassen sich die jeweils abgeleiteten Strategy Maps auch zum horizontalen Strategieabgleich zwischen den Bereichen heranziehen. Durch einen direkten Vergleich zeigen sich sowohl Zielkonflikte als auch verschobene Prioritäten, wenn z. B. übergeordnete strategische Ziele in den Bereichen oder Ländern unterschiedlich gewichtet werden. Am Ende wird deutlich, inwieweit die strategische Intention des Gesamtunternehmens von der Organisation unterstützt wird. Dabei gibt es auch immer wieder Impulse für die Schärfung der übergeordneten strategischen Prioritäten.

Vor- und Nachteile

Die wesentlichen Vorteile einer Strategy Map liegen in ihrer Einfachheit sowie in der integrativen und ganzheitlichen Darstellung der Strategie. Die Methodik ist schlüssig und intuitiv verständlich. Materielle und immaterielle strategische Aspekte werden zu einem sinnvollen Ganzen integriert. Das Instrument lässt sich in unterschiedlichen Organisationseinheiten einsetzen und ist sowohl für klein- und mittelständische Unternehmen als auch für Großkonzerne geeignet. Strategy Maps werden von Abteilungs- oder Teamleitern zur Strategieklärung und -umsetzung im eigenen Bereich verwendet, ohne dass es zu einer unternehmensweiten Einführung kommt. Im größeren Kontext eignen sich Strategy Maps sehr gut für das systematische Kaskadieren und den strukturierten Abgleich von strategischen Zielen. Zu schnell werden häufig strategische Aktionsprogramme angestoßen, ohne dass vorher ein gemeinsames Strategieverständnis bei den an der Umsetzung beteiligten Mitarbeitern und Führungskräften geschaffen wurde. Hier leistet das Instrument als Klärungs-, Diskussions- und Kommunikationsrahmen eine wichtige Brückenfunktion.

Der Vorteil der überschaubaren Anzahl von strategischen Zielen und Zielverbindungen ist gleichzeitig auch ein wesentlicher Nachteil, da die Ursache-Wirkungsbeziehungen nur fragmentarisch dar-

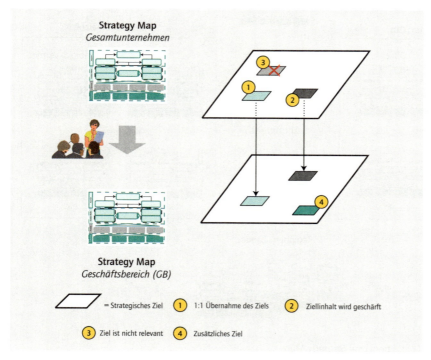

Abb. 3 Strategy Map Kaskadierung

Tipps zur Entwicklung einer Strategy Map

- Unterscheiden Sie klar zwischen strategischen Zielen auf der Strategy Map (eher langfristig und graduell erreichbar) und strategischen Aktionen (eher kurzfristig und mit »erledigt/nicht erledigt« abzuhaken). Letztere werden erst nach der Strategy Map erarbeitet.
- Der Zielfindungsprozess wird erleichtert und beschleunigt, wenn Sie im Vorfeld der Entwicklung der Strategy Map Kandidaten für strategische Ziele in Strategieinterviews mit den Mitarbeitern identifizieren. Häufig fehlt es in den Unternehmen nicht an strategischen Ideen. Im Strategy Map Workshop werden diese Vorschläge dann im Team diskutiert und geschärft, auf maximal 20 relevante strategische Ziele reduziert und den Perspektiven der Strategy Map zugeordnet.
- Als Hilfestellung zur Strategieklärung bzw. -formulierung können sogenannte Strategy Map Templates für verschiedene generische Strategietypen (Product Leadership, Low Total Cost, Lock-in, Complete Customer Solution) herangezogen werden, die dann gewissermaßen als Checklisten oder Fragenkatalog für den Zielfindungsprozess dienen.[9]
- Visualisieren Sie die Zielverbindungen empfängerorientiert im Sinne der beabsichtigten strategischen Botschaften. Verständlichkeit und Motivation stehen hier im Vordergrund, nicht die analytische Genauigkeit im Sinne von »Ursache-Wirkungsketten«.
- Dokumentieren Sie jedes strategische Ziel im Workshop mit einer Zielbeschreibung. Dies schafft Klarheit und verhindert Fehlinterpretationen der Zielinhalte. Aus den Zielerläuterungen lässt sich einfach eine sogenannte »Story of Strategy« (Strategiegeschichte) erstellen, in der die Strategy Map bzw. die Strategie auf ein bis zwei Seiten Fließtext beschrieben wird. Dieses Dokument unterstützt die Strategiekommunikation und den bereichsübergreifenden Strategieabgleich.
- Lassen Sie den verschiedenen Bereichen im Kaskadierungsprozess Freiraum beim Ableiten ihrer Strategy Map aus der Strategy Map des Gesamtunternehmens. Nur so können Sie die mentalen Strategiemodelle transparent machen und dadurch mögliche Zielkonflikte zwischen den Bereichen identifizieren und harmonisieren. In der Regel ergeben sich durch diesen Prozess auch neue strategische Impulse, die zu einer Anpassung der übergeordneten Strategy Map führen können.

gestellt sind. Eine Analyse von Korrelationen zwischen strategischen Zielen im Sinne von rechenbaren Ergebnis- bzw. Treiberbeziehungen ist damit nicht möglich. Darüber hinaus neigen Anwender dazu, möglichst alle strategischen Aspekte in einer Strategy Map zusammenzufassen. Damit gewinnt nicht nur die Strategy Map an Komplexität, sondern auch das nachfolgende Kennzahlensystem und Aktionsprogramm und damit der gesamte Strategieprozess. Häufig büßt das Instrument dann an Akzeptanz bei den Mitarbeitern ein. Es besteht die Gefahr, dass die Organisation überfrachtet wird, an Orientierung verliert und dass letztlich die Strategieumsetzung scheitert.

Perspektiven

Wenn erfolgreiche Strategieumsetzung heißt, etwas strategisch zu bewegen, dann dürfen nicht nur schlüssige strategische Ziele festgelegt und strategische Versprechungen gemacht werden, sondern diese müssen letztlich auch kompetent und konsequent umgesetzt sein. Hierzu wird eine Strategy Map um das Instrument der Balanced Scorecard ergänzt. Für jedes strategische Ziel aus der Strategy Map werden Kennzahlen und Zielwerte definiert, die anschließend zur Fortschrittsmessung herangezogen werden. Erst durch diesen Schritt wird klar, was genau erreicht werden soll. Auf dieser Basis lässt sich ein strategisches Aktionsprogramm festlegen, in dem Verantwortlichkeiten, Zeitplan, Ergebnis und Ressourcenbedarf geregelt sind. Einige Unternehmen definieren nach der Erarbeitung der Strategy Map und dem Strategieabgleich zuerst das Aktionsprogramm, um die Umsetzung schnell anzustoßen, und starten erst im Nachgang die teilweise aufwendige Kennzahlenentwicklung.

Ein letzter Schritt ist die Einbindung der Strategy Maps (inklusive Kennzahlen und Aktionen) in die Managementsysteme bzw. -prozesse. Im Rahmen der strategischen Planung stehen die aktuellen Strategy Maps regelmäßig auf dem Prüfstand und werden z. B. aufgrund von Veränderungen in der Wettbewerbsarena angepasst. Eine besondere Rolle spielt die Verknüpfung mit dem Anreiz- und Zielvereinbarungssystem sowie der operativen Planung bzw. Budgetierung. Es muss sichergestellt sein, dass diejenigen Mitarbeiter, die an der Umsetzung strategischer Ziele einer Strategy Map arbeiten, auch die hierfür notwendigen finanziellen und zeitlichen Ressourcen und Anreize haben. Andernfalls kann die angestrebte Motivation schnell in Frustration umschlagen.

Literaturempfehlungen

Gaiser, B./Wunder, T.: Strategy Maps und Strategieprozess. Einsatzmöglichkeiten, Nutzen, Erfahrungen. In: Zeitschrift Controlling, 16. Jg., 2004, H. 8/9, S. 457–463.

Horváth & Partners (Hrsg.): Balanced Scorecard umsetzen, 4. Aufl., Stuttgart 2007.

Kaplan, R. S./Norton, D. P.: Alignment. Mit der Balanced Scorecard Synergien schaffen, Stuttgart 2006.

Kaplan, R. S./Norton, D. P.: Strategy Maps. Der Weg von immateriellen Werten zum materiellen Erfolg, Stuttgart 2004.

Wunder, T.: New Strategy Alignment in Multinational Corporations. In: Strategic Finance, 87. Jg., 2005, H. 5, S. 35–41.

Anmerkungen

1 Vgl. Kaplan, R. S./Norton, D. P.: Strategy Maps. Der Weg von immateriellen Werten zum materiellen Erfolg, Stuttgart 2004. Teilweise wird der Begriff Strategy Map auch in anderem Kontext verwendet, vgl. beispielsweise Oliva, T. A./Day, D. L./DeSarbo, W. S.: Selecting Competitive Tactics: Try a Strategy Map. In: Sloan Management Review, 28. Jg., 1987, Ausgabe Frühjahr, S. 5–15 oder Malik, F.: Strategie. Navigieren in der Komplexität der Neuen Welt, Frankfurt/New York 2011, S. 136–168.

2 Vgl. Kaplan, R. S./Norton, D. P.: Managing Alignment as a Process. In: Balanced Scorecard Report. Insight, Experience and Ideas for Strategy-Focused Organizations, 7. Jg., 2005, H. 7, S. 1–5.

3 In Non-Profit-Organisationen stehen in der Regel nicht die Finanzen, sondern der Leistungsauftrag an oberster Stelle.

4 Vgl. Horváth & Partners (Hrsg.): Balanced Scorecard umsetzen, 4. Aufl., Stuttgart 2007, S. 162–176.

5 Vgl. Porter, M. E.: What is Strategy? In: Harvard Business Review, 74. Jg., 1996, S. 61–78.

6 Vgl. Kaplan, R. S./Norton, D. P.: Balanced Scorecard. Strategien erfolgreich umsetzen, Stuttgart 1997, S. 28 f. und S. 142–160; Probst, G./Gomez, P.: Vernetztes Denken im Management. Eine Methodik des ganzheitlichen Problemlösens. In: Die Orientierung, Nr. 89, Bern 1987.

7 Im US-amerikanischen Raum ist auch das Konzept der Strategy Articulation Map im Einsatz, in dem nicht nur strategische Ziele, sondern auch Elemente wie Vision, Mission, Werte, Differenzierungskriterien, Markt, Schlüsselkennzahlen und strategische Initiativen auf einem Blatt integriert dargestellt sind.

8 Vgl. Wunder, T.: New Strategy Alignment in Multinational Corporations. In: Strategic Finance, 87. Jg., 2005, H. 5, S. 35–41.

9 Vgl. Kaplan, R. S./Norton, D. P.: a. a. O., Kapitel 11; zu den Strategietypen vgl. Hax, A./Wilde, D.: The Delta Project. Discovering New Sources of Profitability in a Network Economy, New York 2001 und Treacy, M./Wierseman, F.: The Discipline of Market Leaders, Reading/MA 1995.

Bereichsübergreifendes Strategie-Alignment

Eine gemeinsame strategische Orientierung im Gesamtunternehmenschaffen

Thomas Wunder

Schlüsselfaktor für die erfolgreiche Umsetzung der Unternehmensstrategie ist ihr konsistenter Abgleich mit den Geschäfts-, Funktions- und Regionalstrategien. Systematisches Strategie-Alignment reduziert Reibungsverluste und schafft eine gemeinsame strategische Orientierung. Es unterstützt die Unternehmensleitung, Mehrwert im Zusammenwirken der Organisationseinheiten zu realisieren.

»Das Ganze ist mehr als die Summe seiner Teile«. Diese berühmte Aussage von Aristoteles (384–322 v. Chr.) kann auch als Grundsatz für die Führung von Unternehmen mit verschiedenen Geschäftseinheiten dienen. Die Unternehmensleitung muss sicherstellen, dass die diversen Organisationsbereiche im Zusammenwirken erfolgreicher sind, als wenn jede für sich alleine agieren würde.[1] Dieser durch den Einfluss der Unternehmenszentrale generierte Mehrwert muss größer sein, als die zum Betrieb der Unternehmenszentrale anfallenden Kosten. Den besten Unternehmen gelingt es, mit ihrem Portfolio mehr Wert zu generieren, als es ein Wettbewerber mit denselben Geschäftseinheiten könnte (»Parenting Advantage«).[2]

Die vier Perspektiven des Balanced-Scorecard-Ansatzes – Finanzen, Kunden/Markt, Prozesse, Potenziale – haben sich als hilfreiche Taxonomie erwiesen, in der das Gesamtunternehmen die verschiedenen Möglichkeiten zur Realisierung des genannten Parenting Advantage zum Ausdruck bringen kann.[3] Deren Umsetzung hängt maßgeblich vom Strategie-Alignment ab, d. h. der gemeinsamen Ausrichtung der Strategien des *Gesamtunternehmens sowie der Geschäftsbereiche, Funktionsbereiche (z. B. Forschung und Entwicklung, Marketing, Produktion, Supply Chain Management sowie Finanzen/Controlling, IT, Personal oder Recht) und der Regional- bzw. Landesgesellschaften* (vgl. Abb. 1). In und zwischen diesen Bereichen gilt es, die individuellen und teilweise in Konflikt stehenden strategischen Prioritäten der Führungsteams abzugleichen und mit der strategischen Intention des Gesamtunternehmens in Einklang zu bringen. Die daraus resultierenden Synergien sind für jedes Unternehmen ein Schlüssel zum Erfolg.

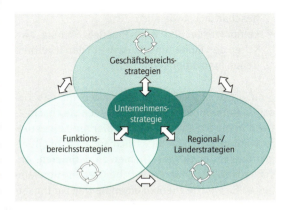

Abb. 1   Grundprinzip des Strategie-Alignment

Verfahren

Ein Strategie-Alignment beginnt in der Regel mit einer Klärung der übergeordneten Unternehmensstrategie. In dieser sollten im Wesentlichen zwei Aspekte zum Ausdruck kommen: Erstens beschreibt sie das heutige und zukünftige Portfolio an Geschäften und Märkten, in denen das Unternehmen tätig ist bzw. sein möchte. Zweitens stellt sie die grundsätzlichen Mechanismen dar, mit denen die Unternehmensleitung Mehrwert im Zusammenwirken seiner Organisationseinheiten realisieren und im Wettbewerb gewinnen möchte. Die Möglichkeiten hierfür sind vielfältig und beinhalten beispielsweise

- Verbundeffekte in Forschung und Entwicklung (z. B. Technologieplattformen), Marketing (z. B. Markensynergien) oder Kundenmanagement (z. B. globales Key Account Management),
- Skaleneffekte, beispielsweise durch Konzentration der Produktion an globalen Standorten,
- effiziente Serviceleistungen durch Shared Service Center, beispielsweise im Finanz- und Personalbereich sowie der organisationsübergreifenden Personalentwicklung,
- die Kombination von Kernkompetenzen aus verschiedenen Bereichen zur Entwicklung neuer Geschäftsfelder,
- eine größere Verhandlungsmacht gegenüber Lieferanten durch die Bündelung von Einkaufspotenzialen,
- eine kostengünstigere bzw. einfachere Kapitalbeschaffung sowie auch
- Lernprozesse und Best Practice Sharing zwischen den Einheiten inklusive der damit verbundenen Innovationskraft.

Sind diese strategischen Prioritäten für das Gesamtunternehmen festgelegt, müssen sie anschließend in die Organisation kaskadiert und eingebettet werden. Dabei bietet es sich an, zunächst übergeordnete strategische Themen zu definieren. Anschließend ist zu klären, welche Organisationseinheiten für welche Themen einen Beitrag zur Umsetzung leisten sollen (vgl. Abb. 2).[4]

Für die Strategieumsetzung hat sich das Arbeiten mit strategischen Zielen und Strategy Maps, Balanced Scorecards und strategischen Aktionsprogrammen als hilfreich erwiesen.[5] Das Alignment kann dabei grundsätzlich bei jedem dieser drei Elemente oder bereits bei der Strategie selbst ansetzen.[6] In der Praxis haben sich hierbei zwei wesentliche Kaskadierungsarten bewährt: In einem Single-Loop-Vorgehen werden von den Organisationseinheiten alle drei Komponenten in einem durchgängigen Prozess nacheinander erarbeitet. Dies hat den Vorteil, dass die strategischen Ziele, Kennzahlen und Aktionen schnell und effizient sowie eng miteinander verknüpft entwickelt werden. Allerdings besteht die Gefahr, dass es im Rahmen des nachfolgenden unternehmensweiten Abgleichs zu Anpassungen und Nachbesserungen kommen kann, weil grundlegende strategische Inhalte der Bereiche nicht zusammenpassen oder fehlen. Aus diesem Grund hat sich insbesondere bei Unternehmen mit hohem Strategieabstimmungsbedarf ein Double-Loop-Vorgehen bewährt. Hier erarbeiten die Organisationseinheiten zunächst nur strategische Ziele bzw. Strategy Maps, die anschließend in einem systematischen Strategie-Alignment-Prozess inhaltlich miteinander abgeglichen werden.[7]

Dieses Vorgehen umfasst einen Abgleich in zwei Richtungen. Im Rahmen des *vertikalen Strategieabgleichs* wird geprüft, ob übergeordnete strategische Ziele in den Strategy Maps der nachgelagerten Organisationseinheiten entsprechend aufgenommen und konkretisiert wurden und somit die Gesamtstrategie unternehmensweit ausreichend unterstützt wird. Hier kann es auch zu Nachbesserungen der übergeordneten strategischen Aussagen kommen. Im Rahmen des *horizontalen Strategieabgleichs* werden strategische Ziele von Organisationseinheiten einer Ebene miteinander verglichen. Zeichnen sich Zielkonflikte ab, die eine bestmögliche Gesamtausrichtung gefährden können, so werden diese transparent gemacht und in einem Dialog zwischen den betreffenden Bereichen harmonisiert. Dadurch werden spätere Reibungsverluste reduziert. Erst wenn die strategischen Prioritäten der verschiedenen Einheiten abgeglichen sind, werden dafür Kennzahlen bzw. Balanced Scorecards und strategische Aktionsprogramme erarbei-

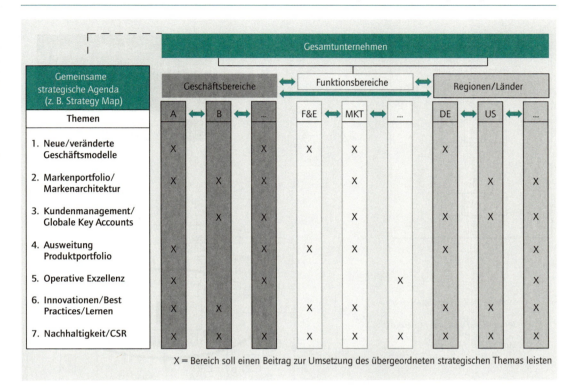

Abb. 2 Unternehmensweite Ausrichtung an übergreifenden strategischen Themen[8]

tet (vgl. Abb. 3). Unternehmen, die unter einem hohen Umsetzungsdruck stehen, beginnen nach dem Strategie-Alignment direkt mit der Festlegung und Durchführung strategischer Aktionen und erarbeiten die Kennzahlen erst im Nachgang. Je nach Wichtigkeit der Organisationseinheit für die Umsetzung der Gesamtstrategie kann aber auch auf die Entwicklung von strategischen Zielen bzw. einer Strategy Map ganz verzichtet werden. Das Alignment erfolgt dann direkt über die strategischen Aktionen und gegebenenfalls über Kennzahlen. Dies ist beispielsweise bei internationalen Tochtergesellschaften mit unterschiedlichen strategischen Rollen für das Gesamtunternehmen relevant. Hier bietet es sich an, die Kaskadierungsmethode an die jeweilige strategische Rolle anzupassen.[9]

Vor- und Nachteile

Ein systematisches Strategie-Alignment schafft Transparenz bezüglich der unterschiedlichen strategischen Prioritäten im Unternehmen. Mögliche Konflikte lassen sich dadurch frühzeitig identifizieren, diskutieren und harmonisieren. Der konkrete Strategiebeitrag der eigenen Organisationseinheit wird für alle Mitarbeiter deutlich. Auch wird das Verständnis der übergeordneten strategischen Ausrichtung in den für die Umsetzung verantwortlichen nachgelagerten Einheiten vertieft. So entsteht eine über mehrere Ebenen im Unternehmen abgestimmte strategische Agenda, die als Grundlage für die Fortschrittsmessung und die Ressourcenallokation fungiert. Durch ein effektives Strategie-Alignment können Doppelarbeiten und Fehlsteuerungen bei der Festlegung von Leistungskennzahlen und der Priorisierung von strategischen Aktionen vermieden werden. Stra-

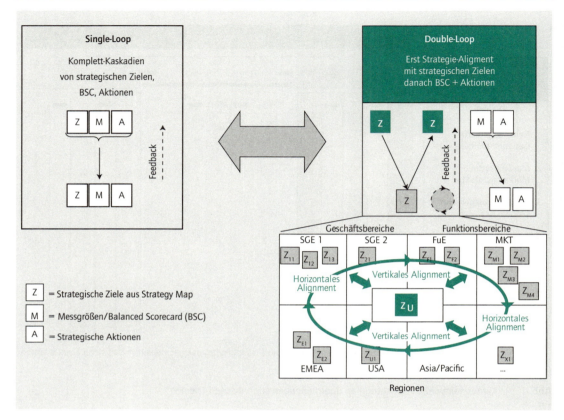

Abb. 3 Single- und Double-Loop-Kaskadieren mit vertikalem und horizontalem Strategie-Alignment[10]

tegisches Denken und ein »Wir«-Gefühl wird auf allen Ebenen gefördert.

Allerdings ist es auch denkbar, dass durch das genannte Vorgehen ein Instrument zur stärkeren Kontrolle von Organisationseinheiten durch die Zentrale entsteht. Es schafft Transparenz bezüglich der mentalen Strategiemodelle von Führungsteams, die dann durch höhere Zielvorgaben und straff kontrollierte Aktionsprogramme auch enger gesteuert werden können. Dies widerspricht dem ursprünglichen Ziel, strategiebezogenes und eigenverantwortliches Handeln der Mitarbeiter sowie Lernprozesse mit Hilfe eines offenen strategischen Dialogs zu fördern. Darüber hinaus ist der Prozess des Strategie-Alignments mit zusätzlichem Aufwand verbunden und bindet Managementkapazitäten, auch wenn er durch eine gute Vorbereitung, die Kombination unterschiedlicher Kaskadierungsmethoden und ein professionelles Projektmanagement beschleunigt werden kann.

Perspektiven

Systematisches Strategie-Alignment muss nicht immer unternehmensweit erfolgen, sondern kann auch für den Abgleich strategischer Prioritäten von nur wenigen Bereichen hilfreich sein. Unternehmensinterne Anwendungsbeispiele sind die stärkere strategische Integration des FuE- und Marketingbereichs im Hinblick auf einen marktorientierten Produktentstehungsprozess oder die Schaffung einer gemeinsamen strategischen Ausrichtung beim Konvergieren von zwei bislang getrennten Technologieberei-

Tipps zum Strategie Alignment

- Definieren Sie Strategie-Alignment als expliziten Schritt in Ihrem Strategieprozess und integrieren Sie ihn in Ihren Planungskalender. Der Erfolg der Strategie wird maßgeblich von nachgelagerten organisatorischen Einheiten vorangetrieben, deren strategische Prioritäten aufeinander abgestimmt sein müssen.
- Legen Sie vor dem Hintergrund Ihrer Steuerungslogik fest, in welcher Reihenfolge die jeweiligen Strategy Maps erarbeitet und abgeglichen werden sollen. Welche Einheiten geben die Richtung vor und welche leisten einen Beitrag zur Umsetzung? Bauen Sie ausreichend Feedback-Schleifen ein. Bottom-up-Rückmeldungen aus der Organisation schärfen vorgelagerte Strategieinhalte.
- Definieren Sie in Abhängigkeit Ihres Geschäftsmodells, Ihrer Führungskultur und der Struktur Ihrer Geschäftseinheiten, wie viel Freiraum welchen Einheiten im Rahmen des Strategie-Alignments eingeräumt werden soll. Strategien sollten in Abhängigkeit von der strategischen Bedeutung von Organisationseinheiten methodisch unterschiedlich kaskadiert werden.
- Beteiligen Sie nicht nur die Geschäftsführung, sondern das gesamte obere Managementteam am Strategie-Alignment. Durch die personelle Verzahnung von Führungskräften nachgelagerter Organisationseinheiten mit der Erarbeitung vorgelagerter strategischer Inhalte verbessert sich das Verständnis und die Akzeptanz dafür und es erleichtert den Abgleich.
- Verwenden Sie für alle Organisationseinheiten die gleichen Standardperspektiven, in denen strategische Ziele definiert werden. Dadurch entsteht eine einheitliche Methode der Strategie-Artikulation im gesamten Unternehmen. Die Akzeptanz und Identifikation mit den Ergebnissen wird nicht aufgrund methodischer Missverständnisse und der Komplexität der Strategie gefährdet.
- Integrieren Sie die übergeordneten finanziellen Geschäftsziele in die Finanzperspektive der Funktionsbereiche, auch wenn diese Bereiche in der Regel keine direkte Ergebnisverantwortung haben. Dadurch wird der Strategiebeitrag für das Gesamtunternehmen deutlich. Adressieren Sie in der Kundenperspektive die strategischen Anforderungen der internen Kunden.

chen (z. B. Navigation/Elektronik und Cockpit in der Automobilindustrie). Extern hat sich das Strategie-Alignment bei der Integration von Unternehmen im Rahmen eines Mergers, bei der strategischen Ausrichtung von Allianzen oder Joint Ventures sowie im Umgang mit externen Stakeholdern wie Kunden oder Lieferanten als hilfreich erwiesen.[11]

Im vorliegenden Beitrag ist der primäre Gedanke des Strategie-Alignments die strategische Ausrichtung und Integration von verschiedenen Organisationseinheiten. Als wesentliche Adressaten der Strategie sollen alle Mitarbeiter die wichtigen Themen verstehen, ihren individuellen Erfolgsbeitrag kennen und gemeinsam »an einem Strang ziehen«. Dies kann durch den Einsatz geeigneter Methoden und Instrumente der Strategiekommunikation wirksam unterstützt werden. Beispielsweise können digitale bzw. soziale Medien, Dialogbilder und Lernspiele, Trainingsprogramme, Strategieveranstaltungen oder Botschafterprogramme einen wichtigen Beitrag zum strategischen Verständnis und zur Sinnstiftung leisten.

Alignment bedeutet letztlich, strategisch von der Unternehmensleitung Gewünschtes mit persönlich von den Mitarbeitern Gewolltem in Einklang zu bringen.[12] Damit dies gelingen kann, müssen auch die Aufbau- und Ablaufstruktur sowie die Führungs- und Steuerungssysteme wie beispielsweise das Anreizsystem, die Budgetierung oder das Reporting auf die Strategie ausgerichtet werden. Letztlich braucht jeder Mitarbeiter nicht nur die entsprechende Einstellung, sondern auch die notwendigen Ressourcen, Anreize und Informationen, um effektiv an der Strategierealisierung mitzuwirken.

Anmerkungen

1 Dies ist besonders in stammhausgeführten Konzernen sowie in strategischen oder operativen Holding-Unternehmen wichtig. Auch in einer reinen Finanzholding oder hochgradig diversifizierten Konglomeraten kann die Zentrale durch beispielsweise ein zentrales Finanzmanagement Synergien schaffen, vgl. Kaplan, R. S./Norton, D. P.: Alignment – Mit der Balanced Scorecard Synergien schaffen. Aus dem Amerikanischen von Péter Horváth, Bernd Gaiser und Dirk Steffens, Stuttgart 2006, S. 41 f.
2 Vgl. Goold, M./Campbell, A./Alexander, M.: Corporate-Level Strategy. Creating Value in the Multibusiness Company, New York, NY, 1994, S. 7f.
3 Vgl. Kaplan, R. S./Norton, D. P.: The Execution Premium. Linking Strategy to Operations for Competitive Advantage, Boston (MA) 2008, S. 126–129.
4 Vgl. Kaplan, R. S./Norton, D. P.: a. a. O., 2006, S. 95–110. Abhängig von der spezifischen Unternehmensstruktur kann auch ein Bottom-up-Prozess sinnvoll sein, in dem zunächst die Strategien der Geschäftsbereiche beschrieben werden. Diese dienen dann der Unternehmensleitung als Grundlage für die Erarbeitung übergeordneter strategischer Ziele. Im anschließenden Alignment-Prozess werden die Inhalte geschärft und aufeinander abgestimmt.
5 Zum Konzept der Strategy Map vgl. Wunder, T.: Strategy Maps. Strategien klären, beschreiben und abgleichen. In: Zeitschrift für Führung + Organisation (zfo), 81. Jg., 2012, H. 4, S. 273–277.
6 Vgl. Kaplan, R. S./Norton, D. P.: a. a. O., 2008, S. 125–156; Wunder, T.: New Strategy Alignment in Multinational Corporations. In: Strategic Finance, 87. Jg., 2005, H. 5, S. 35–41. Zu den verschiedenen Vorgehensweisen vgl. auch Horváth & Partners (Hrsg.): Balanced Scorecard umsetzen, 4. Aufl., Stuttgart 2007, S. 243–248.
7 Vgl. Wunder, T.: a. a. O., 2005, S. 38 f.; Horváth & Partners (Hrsg.): a. a. O., 2007, S. 250–255. Handelt es sich um sehr homogene Einheiten, kann auch zunächst eine Vereinheitlichung von Strategy Maps und anschließendem Roll-out sinnvoll sein, vgl. Kaplan, R. S./Norton, D. P.: a. a. O., 2006, S. 161–163.
8 In Anlehnung an Kaplan, R. S./Norton, D. P.: a. a. O., 2006, S. 101.
9 Vgl. Wunder, T.: Transnationale Strategien. Anwendungsorientierte Realisierung mit Balanced Scorecards, Wiesbaden 2004, zugl. Diss, Oestrich-Winkel 2003, S. 181–185. Ein weit verbreitetes Rollenkonzept für internationale Tochtergesellschaften unterscheidet die vier Rollen Strategische Führung, Strategische Unterstützung, Strategische Umsetzung und Schwarzes Loch, vgl. Bartlett, C. A./Goshal, S.: Arbeitsteilung bei der Globalisierung. In: Harvard Manager, 5. Jg., 1987, S. 49–59.
10 In Anlehnung an Wunder, T.: a. a. O., 2005, S. 37 und Horváth & Partners (Hrsg.): a. a. O., 2007, S. 251.
11 Vgl. Kaplan, R. S./Norton, D. P.: a. a. O., 2006, S. 211–232.
12 Gaiser, B.: Strategiekonformes Verhalten in Organisationen – zur Deckung von persönlich Erwünschtem mit strategisch Gewolltem. In: Horváth, P. (Hrsg.): Wertschöpfung braucht Werte. Wie Sinngebung zur Leistung motiviert, Stuttgart 2006, S. 155–168.

Strategisches Roadmapping

Der effektive Weg zur Strategieumsetzung

Benjamin Künzli

Das Umfeld und die Struktur von Unternehmen sind heute oft von einer noch nie dagewesenen Dynamik und Komplexität geprägt. Vor diesem Hintergrund kann es anspruchsvoll sein, strategische Maßnahmen so zu definieren und aufeinander abzustimmen, dass sie auch tatsächlich zielführend sind, und sie dann den verschiedenen Anspruchsgruppen so zu vermitteln, dass sie nicht nur verstanden, sondern auch engagiert mitgetragen werden. Das strategische Roadmapping hilft Führungskräften dabei, beide Aufgaben erfolgreich zu meistern.

Der Roadmapping-Ansatz wurde erstmals von Motorola in den späten 1970er-Jahren verwendet. Zunächst diente er vor allem der strategischen Ausrichtung von großen Technologie- und Produktentwicklungsprojekten. Heute wird Roadmapping breiter angewandt. Viele Unternehmen und andere Organisationen setzen es dann ein, wenn es darum geht, eine Brücke zwischen langfristiger Vision und (eher) kurzfristiger strategischer Planung zu schlagen. Das Roadmapping beschäftigt sich also typischerweise mit der mittleren Frist. Oft beträgt der zeitliche Horizont drei bis fünf Jahre.[1]

Eine Roadmap (vgl. dazu Abb. 1) soll überblicksartig zeigen, wie der Weg hin zur Vision oder zu strategischen Zielen aussehen könnte. Dabei wird die Entwicklung des Unternehmens (oder von Handlungsfeldern, Organisationseinheiten etc.) im Zusammenhang mit der Entwicklung des relevanten Umfelds (z. B. dem Markt, der Technologie) dargestellt. Wesentlich ist, dass auch interne Abhängigkeiten (z. B. zwischen Forschung und Entwicklung einerseits sowie Konstruktion und Produktion andererseits) miteinbezogen werden.

Der folgende Beitrag baut auf einem durch Steinmann und Schreyögg[2] inspirierten Managementverständnis auf. Er orientiert sich zudem unter anderem an Publikationen von Phaal/Muller[3], Fink/Siebe[4] und an der Dissertation von Machate[5]. Nicht zuletzt flossen auch persönliche Erfahrungen mit der Methode in den Artikel ein.

Verfahren

Grundsätzlich werden alle Formen von Roadmaps, z. B. Produkte-, Technologie- oder Projekt-Roadmaps, gleich entwickelt. Im Folgenden wird beispielhaft gezeigt, wie eine Strategie-Roadmap erarbeitet wird (vgl. dazu auch Abb. 2). Diese Art von Roadmap hilft, »die notwendigen Umsetzungsschritte der Strategie vorauszudenken und langfristig so zu planen, dass die verfügbaren Ressourcen auf den gesamten Umsetzungszeitraum verteilt werden. Gleichzeitig gibt sie den an der Umsetzung beteiligten Personen und Einheiten eine Orientierung über die geplanten Umsetzungsaktivitäten und Veränderungsbedarfe«.[6]

Erster Schritt: Vereinbaren der Grundlagen

In einem *ersten Schritt* (vgl. dazu Abb. 2) wird im Gespräch mit dem Auftraggeber zunächst der Auftrag genau geklärt. Dabei wird auch der Rahmen des ganzen Vorgehens abgesteckt:
- Worin genau bestehen der Zweck und die Hauptaufgaben des Roadmappings und der Roadmap?
- Wie sieht der inhaltliche und zeitliche Fokus aus?

88 Strategie

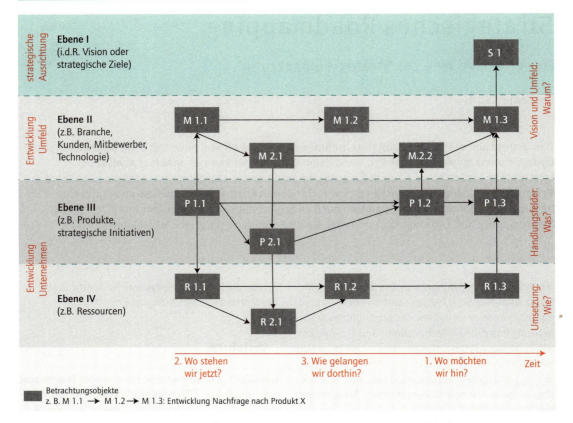

Abb. 1 Die strategische Roadmap – Ein Überblick über den Weg zu den strategischen Zielen[7]

- Wer soll am Roadmapping in welcher Form beteiligt werden?

Zweiter Schritt: Gerüst festlegen

Im *zweiten Schritt* wird das Gerüst der Roadmap festgelegt. Das kann z. B. anlässlich des Kick-Offs zum Roadmapping-Workshop (siehe dritter Schritt) geschehen.

Das Gerüst der Roadmap ergibt sich im Wesentlichen aus dem im ersten Schritt festgelegten Rahmen. In der Horizontalen wird der Betrachtungszeitraum und in der Vertikalen die Ebenen der Roadmap (vgl. dazu Abb. 1) dargestellt. Meist wird in der obersten Ebene einer Strategie-Roadmap die Vision bzw. das entsprechende strategische Ziel dargestellt. Je nach Zweck und Fokus der Roadmap besteht das relevante Umfeld (Ebene II) z. B. aus dem Markt und aus technologischen Entwicklungen außerhalb des eigenen Unternehmens. Die Darstellung der Entwicklung innerhalb des Unternehmens (Ebene III) wird auf jene Handlungsfelder beschränkt, die für den Zweck der Roadmap von besonderer Bedeutung sind. Meist ist es zudem sinnvoll, eine Ebene »Ressourcen« einzuziehen (Ebene IV), um später auf Lösungen zu kommen, die dann auch realisierbar sind. Manchmal wird auch eine fünfte Ebene eingezogen, auf der später die wichtigsten Meilensteine des Projektmanagements festgehalten werden.

Beim Festlegen des Gerüsts ist darauf zu achten, dass die Roadmap nicht zu komplex wird. Sonst

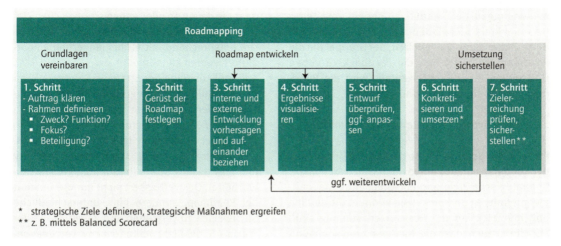

Abb. 2 Die einzelnen Schritte des Roadmapping[8]

wird deren Erarbeitung entsprechend aufwändig. Zudem wird es schwierig sein, sie Dritten zu kommunizieren.

Dritter Schritt: interne und externe Entwicklung vorhersagen

Der *dritte Schritt* wird meist im Rahmen eines oder mehrerer Workshops erarbeitet. Da es bei der Strategie-Roadmap darum geht, die Umsetzung strategischer Maßnahmen vorzubereiten, ist es empfehlenswert, dazu Führungskräfte einzuladen, die an der Erarbeitung der strategischen Grundlagen beteiligt waren. Zudem sollten auch Manager aufgeboten werden, die für die Umsetzung zuständig sein werden.

Zunächst müssen die Entwicklungen der interessierenden Umweltfaktoren (also zum Beispiel der Verlauf der Nachfrage nach einem neuen Produkt) prognostiziert werden. Da in der Praxis Strategie-Roadmaps üblicherweise im Anschluss an die Ausarbeitung einer Vision und des entsprechenden Leitbilds erarbeitet werden, liegen die benötigten Daten und Analysen meist schon vor.

Anschließend wird die Entwicklung der ausgewählten unternehmensinternen Handlungsfelder, z. B. die Entwicklung einer neuen Produktlinie oder die Optimierung der Produktionskapazität, dargestellt. Dabei wird man auch die wichtigsten internen und externen Abhängigkeiten berücksichtigen (vgl. die Pfeile in Abb. 1). Will man beispielsweise auf die steigende Nachfrage nach einem neuen Produkt mit einem passenden Angebot reagieren, so sind die internen Entwicklungen entsprechend zu koordinieren.

Vierter Schritt: Grafisches Aufbereiten der geplanten Maßnahmen

Im *vierten Schritt* wird der Tatsache Rechnung getragen, dass die Roadmap nicht nur dazu dient, die strategische Planung vorzubereiten, sondern dass sie auch ein wichtiges Kommunikationsinstrument ist, das allen Beteiligten Orientierung geben und den Sinn der zu ergreifenden Maßnahmen aufzeigen soll. Daher werden jetzt die Ergebnisse des dritten Schritts übersichtlich und grafisch attraktiv aufbereitet (vgl. auch Abb. 1). Im Internet lassen sich unzählige Beispiele dazu finden.

Fünfter Schritt: Überprüfen der Roadmap durch einen erweiterten Personenkreis

Der *fünfte Schritt* dient dazu, die so entstandene Roadmap zu überprüfen und sie gegebenenfalls zu überarbeiten. Dazu kann zum Beispiel eine Veranstaltung organisiert werden, zu der ein erweiterter Personenkreis eingeladen wird. Die Teilnehmenden erhalten dann Gelegenheit, der Gruppe, die die Roadmap erarbeitet hat, ein Feedback zu geben (»Sounding Board«). Nötigenfalls wird die Roadmap danach entsprechend überarbeitet.

Sechster Schritt: Vorbereiten der Umsetzung

Im *sechsten Schritt* geht es darum, die Umsetzung der Roadmap vorzubereiten. Man wird jetzt konkrete strategische Ziele und entsprechende Maßnahmen definieren und umsetzen können, die zeitlich und mit Blick auf die Ressourcen stimmig sind. Wichtig ist auch, dass die Roadmap breit kommuniziert wird.

Siebter Schritt: Überprüfen der Zielerreichung

Zu jeder Managementaufgabe gehört eine passende Form von Kontrolle. Daher wird der Grad der Zielerreichung im *siebten Schritt* regelmäßig überprüft. Das kann zum Beispiel mit einer Balanced Scorecard erfolgen. Die konsolidierten Ergebnisse dieser Überprüfung können dann mit der Roadmap verglichen werden. Nötigenfalls werden zusätzliche Maßnahmen veranlasst. Es kann sich zeigen, dass sich die Voraussetzungen verändert haben oder dass diese ursprünglich falsch eingeschätzt wurden. In diesem Fall muss die Roadmap oder vielleicht sogar die Strategie selbst rechtzeitig angepasst werden.

Vor- und Nachteile

Richtig angewandt, bietet das strategische Roadmapping eine ganze Reihe von Vorteilen:
- Die Strategie-Roadmap hilft, dank ihrer »mittleren Flughöhe« zwischen der Vision eines Unternehmens und/oder konkreten strategischen Zielen und Maßnahmen zu vermitteln. Das ermöglicht, den Überblick zu bewahren und schützt davor, sich in Details zu verlieren.
- Mögliche externe und interne Entwicklungen werden in ihren Abhängigkeiten analysiert, sodass die davon abzuleitenden strategischen Ziele und Maßnahmen sowie die nötigen Ressourcen entsprechend mittel- bis längerfristig koordiniert werden können.
- Auf der Grundlage der Strategie-Roadmap kann das Portfolio der strategischen Projekte gemanagt werden.
- Strategie-Roadmaps werden von Vertretern verschiedener Funktionen im Unternehmen, z. B. vom Topmanagement, Marketing, Forschung und Entwicklung sowie Produktion, gemeinsam erarbeitet. Das verbessert nicht nur die Qualität der Roadmap, sondern hilft, unterschiedliche Sichtweisen zu verstehen und gegen das in der Praxis oft beklagte »Silodenken« vorzugehen. Daher wird auch die bereichsübergreifende Zusammenarbeit verbessert.
- Mit der Strategie-Roadmap kann übersichtlich und leicht verständlich gezeigt werden, wie die Reise zur Vision aussehen wird. Das fördert das Verständnis für die strategischen Maßnahmen, die Orientierung, die Akzeptanz und die Motivation. Damit ist die Roadmap nicht nur ein wichtiges Mittel des strategischen Managements, sondern ein für das Change-Management wesentliches Kommunikationsinstrument.

Natürlich ist auch das strategische Roadmapping nicht frei von Nachteilen oder potenziellen Stolpersteinen:
- Zum strategischen Management gehört – abhängig von der Dynamik und der Komplexität des Umfelds und des Unternehmens – immer ein bestimmter Grad an Ungewissheit. Niemand kann die Zukunft wirklich vorhersehen, auch nicht mit dem Roadmapping. Daher muss die Strategie-Roadmap – wie oben dargestellt – regelmäßig überprüft und nötigenfalls frühzeitig angepasst werden.
- Für das Roadmapping ist es wesentlich, unterschiedliche Perspektiven, z. B. jene von Marketing und Forschung und Entwicklung, einzubringen. In den Workshops arbeiten also Menschen mit Sichtweisen, Interessen und einem spezifischen Fachjargon zusammen, die sich voneinander recht stark unterscheiden können. Das

kann die Kommunikation erschweren. Daher ist es empfehlenswert, einen Moderator zu engagieren, der es versteht, zwischen den verschiedenen Positionen zu vermitteln.

Perspektiven

Das Roadmapping ist weit mehr als eine simple Planungsmethode. Es hilft, bei aller Dynamik und Komplexität, einen gangbaren Weg hin zu strategischen Zielen und zur Vision zu erkennen. Es unterstützt dabei, unterschiedliche Sichtweisen und Interessen zu verbinden, den Sinn strategischer Maßnahmen zu vermitteln, deren Akzeptanz zu fördern und die Motivation zu steigern. Mit dem Roadmapping steht also ein Verfahren des strategischen Managements zur Verfügung, das wichtige Beiträge dazu leisten kann, das Unternehmen in der gewünschten Richtung weiterzuentwickeln. Es leistet damit einen wichtigen Beitrag zur Zukunftsfähigkeit oder, wie man heute gerne sagt, zur Resilienz des Unternehmens.

Anmerkungen

1 Phaal, R./Muller, G.: An architectural framework for roadmapping: Towards visual strategy. In: Technological Forecasting and Social Change, 76. Jg., 2008, H. 1, S. 39–49.
2 Steinmann, H./Schreyögg, G./Koch, J.: Management. Grundlagen der Unternehmensführung. Konzepte – Funktionen – Fallstudien, 7. Aufl., Wiesbaden 2013.
3 Phaal, R./Muller, G.: a. a. O.
4 Fink, A./Siebe, A.: Handbuch Zukunftsmanagement. Werkzeuge der strategischen Planung und Früherkennung, 2. Aufl., Frankfurt a. M. 2011.
5 Machate, A.: Zukunftsgestaltung durch Roadmapping. Vorgehensweise und Methodeneinsatz für eine zielorientierte Erstellung und Visualisierung von Roadmaps, Dissertation, München 2006.
6 Fink, A./Siebe, A.: a. a. O., S. 247.
7 Eigene Darstellung auf der Basis von Phaal, R./Muller, G.: a. a. O., S. 40 und Schwander, O./Laube, T.: Roadmapping für Change Projekte. Technologiegetriebenen Change sichtbar machen. In: OrganisationsEntwicklung, 26. Jg., 2007, H. 2, S. 6.
8 Eigene Darstellung auf der Basis von Fink, A./Siebe, A: a. a. O., S. 248.

Projektmanagement

Projektauftrag

Das A und O für professionelles Projektmanagement

Achim Weiand

Viel zu viele Projekte scheitern, weil die Ziele nicht eindeutig festgelegt sind oder die Beteiligten die Rahmenbedingungen nicht klar definieren. Das muss nicht sein. Das Werkzeug »Projektauftrag« schafft verbindliche Absprachen und ermöglicht eine klare Kommunikation im Projekt.

Bei allen Arten von Projekten gehört ein eindeutig formulierter Projektauftrag zu den grundlegenden Rahmenbedingungen. Erst der Projektauftrag schafft klare und verbindliche Absprachen zwischen Auftraggeber und Projektleiter und/oder firmenexternem Berater; er erlaubt effektive Projektsteuerung und Projektarbeit sowie zielgerichtete Information und Mitarbeit aller am Projekt Beteiligten. Dies trifft für »kleinere« Projekte ebenso zu wie für Reorganisations- bzw. Restrukturierungsprojekte sowie für IT-Projekte (z. B. Einführung einer neuen Prozesssoftware). Die Auftragsklärung wird dann besonders wichtig, wenn es sich um Veränderungsprojekte im Change Management mit vielen Betroffenen und deren unterschiedlichen Interessen handelt. Denn dies erhöht die Komplexität ebenso wie es die möglichen »politischen« Fallstricke des Projektmanagements tun.

Verfahren

Am Beginn eines Projekts muss ein vereinbarter Auftrag stehen, der die Zielrichtung des Projekts sowie die wesentlichen Rahmenbedingungen festlegt. An ihm können sich Auftraggeber, Projektleiter und Teammitglieder während der Projektarbeit ausrichten; daran wird später aber auch der Projekterfolg gemessen werden. Ein gutes Projekt startet mit einem durchdachten Projektauftrag, ein schlechter und nicht durchdachter Projektauftrag dagegen zieht in der Regel auch ein schlechtes und ineffektives Projekt nach sich. Wichtig ist: Je genauer man sich in dieser Phase Gedanken über die spezifische Zielsetzung und die Aufgabenpakete macht, desto leichter hat man es in der Umsetzungsphase mit der Durchsetzung und desto fairer wird auch die Erfolgskontrolle.

Je mehr Beteiligte das Projekt hat, desto komplexer und umfangreicher ist auch der Projektauftrag. Je stärker das Projekt in die Strukturen (z. B. die Aufbauorganisation mit der Verteilung von Aufgaben und Verantwortlichkeiten) und die Prozesse (z. B. Fertigungslinien statt Werkstattfertigung) einer Organisation eingreifen wird, desto tiefer greifend werden die anstehenden Veränderungen sein – und desto wichtiger ist die Absprache der Zielrichtung für das Projekt. Gerade bei größeren Projekten kommt einem klar formulierten Projektauftrag eine weitere wichtige Funktion zu. Denn große Projekte (auch Veränderungsprojekte) werden oft in Teilprojekten organisiert, sodass der ursprüngliche Projektauftrag auch eine wichtige Informations- und Steuerungsfunktion für die Teilprojekte enthält. Ist der erste Projektauftrag unklar, wirken diese Unklarheiten potenziert auch in die Teilprojekte hinein, sodass das Gesamtprojekt nur mit viel Verschwendung und Unruhe laufen wird.

Zu einem vollständigen und nachvollziehbaren Projektauftrag gehören[1] auf jeden Fall folgende Punkte: Problembeschreibung/Projektauftrag/ Auftraggeber/Projektleiter/Zielsetzung/Aufgabenstellungen/(Zwischen-) Ergebnisse/Termine und Meilensteine/Budget und Ressourcen/Randbedingungen/nicht durch das Projekt zu erbringende Leistungen (s. Abb. 1).

Problembeschreibung	Wie sehen die Probleme konkret aus, die Anlass für das Projekt waren/sind? [Später lassen sich die Zielrichtungen für das Veränderungsprojekt aus dieser konkreten Problemsituation ableiten.]
Projektauftrag	Wie lautet der Projektauftrag in einigen Stichwörtern?
Auftraggeber	Wer ist konkret für die Erteilung des Auftrags zuständig? Wer gibt die notwendigen Ressourcen frei? Wer wird den Projektfortschritt überwachen? Gibt es nur einen unternehmensinternen Auftraggeber oder gibt es auch einen unternehmensexternen Auftraggeber?
Projektleiter	Wer hat als Projektleiter das »Heft in der Hand«? Wer wird für Erfolg oder Scheitern verantwortlich gemacht werden?
Zielsetzung	Welche konkreten Ziele sollen durch das Projekt erreicht werden? Wofür ist der Projektleiter persönlich verantwortlich?
Aufgabenstellungen	Welche Aufgabenstellungen/Aufgabenblöcke müssen im Projekt erledigt werden? [Aus diesen Aufgabenblöcken lassen sich in der Regel (Zwischen-) Ergebnisse, Termine/Meilensteine sowie im weiteren Verlauf Projekt-Strukturpläne ableiten.]
(Zwischen-)Ergebnisse	Welche »greifbaren« Zwischenergebnisse sollen bei den einzelnen Aufgabenstellungen erreicht werden? Was hat man nach Abarbeitung dieser Aufgabenstellungen jeweils als »Produkt« in der Hand? [Diesen Zwischenergebnissen lassen sich leicht die Termine/Meilensteine zuordnen.]
Termine/Meilensteine	Welche wichtigen Termine stehen an? Welche Meilensteine gibt es, bei denen wichtige Entscheidungen des Auftraggebers erforderlich sind, die den weiteren Projektfortschritt beeinflussen bzw. bei denen Entscheidungen getroffen werden, denen als »Weichenstellung« eine besondere Bedeutung zukommt? [Termine/Meilensteine werden in Abhängigkeit von den bereits definierten Zwischenergebnissen definiert.]
Budget/Ressourcen	Welches finanzielle Budget und welche sonstigen Ressourcen stehen dem Projekt zur Verfügung (Mitarbeiter, Räumlichkeiten, Zugang zu Informationen oder Verfügbarkeit der technischen oder personellen Ausstattung von anderen Abteilungen etc.)?
Randbedingungen	Welche Randbedingungen lassen sich vom Projektleiter und seinen Projektmitarbeitern nicht beeinflussen, die aber großen Einfluss auf den Projekterfolg haben werden? [Wenn diese Faktoren vom Projektleiter benannt werden, dann ist es Aufgabe des Auftraggebers, sich um diese Randbedingungen zu kümmern oder bestimmte entstehende Risiken bewusst einzugehen.]
Nicht durch das Projekt zu erbringende Leistungen	Was kann durch das Projekt definitiv nicht geleistet werden? [Hier erfolgt – soweit notwendig – noch einmal eine explizite Abgrenzung des Projekts zu anderen Aufgabenstellungen.]

Abb. 1 Muster für einen Projektauftrag

Sollte zu Beginn eines Projekts kein konkreter Auftrag zwischen dem Auftraggeber und dem Projektleiter abgesprochen werden, so ist es eine der wichtigsten Aufgaben des Projektleiters, sich aktiv um eine Auftragsklärung zu bemühen. Ansonsten wird er im luftleeren Raum agieren, ohne konkrete Verantwortlichkeit, ohne genaue Zielbestimmung und eventuell auch ohne »politische« Rückendeckung. Falls der Auftrag zu ungenau ist oder der Umfang der Aufgabenstellung zu Beginn noch nicht abzuschätzen ist, empfiehlt es sich, zuerst einen eng definierten Projektauftrag abzuschließen, der die Prüfung der Machbarkeit der Aufgabenstellung, die mögliche Umsetzung im Unternehmen oder die Erarbeitung einer genaueren Projektdefinition mit Randbedingungen zum Gegenstand hat (Machbarkeitsstudie). Danach kann dann ein genau ausgearbeiteter Auftrag für das gesamte Projekt erteilt werden. Ein komplexer Projektauftrag schreibt sich in der Regel nicht in einem »Rutsch«. Vielmehr sollte man ihn mit erfahrenen Kollegen diskutieren oder auch einmal kurz liegen lassen, um sich dann mit etwas Abstand noch einmal damit zu beschäftigen.

Der Formulierung des Projektziels kommt eine entscheidende Bedeutung für das Projektmanagement zu. Dabei unterliegen Ziele bestimmten Kriterien: Die Zielformulierung muss »smart« sein, damit Auftraggeber und Projektteam das Gleiche verstehen, damit sie handlungsfähig sind und die Ziele messen und überprüfen können.[2]

Diskutieren Sie als Projektleiter auch unbedingt folgende Fragen mit Ihrem Auftraggeber:
- Welche Aufgaben sollen mit welchen Zielsetzungen von mir/dem Projektteam erledigt werden?
- Welche Verantwortung übernehme ich bzw. übernehmen die Mitglieder des Projektteams?
- Welche Kompetenzen, die zur Erledigung des Projektauftrags notwendig sind, habe ich bzw. haben die Mitglieder des Projektteams?

Idealerweise entsprechen sich Aufgaben, Verantwortung und Kompetenzen!

Winkler benennt sechs klassische »Fallstricke« bei der Auftragsklärung[3]:
- Der Auftraggeber ... hat selbst nur eine eingeschränkte Sicht auf das Problem oder nicht die alleinige Befugnis zur Auftragsvergabe. In diesem Fall muss sich der Berater energisch darum bemühen, die Erwartungen der Entscheidungsträger kennenzulernen und mit ihnen die Eckpunkte des Kontrakts zu diskutieren.
- Oft investiert ein Berater beim Kontraktgespräch zu wenig Zeit, um einzelne Punkte zu klären. Dies geschieht oft aus falsch verstandener Dienstleistungsorientierung heraus, da man dem Kunden Zeit ersparen will. Hier sollte man dem Kunden deutlich machen, dass man unter Zeitdruck eventuell wichtige Aspekte der Ausgangssituation nicht beachtet, sodass unnötige Risiken im Projektverlauf entstehen.
- Der Auftraggeber hat schon eine Lieblingslösung im Kopf, ohne – aus der Sicht des Beraters – die Perspektiven anderer Beteiligten angemessen zu berücksichtigen. Hier sollte der Berater alternative Interpretationen anbieten oder versuchen, mit dem Klienten gemeinsam eine Diagnosephase durchzuführen.
- Bei unternehmensinternen Auftraggebern führt das Machtgefälle oft zu ungünstigen Rahmenbedingungen wie z. B. Zeitdruck, die eine ganzheitliche Problemsicht und -lösung erschweren. Können keine professionellen Bedingungen für ein Kontraktmeeting hergestellt werden, sollte der interne Projektleiter auf die entstehenden Risiken hinweisen. Eventuell ergibt sich im Projektverlauf die Gelegenheit, einen neuen Kontrakt mit veränderten Bedingungen auszuhandeln.
- Der Auftraggeber möchte das Problem wegdelegieren und selbst wenig in die Problemlösung investieren. Hier steht der Projektleiter auf verlorenem Posten, falls es ihm nicht gelingt, dem Auftraggeber seine Rolle und seine Verantwortlichkeiten für das Veränderungsprojekt klar zu machen. Gelingt dies nicht, sollte der Berater den Auftrag letztlich besser ablehnen.
- Der Auftraggeber kann sich lange nicht entscheiden, ob er das ausgearbeitete Angebot des Beraters akzeptieren soll. Hier sollte der Berater nachfragen, was die Gründe für das Zögern sind; eventuell gab es wichtige Entscheidungen, die den Projektstart verzögern.

Vor- und Nachteile

Der wichtigste Vorteil einer Auftragsklärung liegt darin, dass Projekte und insbesondere komplexe Veränderungsprojekte besser laufen, wenn zwischen Auftraggeber und Auftragnehmer die wesentlichen Kernpunkte ausdiskutiert und festgehalten sind. Dies gilt für eine rein unternehmensinterne Arbeitsbeziehung ebenso wie für eine Beziehung zwischen einer Organisation und einem externen Berater. Zudem sind zur Anwendung dieses Tools keine besonderen Hilfsmittel notwendig – wichtig ist eine klare Systematik, die sich in einem Projektauftrag wiederfindet.

Bei der Erstellung eines Projektauftrags gibt es keine Nachteile. Aufträge und die Auftragsklärung sind unabdingbare Voraussetzung, gerade bei Veränderungsprojekten mit ihren vielen Fallstricken.

Perspektiven

Dieses Instrument lässt sich in einem ersten Schritt problemlos auf die Spezifika einer Organisation anpassen und in einem zweiten Schritt standardisieren, sodass alle umfangreicheren Projekte nach dem gleichen Muster verabschiedet werden. Der

Einsatz eines IT-Tools sollte allerdings skeptisch betrachtet werden, da es weniger auf die IT-Unterstützung als vielmehr auf das Aushandeln des konkreten Projektauftrags zwischen Auftraggeber und Projektleiter ankommt.

Hat ein Unternehmen viele Projekte, die durch externe Berater unterstützt werden, dann sollten auch diese Projekte durch einen Projektauftrag abgeklärt werden. In diesem Projektauftrag sollten zusätzlich noch folgende Punkte geklärt werden[4]:

- Rolle und Aufgaben des Beraters,
- Vorgehensweise und Intervention,
- Zeitplanung,
- konkrete Vereinbarungen zur weiteren Zusammenarbeit und Vorgehensweise,
- Konditionen,
- Regelungen zu einem möglichen Projektausstieg.

Anmerkungen

1 Vgl. etwa Stöger, R.: Wirksames Projektmanagement. Mit Projekten zu Ergebnissen, Stuttgart 2010, S. 53 ff.; Winkler, B.: Werkzeugkiste für Change Manager und Berater. 1. Auftragsklärung und Kontrakt. In: Organisationsentwicklung, 2004, H. 4, S. 92.
2 Vgl. Stöger: a. a. O. 2010, S. 63 f.
3 Nach Winkler: a. a. O., S. 93–95.
4 Nach Winkler: a. a. O., S. 92.

Projektorganisation

Aufgaben verteilen und Beteiligte richtig einbinden

Achim Weiandt

Die Etablierung einer Projektorganisation ist ein unverzichtbares Instrument für jede Art von systematischer Projektarbeit. Nur so können die Rollen und Aufgaben klar verteilt und mögliche Konflikte zwischen den Beteiligten bereits im Vorfeld entschärft werden.

Bei großen wie kleinen Projekten müssen die Aufgaben und Rollen aller Beteiligten klar verteilt werden, damit ein reibungsloses Arbeiten überhaupt möglich ist. Die eigentliche Projektorganisation betrifft in der Regel die Verteilung von Aufgaben und Rollen auf drei am Projekt beteiligte Personen oder Gruppen: Auftraggeber, Projektleiter und Projektteam.[1] Der Projektauftrag sollte in Grundzügen klar sein, bevor man sich an die Etablierung einer Projektorganisation macht.

Verfahren

Der *Auftraggeber* kann eine Einzelperson sein, beispielsweise wenn der Leiter des IT-Bereichs eine Reorganisation innerhalb seines Verantwortungsbereiches beauftragt. Bei großen Projekten, bei denen Mitarbeiter aus vielen Bereichen involviert oder betroffen sind, sind es in der Regel mehrere Auftraggeber, die dann gemeinsam einen Lenkungsausschuss (Steuerungskreis, Steering Comittee) bilden. Der Auftraggeber oder der Lenkungsausschuss sind verantwortlich für die Erteilung des Projektauftrages, die Ausformulierung der genauen Zielsetzung für das Projekt und die Bereitstellung von Ressourcen. Sie haben auch die Macht, wichtige Entscheidungen zu treffen.

Der *Projektleiter* ist das Bindeglied zwischen Auftraggeber und Projektteam. Er ist für die Leitung des Projektteams zuständig und sorgt für eine effiziente Kommunikation mit allen Beteiligten. Er muss sich zudem um passende Rahmenbedingungen für die Arbeit der Projektmitglieder kümmern – und selbst am Projekt arbeiten.

Die *Teammitglieder* arbeiten an der Projektaufgabe, oft aber nur mit einem begrenzten Zeitbudget, da sie in der Regel neben ihrer Tätigkeit im Projekt immer noch ihren »Tagesjob« erfüllen müssen. Daraus entstehen viele Zielkonflikte mit dem Projektleiter, dessen primäres Ziel das Projekt ist und nicht die Tagesarbeit und die Linienverantwortung der Teammitglieder.

Diese formale Projektorganisation erfüllt damit mehrere Zwecke:
- die organisatorische Installation des Projektes innerhalb der Gesamtorganisation mit einer klaren Verteilung von Aufgaben und Rollen;
- eine Anbindung des Projekts an die Linie mittels Projektauftrag und damit die Beschaffung bzw. Bereitstellung von personellen und sachlichen Ressourcen, Budgetmitteln und sonstigen Arbeitsvoraussetzungen;
- die Etablierung von Informations- und Kommunikationswegen sowie eines Berichtswesens.

Häufigste Differenzen zwischen der Linienorganisation und der Projektorganisation betreffen:
- die Bereitstellung von Ressourcen (Mitarbeiter, Sach- und Geldmittel),
- die Wertigkeit des Projekts und damit der direkte Zugang zur Unternehmensleitung,
- der Einfluss des Projekts auf die zukünftige Gestaltung von Abläufen etc.,

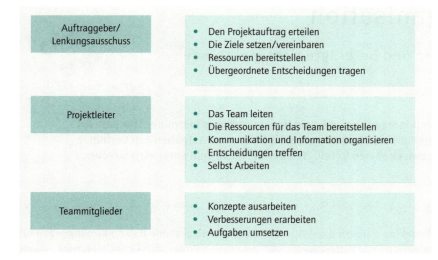

Abb. 1 Die Aufgabenverteilung in einer Projektorganisation

- der Einfluss des Projektleiters auf die Projektmitarbeiter, die in der Regel nur teilweise von ihrem Linienjob für die Projektarbeit freigestellt sind (Wer führt sie disziplinarisch? Wer kann sie »belohnen« oder »bestrafen«?),
- Rollen- und Aufgabenkonflikte zwischen Auftraggeber und Projektmanager.

Auftraggeber wie Projektleiter können Entscheidungen treffen, dies führt leicht zu Konflikten. Deshalb ist es wichtig, zu Beginn des Projekts abzuklären, wer welche Art von Entscheidungen fällen darf. Dann kann es nicht zu einer »Lähmung« des Projektleiters kommen, da der Auftraggeber immer selbst entscheiden will. Und für den Auftraggeber bleiben unliebsame »Überraschungen« aus, die entstehen können, wenn der Projektleiter einfach alles alleine beschließt, ohne Rücksprache mit ihm zu halten.

Ein häufiger Rollen- und Aufgabenkonflikt entsteht, wenn sich der Auftraggeber direkt (meist in guter Absicht) an die Projektmitglieder wendet. So erkundigt er sich beispielsweise bei den Teammitgliedern nach dem Status des Projekts oder erteilt Aufträge. Diese vermeintliche Nähe zum Team schmälert aber die Autorität des Projektleiters und wird dazu führen, dass Anfragen oder Wünsche nach Entscheidungen nicht mehr an den Projektleiter gehen, sondern beim Auftraggeber auflaufen. Beide Seiten werden dann verärgert reagieren. Der Auftraggeber ärgert sich, weil er viele Entscheidungen treffen muss, die er eigentlich an den Projektleiter delegiert hat; der Projektleiter ist unzufrieden, weil er seinen Job nicht – wie mit dem Auftraggeber vorher abgesprochen – erledigen kann. Die einzige Lösung ist hier eine saubere, konsequente und vor allen Dingen explizite Klärung von Rollen und Verantwortlichkeiten zwischen allen Beteiligten.

Arten von Projektorganisation

In der Literatur[2] werden mehrere Arten von Projektorganisationen unterschieden:
- Einfluss-Projektorganisation,
- reine Projektorganisation,
- Matrix-Projektorganisation.

Am häufigsten anzutreffen ist die Einfluss-Projektorganisation, bei der der Projektleiter sowie die Teammitglieder dem Projekt nicht vollständig zugeordnet sind, sondern neben der Projektarbeit noch Linienaufgaben wahrnehmen. Diese Form der Projektorganisation verursacht einen geringen organisatorischen Aufwand und ist flexibel im Einsatz und in der Ressourcenausnutzung der Mitarbeiter. Zudem können Teammitglieder nach der Beendigung des Projekts problemlos in ihren alten Funktionen weiterarbeiten. Außerdem können Know-how-Träger in verschiedenen Projekten mitarbeiten.

Diesen Vorteilen stehen allerdings auch gravierende Nachteile gegenüber, die meist der Projektleiter tragen muss. Wegen der Doppelzugehörigkeit seiner Projektmitglieder zu Linie wie Projekt muss er wahrscheinlich ständig mit den direkten Vorgesetzten seiner Teammitglieder um Ressourcen ringen. Oft sind wegen der unklaren Unterstellungsverhältnisse der Teammitglieder die Entscheidungswege länger und dem Projektleiter fehlt es an Entscheidungskompetenz und/oder Budgetverantwortung.

Bei der reinen Projektorganisation hingegen hat der Projektleiter ein festes Team an Mitarbeitern, die ihm unterstellt sind, sodass er einen schnellen Zugriff auf Ressourcen mit den normalen Entscheidungsbefugnissen eines disziplinarisch verantwortlichen Linienvorgesetzten hat. Für die Gesamtorganisation ist diese Form der Projektorganisation allerdings die aufwendigste Form mit einem hohen Einsatz von Ressourcen, weshalb sie nur selten anzutreffen ist. Zudem ist die Reintegration der Teammitglieder in die Linienorganisation nach Projektende schwierig, da ihre ehemaligen Positionen wahrscheinlich wieder besetzt wurden.

Häufig wird auch die Matrix-Projektorganisation angeführt, bei der eine bestehende Organisationsform ergänzt wird durch projektbezogene Weisungsbefugnisse des Projektleiters gegenüber den Projektteammitgliedern. Diese Organisationsform versucht, durch die zeitlich befristete Einführung eines Mehrliniensystems die Vorteile von reiner Projektorganisation und Einfluss-Projektorganisation zu vereinen. Allerdings tragen in der Regel die Projektteammitglieder wegen ihres doppelten Unterstellungsverhältnisses die oft entstehenden Konflikte zwischen Linienvorgesetzten und Projektleitern aus. Bei dieser Form der Projektorganisation muss man die Verantwortlichkeiten in Bezug auf das Projekt zwischen Linie und Projektleiter abstimmen: Häufig ist der Projektleiter mit seinem Projektteam verantwortlich für die Entwicklung von Konzepten und Inhalten, die Linie entscheidet über die konkrete Umsetzung.

Große Projekte werden zudem organisatorisch zumeist in Teilprojekte unterteilt, um die fachliche Komplexität zu senken und in sich abgeschlossene Teilaufgaben in einem überschaubaren Zeitrahmen abarbeiten zu können. Der Projektleiter ist in diesem Fall dafür verantwortlich, Kommunikation und Koordination zwischen den Teilprojekten sicherzustellen. Da für die Teilprojekte die gleichen Anforderungen gelten wie für das Gesamtprojekt, sollten auch die Teilprojekte über einen Projektauftrag gesteuert werden.

Häufige Fehler

Folgende Fehler werden bei der Einrichtung einer Projektorganisation oft gemacht:
- Es fehlen wichtige Personen im Lenkungsausschuss, deren Bereiche/Abteilungen vom Projekt direkt betroffen sind oder deren Unterstützung benötigt wird.
- Zu oft finden sich Geschäftsführer/Vorstände als Auftraggeber, obwohl sie nur den Anstoß zu einem Projekt gegeben haben, aber das Projekt niemals operativ steuern werden. Der eigentliche Auftraggeber hingegen fehlt. Kommen Aufträge von der Geschäftsleitung, dann ist zu überlegen, welche Rolle der direkte Vorgesetzte des Projektleiters in Bezug auf das Projekt und die Tätigkeiten des Projektleiters (z. B. dessen Zeiteinteilung) einnehmen wird.
- Es sind zu viele Personen im Lenkungsausschuss, sodass dieser kaum handlungsfähig ist (Schwierigkeiten bei Terminfindung, bei Entscheidungsfindung etc.).
- Das Projektteam ist ebenfalls häufig zu groß. In diesem Fall sollte man ein Kernteam bilden, das in allen Projektphasen dabei ist, da seine Mitglieder von allen anstehenden Themenbereichen betroffen sind. Andere Betroffene werden dann nur fallweise zur Projektarbeit hinzugezogen, aber ständig über den Projektfortschritt informiert.
- Ressortverantwortliche sind Mitglieder des Projektteams; sie werden aber selten selbst am Projekt mitarbeiten, sondern oft die operativen Auf-

gaben an einen Mitarbeiter delegieren. Diese Ressortverantwortlichen gehören dann eher in den Lenkungsausschuss.
- Zu selten werden die Verantwortlichkeiten genau geklärt: zwischen Auftraggeber und Projektleiter einerseits und Projektleiter und Projektteam andererseits.
- Oft lohnt es sich, ein großes Projekt in zwei aufeinanderfolgende Projekte aufzuteilen, um über eine andere Projektorganisation auch anderen Verantwortlichkeiten gerecht zu werden. Für beide Projekte sollte es dann jeweils einen Auftrag und eine Projektorganisation geben.

Vor- und Nachteile

Ein wichtiger Vorteil dieses Instruments ist es, dass die Etablierung einer Projektorganisation bereits im Vorfeld eines Projekts die wesentlichen Beziehungen zwischen den Beteiligten abklärt. Da es sich dabei aber immer auch um die Verteilung von (Entscheidungs-)Macht und die Zuschreibung von Status geht, ist dies kein rein sachlich-rationaler Prozess, bei dem es klare Entscheidungskriterien beispielsweise zur Bestimmung der Zugehörigkeit im Lenkungsausschuss gibt. »Politik« und die Berücksichtigung von Interessen werden also immer bei der Etablierung einer Projektorganisation eine wichtige Rolle spielen. Erst auf der Basis von Projektauftrag und Projektorganisation kann zwischen Linienorganisation und Projektorganisation eine Aufgabenklärung erfolgen.

Ein klassischer Nachteil ist, dass sich mit der Etablierung einer Projektorganisation schnell Ansprüche in Bezug auf Information und Entscheidungsbefugnisse verfestigen. Es wird dann schwierig, diese zu verändern. Deshalb sollte man sich bereits im Vorfeld gut überlegen, wie man seine Projektorganisation aufbaut.

Schwierig ist die Einbeziehung von Personalvertretungen in die Projektorganisation, da sie einerseits wertvolle Hinweise geben können (etwa zur Stimmung unter den Mitarbeitern), andererseits aber auch Verhandlungspartner des Auftraggebers oder des Projektleiters sind, der sich seine gesetzlich garantierten Mitbestimmungsrechte nicht nehmen lassen wird.

Anmerkungen
1 Ein anschauliches Beispiel für eine Projektorganisation findet sich bei Vahs, D./Weiand, A.: Workbook Change Management. Methoden und Techniken, Stuttgart 2010, S. 59–60.
2 Vgl. Stöger, R.: Wirksames Projektmanagement. Mit Projekten zu Ergebnissen, Stuttgart 2011, S. 110–117 oder Jenny, B.: Projektmanagement, Zürich 2009, S. 160–169.

Risikoanalyse

Projektrisiken erkennen und rechtzeitig bekämpfen

Achim Weiand

Wenn man sich bereits vor Beginn eines Projektes Gedanken über die Risiken macht, kann man sich viele Probleme ersparen. Das Instrument »Risikoanalyse« ermittelt die wichtigsten Projektrisiken und bildet die Grundlage für einen konkreten Maßnahmenplan.

Projekte können noch erfolgreicher durchgeführt werden, wenn bereits im Vorfeld mögliche Risiken ermittelt und zielgerichtet Gegenmaßnahmen ergriffen werden. Eine Risikoanalyse umfasst die drei Schritte: systematisches Identifizieren möglicher Risiken, die Priorisierung der gefundenen Risiken und das Ergreifen von Gegenmaßnahmen. Ihr Ziel ist es, Risiken zu minimieren oder ganz zu vermeiden.

Eine Risikoanalyse kann alleine erstellt werden oder in einer Gruppe. Sollte sie in einer Gruppe erarbeitet werden, dann wird Moderationsmaterial wie Pinnwand, Karten etc. benötigt.

Unerlässlich ist allerdings eine fundierte Kenntnis des Projekts, der Organisation und der Organisationsmitglieder. Eine gute Basis für eine Risikoanalyse bieten die Ergebnisse von Stakeholder-Analyse und Umfeldanalyse.

Verfahren

Risikoanalysen sollten prinzipiell für alle Arten von Projekten durchgeführt werden. Die hier vorgestellte Basisvariante einer Risikoanalyse eignet sich für technisch ausgerichtete Projekte ebenso wie für Projekte, die stärker in Strukturen und Prozesse einer Organisation eingreifen.[1]

Schritt 1: Risiken identifizieren

Der erste Schritt ist die Identifikation potenzieller Risiken. Mögliche Kategorien für eine Risikoidentifikation sind beispielsweise:[2]

- Unternehmen (Firmenleitung: Managementrisiken, Geldgeber, Führung, Mitarbeiter, Arbeitsmarkt, Organisation, Prozesse, Kultur, andere Projekte);
- Kunde (Auftraggeber, Arbeitspartner, Absatzmarkt, Nutzer, Kommunikation mit dem Kunden);
- Lieferanten (z. B. Insolvenz, Lieferengpässe mit Lieferverzögerungen oder Qualitätsmängeln);
- Geldgeber/Kapitalmarkt;
- Gesellschaft (Einflüsse durch Betroffene, Meinungsbeeinflusser, Interessenvertreter, Behörden, Politik, Veränderungen bei Rechtsetzung und -sprechung);
- rechtliche Risiken (z. B. unklare Vertragsgestaltung, hohe Konventionalstrafen);
- Technik/Produkt (technische Entwicklung, Produktionsfaktoren, Umwelt, Ressourcen, Produkt selbst, Rahmenbedingungen);
- Branchenrisiken/Wettbewerber;
- Risiken durch das Projektmanagement selbst;
- geologische und klimatische Risiken.

Oft kommen projektspezifische Checklisten zur Risikoidentifikation zum Einsatz, die auf die spezifischen Schwachpunkte der Projekte oder der Abteilung abgestimmt sind.

Weniger komplex in der Anwendung, dafür aber

auch weniger detailliert in der Zusammenstellung möglicher Risiken ist die folgende, oft eingesetzte Auflistung von vier Risikoarten:[3]
- technische Risiken (z. B. neue Verfahren, die noch unerprobt sind)
- Kostenrisiken (z. B. Preiserhöhungen der Vorlieferanten)
- Terminrisiken (z. B. Schwierigkeiten bestimmter Bereiche, termingerecht Arbeitsergebnisse liefern zu können)
- personelle Risiken (z. B. der unternehmensinterne Auftraggeber fällt aus und das Projekt steht ohne Rückendeckung da).

Die Analyse der personenbezogenen Risiken kann auf einer Stakeholder-Analyse aufbauen.

Schritt 2: Risiken priorisieren

Nachdem die unterschiedlichen Risiken identifiziert wurden, muss man in einem zweiten Schritt diese Risiken zusammenfassend darstellen und priorisieren. Nicht alle Risiken sind gleich wichtig und es stehen auch nicht unendlich viele Ressourcen zur Risikobearbeitung zur Verfügung. Für diese Selektion eignen sich zwei Kriterien: Zum einen wird die Eintrittswahrscheinlichkeit jedes Risikos bestimmt und zum anderen werden die möglichen Auswirkungen beim Eintritt dieses Risikos eingeschätzt, d. h. das eventuell eintretende Schadenspotenzial.[4]

Priorität zu bearbeiten sind dann folglich alle Risiken mit hoher Eintrittswahrscheinlichkeit und hohen Auswirkungen beim Eintritt des Risikos. Schwierig ist die exakte Bestimmung von Eintrittswahrscheinlichkeit wie auch der Auswirkungen – aber wichtiger als eine mathematisch exakte, aber trotzdem mit vielen Unsicherheiten behaftete und zudem aufwendige Bestimmung ist hier die Visualisierung und Priorisierung der Risiken, die eine strukturierte Diskussion mit dem Auftraggeber erlaubt. Sollte der Auftraggeber einzelne Risiken anders einschätzen als der Projektleiter, kann man mit Hilfe dieses Risikoportfolios schnell diese Risiken bestimmen und neu positionieren.

Bei der Bewertung der Eintrittswahrscheinlichkeit können folgende Fragen hilfreich sein:[5]
- Welche Kriterien sprechen dafür, dass das beschrieben Risiko eintritt?
- Welche Kriterien sprechen dagegen, dass das beschrieben Risiko eintritt?
- Wie häufig ist das beschriebene Risiko bei vergleichbaren Projekten eingetreten?

Bei der Bewertung der möglichen Auswirkungen können folgende Fragen hilfreich sein:[6]
- Wie stark beeinflusst der Risikoeintritt den weiteren Projektverlauf?
- Wie stark beeinflusst der Risikoeintritt die Zielerreichung?
- Wie groß ist die Gefährdung der Existenz des Projekts im Eintrittsfall?
- Ist eine Weiterarbeit im Eintrittsfall möglich?
- Welche Auswirkungen hat der Eintrittsfall auf die Ressourcen, die Termine, das Budget, den Personaleinsatz und die Zielqualität?

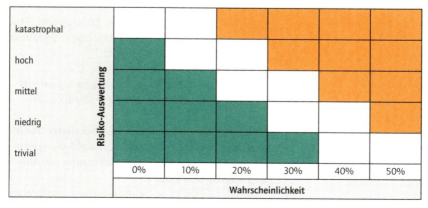

Abb. 1 Matrix zur Bewertung und Selektion von Risiken

Tipps zur Risikoanalyse

- Unterscheiden Sie zwischen Risiken für das Projekt selbst (z. B. ungenauer Auftrag in der Konzeptionsphase) und Risiken, die bei der Ausführung oder durch das Projekt an einer anderen Stelle im Unternehmen entstehen. Ihr Auftraggeber möchte in der Regel alle Risiken sehen, die in Zusammenhang mit dem Projekt stehen.
- Schreiben Sie immer ein Datum auf Ihre Risikoanalyse, da sich die Risiken (und damit auch die Gegenmaßnahmen) im Zeitverlauf ändern werden. Deshalb sollten Sie die Risikoanalyse auch unbedingt vor dem Projektstart und dann in regelmäßigen Zeitabständen erneut durchführen.
- Die vier hier benannten Kategorien Kosten, Technik, Termine, Personen sind nicht trennscharf, da sich eine Risikoart immer auch auf andere (insbesondere auf die Kosten) auswirken wird. Diese vier Kategorien sollen Ihnen beim ersten Nachdenken helfen, falls Sie keine projektspezifische Risiko-Checkliste haben, die leicht abgearbeitet werden können.
- Die Bewertung von Risiken unterliegt immer subjektiven Sichtweisen. Durch die hier vorgenommene Einordnung und Visualisierung kommt aber schnell eine strukturierte Diskussion mit dem Auftraggeber zustande, in deren Verlauf man sich über die Einordnung der Risiken einigen kann.
- Oft hilft das Gegenlesen einer Risikoanalyse durch Kollegen, die neue Sichtweisen einbringen können. Auch die Mitglieder des Projektteams verfügen in der Regel über Berufserfahrung und damit über wichtiges Hintergrundwissen.
- Bestimmte personenbezogene Risiken hingegen sollten nur mit dem Auftraggeber durchgesprochen werden – und nicht mit dem Projektteam (z. B. mangelnde Akzeptanz des Projektleiters bei den Linienverantwortlichen).
- Sie müssen Ihre Risiken möglichst konkret benennen, um später adäquate Gegenmaßnahmen ergreifen zu können (vgl. den Unterschied zwischen mangelnder Akzeptanz des Projekts bei den Vorgesetzten, mangelnder Akzeptanz des Projekts bei den betroffenen Mitarbeitern oder mangelnder Akzeptanz des Projekts beim Kunden).
- Eine Risikoanalyse ist immer nur so gut wie die Gegenmaßnahmen, die Sie ergreifen, um Risiken auszuschalten oder einzugrenzen.

Jedes Risiko wird anhand dieser beiden Kriterien analysiert und in eine Risikomatrix überführt, sodass alle Risiken übersichtlich dargestellt sind. Bei der hier dargestellten Matrix sind dann die Risiken oben rechts von prioritärer Bedeutung.

Schritt 3: Gegenmaßnahmen ergreifen

Sind die Risiken in dieser ersten Grobanalyse bewertet worden, dann ist im nächsten Schritt zu entscheiden, wie man mit den wichtigsten Risiken umgeht. Folgende drei Optionen stehen zur weiteren Bearbeitung zur Auswahl: Maßnahmen zur Risikovermeidung, Maßnahmen zur Risikoverminderung oder Risikoakzeptanz.

Die wichtigsten Risiken müssen anschließend weiter analysiert werden. Folgendes Schema hilft, Risiken genauer zu bestimmen und konkrete Aktionen abzuleiten:

- Um welchen Risikotyp handelt es sich (technisch, terminlich, finanziell, personenbezogen)?
- Worin genau besteht das Risiko?
- Unter welchen Bedingungen tritt das Risiko überhaupt ein? D. h., was geschieht, damit das Risiko eintritt (z. B. Mangel an Informationen)
- Mit welcher Wahrscheinlichkeit tritt das Risiko ein?
- Welche Auswirkungen hat der Risikoeintritt? Wie nachhaltig ist der Schaden? Wie hoch ist der Schaden?
- Welche Vorbereitungen für Maßnahmen müssen noch getroffen werden (z. B. Einholen weiterer Informationen, weitere Testreihen, Anschaffen von bestimmten technischen Anlagen)?
- Welche Maßnahmen zur Vermeidung des Risikos gibt es?
- Welche Maßnahmen zur Beherrschung des Risikos gibt es?

- Was sind die konkreten Ergebnisse dieser Maßnahmen?

Das Ergebnis einer Risikoanalyse ist ein *Maßnahmenplan* mit klaren Verantwortlichkeiten und Terminen (»Wer macht was bis wann?«).

Vor- und Nachteile

Der wichtigste Vorteil des Einsatzes einer Risikoanalyse liegt darin, dass Risiken mit ihren negativen Konsequenzen bereits im Vorfeld des Projekts vermieden werden. Bei dem Einsatz einer Risikoanalyse gibt es prinzipiell keine Nachteile, es sei denn, die Risikoanalyse wird erstellt, aber nicht weiterverfolgt. In diesem Fall sinkt die Bereitschaft der Teammitglieder, sich mit Risiken weiter zu beschäftigen. Bei einer Risikoanalyse sollte man sich sorgfältig überlegen, wer sie zu sehen bekommt, da sich in ihr oft sensible, personenbezogene Daten finden.

Perspektiven

Dieses Instrument lässt sich – ebenso wie der Projektauftrag – in einem ersten Schritt problemlos auf die Spezifika einer Organisation anpassen und in einem zweiten Schritt standardisieren, sodass alle umfangreicheren Projekte nach dem gleichen Muster in Bezug auf Risiken analysiert werden. Für bestimmte Projekte wird der Einsatz weitergehender Instrumente zur Risikoanalyse notwendig sein. Für rein technische Projekte gibt es beispielsweise mit der Ausfalleffektanalyse (Failure-Mode Effect Analysis – FMEA) eine weiter ins Detail gehende Methode.

Anmerkungen
1 Ein ausführliches Beispiel findet sich in: Vahs, D./Weiand, A.: Workbook Change Management. Methoden und Techniken. Stuttgart 2010, S. 138–141.
2 Vgl. Burghardt, M.: Projektmanagement. 6. Aufl., Erlangen 2002, S. 299 f.
3 Vgl. Burghardt, M.: a. a. O., S. 325 ff.
4 Vgl. etwa Jenny, B.: Projektmanagement. Zürich 2009, S. 561 ff. und Meyer, J.: Risikoportfolio. In: Rohm, A. (Hrsg.): Change-Tools. Bonn 2006, S. 180–188.
5 Meyer, J.: Risikoportfolio. In: Rohm, A. (Hrsg.): Change-Tools. Bonn 2006, S. 184.
6 Meyer, J.: a. a. O., S. 184.

Literaturempfehlungen
Burghardt, M.: Projektmanagement. 6. Aufl., Erlangen 2002.
Jenny, B.: Projektmanagement. Zürich 2009, S. 553–588.
Meyer, J.: Risikoportfolio. In: Rohm, Armin (Hrsg.): Change-Tools. Bonn 2006, S. 180–188.
Stöger, R.: Wirksames Projektmanagement. Mit Projekten zu Ergebnissen. Stuttgart 2001.
Vahs, D./Weiand, A.: Workbook Change Management. Methoden und Techniken. Stuttgart 2010.

Stakeholder-Analyse

Interessengruppen identifizieren und einbeziehen

Achim Weiand

Große Projekte haben Auswirkungen auf zahlreiche interne und externe Interessengruppen. Daher sollten bereits im Vorfeld die Stakeholder ermittelt und deren voraussichtliche Haltung gegenüber dem Projekt bestimmt werden. Mit gezielten Maßnahmen können die betroffenen Akteure dann rechtzeitig in die Planungen einbezogen werden.

Große Projekte greifen oft tief in Strukturen, Prozesse und Verantwortlichkeiten der Organisation und damit in die Gewohnheiten von vielen betrieblichen Akteuren ein und rufen deshalb oft massive Widerstände bei den Betroffenen hervor. Für ein effektives Projektmanagement ist es daher unerlässlich, die Interessen der wichtigsten unternehmensinternen und unternehmensexternen Interessengruppen (Stakeholder) zu kennen, um adäquat mit ihnen umgehen zu können. Mit einer Stakeholder-Analyse werden die wichtigsten Interessengruppen bei einem Projekt identifiziert (z. B. Topmanagement, Führungskräfte, Mitarbeiter, Personalvertretungen, Kunden, Lieferanten, Behörden, bestimmte Funktionsbereiche) sowie deren Interessen in Bezug auf das Projekt beschrieben. Erst nach dieser Analyse kann eine sinnvolle Vorgehensweise entwickelt werden, da man dann erst weiß, ob bestimmte Interessengruppen gegenläufige oder gleichgerichtete Interessen in Bezug auf das Projekt haben. Diese Analyse bleibt meist vertraulich und dient Auftraggeber und Projektleiter zur Steuerung des Projekts.[1]

Verfahren

Eine wichtige Voraussetzung für das Erstellen einer Stakeholder-Analyse ist eine gute Kenntnis der betrieblichen Akteure. Eine Stakeholder-Analyse kann daher in der Regel nicht von einem externen Berater alleine vorgenommen werden. Interviews mit den Stakeholdern oder das Hinzuziehen von gut vernetzten Organisationsmitgliedern ist in einem solchen Fall unerlässlich.

Stakeholder bestimmen

In einem ersten Schritt müssen die wichtigsten Stakeholder des Projekts ermittelt werden. *Kerth/Asum/Stich* listen folgende Fragen zur Identifikation von unternehmensinternen und -externen Stakeholdern auf:

- »Welche Gruppierungen nehmen formell oder informell Einfluss auf die Formulierung der Unternehmenspolitik bzw. -strategie (z. B. Vorstand, Aufsichtsrat)?
- Existieren Gruppierungen, von denen das Unternehmen täglich abhängt, die aber im Gegenzug an der Entwicklung des Unternehmens interessiert sind (z. B. Lieferanten, Kunden)?
- Gibt es Gruppierungen, von denen Aktionen im Zusammenhang mit der Unternehmenspolitik ausgehen können (z. B. Gewerkschaften)?
- Bestehen enge Beziehungen zu Organisationen, die das Unternehmen beeinflussen (z. B. Verbände, Arbeitnehmervertretungen)?
- Welche Gruppierungen haben Interessen am Unternehmen und seinen Geschäften (z. B. Kartellbehörde, Finanzamt)?
- Gibt es Gruppierungen, die in Bezug auf die Unternehmenspolitik Aufmerksamkeit erregen können (z. B. Bürgerinitiativen, Aktionärsschützer)?

Interne Anspruchsgruppen	Interessen (Ziele)
Eigentümer (Kapitaleigentümer, Eigentümer-Unternehmen)	• Einkommen/Gewinn • Erhaltung, Verzinsung und Wertsteigerung des investierten Kapitals • Selbstständigkeit/Entscheidungsautonomie
Management	• Macht, Einfluss, Prestige • Entfaltung eigener Ideen und Fähigkeiten, Arbeit = Lebensinhalt
Mitarbeiter	• Einkommen (Arbeitsplatz) • Soziale Sicherheit • Sinnvolle Betätigung, Entfaltung der eigenen Fähigkeiten • Zwischenmenschliche Kontakte (Gruppenzugehörigkeit) • Status, Anerkennung, Prestige
Externe Anspruchsgruppen	**Interessen (Ziele)**
Fremdkapitalgeber	• Sichere Kapitalanlage • Befriedigende Verzinsung • Vermögenszuwachs
Lieferanten	• Stabile Lieferbedingungen • Günstige Konditionen • Zahlungsfähigkeit der Abnehmer
Kunden	• Qualitativ und quantitativ befriedigende Marktleistung zu günstigen Preisen • Service, günstige Konditionen usw.
Konkurrenten	• Einhaltung fairer Grundsätze und Spielregeln der Marktkonkurrenz • Kooperation auf branchenpolitischer Ebene
Staat und Gesellschaft (lokale und nationale Behörden, ausländische und internationale Organisationen, Verbände und Interessengruppen aller Art, politische Parteien, Bürgerinitiativen, allgemeine Öffentlichkeit)	• Steuern • Sicherung der Arbeitsplätze • Sozialleistungen • Positive Beiträge an die Infrastruktur • Einhaltung von Rechtsvorschriften und Normen • Teilnahme an der politischen Willensbildung • Beiträge an kulturelle, wissenschaftliche und Bildungsinstitutionen • Erhaltung einer lebenswerten Umwelt

Abb. 1 Anspruchsgruppen mit ihren typischen Interessen nach Thommen/Achleitner

- Gibt es Gruppierungen, die sich aus demografischen Kriterien ableiten lassen (z. B. Aufsichtsämter bzgl. Jugendschutz, Gleichbehandlung)?«[2]

Thommen/Achleitner nennen einige interne und externe Anspruchsgruppen mit ihren typischen Interessen (vgl. Abb. 1).[3]

Interessen der Stakeholder bewerten

In einem zweiten Schritt erfolgt die Bewertung der Interessen der Stakeholder. Folgende Darstellungsform kann der ersten Eingliederung dienen (vgl. Abb. 2).

Eine komplexere Methode wendet zwei Bewertungskriterien an. Zum einen soll die Unterstützung der Stakeholder erfasst werden, sodass man einen Überblick erhält und weiß, wie viel Rücken- oder Ge-

Befürworter	Unentschlossene	Kritiker/Gegner

Abb. 2 Erste Übersicht der Interessengruppen

genwind das Projekt von den Betroffenen zu erwarten hat. Zum anderen wird bewertet, welchen Einfluss der jeweilige Stakeholder hat. Im ungünstigen Fall haben die vielen Befürworter eines Projekts wenig Einfluss, die wenigen Gegner allerdings sehr viel Einfluss, sodass sie das Projekt blockieren können. Abbildung 3 hilft, eine entsprechende Übersicht zu erstellen.[4]

Eine weitere, einfach zu handhabende Möglichkeit, um die Interessen zu verdeutlichen, stellt folgende Visualisierungsmethode dar: In die Mitte ei-

Stakeholder	Unterstützung des Projektes					Einfluss auf das Projekt			Erwartetes Verhalten
	++	+	0	−	−−	hoch	mäßig	gering	
Name 1									
Name 2									

Abb. 3 Analyse der Stakeholder in Bezug auf Unterstützung und Einfluss

nes Blatts wird das Projekt (z. B. Einführung von Gruppenarbeit bei der Speedy GmbH) platziert, um dieses Projekt herum werden die unterschiedlichen Stakeholder eingetragen. Mit zunehmendem Abstand zur Mitte wird das Interesse der Stakeholder oder wahlweise die Bedeutung der Stakeholder in Bezug auf dieses Projekt geringer. Plus- und Minuszeichen oder die Gruppierung in der oberen bzw. unteren Bildhälfte zeigen zudem, ob es sich um Befürworter oder Gegner des Projekts handelt.

Maßnahmen ableiten

In einem dritten Schritt lassen sich dann zielgerichtet Maßnahmen ableiten, mit denen man die Stakeholder im Sinne des Projekts positiv beeinflussen kann (z. B. intensive Kommunikation bereits vor dem offiziellen Projektstart). *Dan S. Cohen* identifiziert wichtige Rollen von Stakeholdern bei Veränderungsprozessen. Jeder dieser Rollen ordnet er die entsprechende Aktion von Seiten des Veränderungsteams zu, mit deren Hilfe die Stakeholder zielgerichtet in den Veränderungsprozess eingebunden werden können.[5]

Cohen schlägt außerdem vor, die aktuelle Situation der wichtigen Stakeholder zu erfassen, den erwünschten Grad an Beteiligung festzulegen, einen entsprechend abgestimmten Kommunikationsplan zur Beeinflussung dieser Stakeholder zu erstellen und umzusetzen.[6]

Als Maßnahme zur Beeinflussung der Stakeholder führt *Bruno Jenny* neben der Kommunikationsstrategie noch eine partizipative Strategie (Einbinden der Mitarbeiter insbesondere in die Entscheidungsfindung) und eine repressive Strategie (kurzfristiger Aufbau von Druckmitteln und Auslassen von Informationen) auf.[7]

Einige Tipps zur Analyse der Interessengruppen:
- Es ist wichtig, zwischen dem Leiter eines Bereichs/einer Abteilung und seinen Mitarbeitern zu unterscheiden, da sich aufgrund der hierarchischen Einordnung in das Unternehmen unterschiedliche Sichtweisen und damit auch Interessen und Einstellungen gegenüber Projekten ergeben.
- Sollten mehrere Bereiche/Unternehmen an Ihrem Projekt beteiligt sein, dann lohnt es sich oft,

	Bewusstsein	Verständnis	Zusammenarbeit	Verpflichtung (Commitment)	Befürwortung/ Eintreten
Definition	Die Stakeholder haben ein Bewusstsein und ein Verständnis entwickelt von Ziel und Fortschritt des Veränderungsprojekts.	Die Stakeholder haben ein tiefes Verständnis von den Vorteilen und den Implikationen der Veränderung für sie selbst.	Die Stakeholder unterstützen den Wandel, glauben, dass er lohnend ist, und würden handeln, wenn es erforderlich ist.	Stakeholder kommunizieren proaktiv und ergreifen notwendige Aktionen, um den Wandel zu unterstützen.	Stakeholder ergreifen die Initiative, um die Leistung zu verbessern und aufrechtzuerhalten.
Strategie	Die Stakeholder informiert halten.	Die Stakeholder am Projekt beteiligen.	Den Stakeholdern bedeutsame Rollen geben.	Den Stakeholdern Verantwortlichkeiten geben.	Den Stakeholdern Ownership geben.

Abb. 4 Strategien zur Einbindung der Stakeholder nach Cohen

	Kein Bewusstsein	Bewusstsein	Verständnis	Zusammenarbeit	Verpflichtung (Commitment)	Befürwortung/ Eintreten
Stakeholder Gruppe					●	○
Business Units					○	
Regionale Geschäftseinheiten			●			
Funktionale Einheiten		●				
Mitarbeiter und Kunden		●		○		
Andere Stakeholder	●	○		○		

● Aktueller Zustand   ○ Erwünschter Zustand

Abb. 5 Beispiel für die Beteiligung von Stakeholdern mit Analyse und Zielbestimmung nach Cohen

pro Bereich/Unternehmen eine spezielle Farbe zu benutzen, um deren Verteilung in dieser Analyse auch optisch zu verdeutlichen.

Vor- und Nachteile

Oft werden vor einem Projekt mit seinen möglicherweise tiefgreifenden Veränderungen bei Strukturen, Prozessen oder Verantwortlichkeiten wichtige betriebliche Akteure mit ihren spezifischen Interessen nicht ausreichend analysiert und im Verlauf des Projekts auch nicht berücksichtigt. Deshalb entstehen manchmal unnötige Konfliktfelder, die man durch den Einsatz dieses unaufwendigen Analyseinstruments und entsprechende Interventionen hätte vermeiden können. So kann man beispielsweise eine bestimmte Interessengruppe oder wichtige Personen bereits im Vorfeld umfassend über das Projekt informieren und so positiv auf sie einwirken.

Beim Einsatz dieses Analyseinstruments gibt es keine Nachteile – außer wenn die Stakeholder-Analyse in unbefugte Hände gerät, da sich in ihr wertende Aussagen zu Personen oder Gruppen finden, die vertraulich behandelt werden sollten.

Perspektiven

Eine Stakeholder-Analyse ist immer nur der erste Schritt bei einem guten Projektmanagement. Aus ihr müssen Schlussfolgerungen für das weitere Vorgehen gezogen und umgesetzt werden, in der Regel wird dies eine intensivere und besser geplante Kommunikation mit den wichtigsten Stakeholdern sein. Oft erfolgt als eine Folgemaßnahme ein sogenannter Stakeholder-Dialog – ein offener Dialog mit den wichtigsten Stakeholdern, um deren Meinung zu den Projekten zu erfahren.

Anmerkungen
1 Vgl. Vahs, D./Weiand, A.: Workbook Change Management. Methoden und Techniken. Stuttgart 2010. Die Autoren beschreiben auf den Seiten 14 ff. anschaulich eine fiktive Stakeholder-Analyse.
2 Kerth, K./Asum, H./Stich, V.: Die besten Strategietools in der Praxis, München/Wien 2009, S. 163.
3 Thommen, J.-P./Achleitner, A.-K.: Allgemeine Betriebswirtschaftslehre, Wiesbaden 2006, S. 51.
4 Kerth, K./Asum, H./Stich, V.: a. a. O., Vorlagen auf CD.
5 Übersetzt aus Cohen, D. S.: The Heart of Change Field Guide. Tools and Tactics for Leading Change in Your Organization, Boston 2005, S. 94.
6 Abbildung aus Cohen, D. S.: a. a. O., S. 95.
7 Jenny, B.: Projektmanagement, Zürich 2009, S. 686.

Leistungsmessung und Qualitätsbeurteilung

Qualität, Zeit und Kosten im Blick haben

Roman Stöger

Ziel eines Projektes ist es, in überschaubarer Zeit und mit produktiv kalkulierten Ressourcen einen Nutzen für Kunden zu stiften. Damit das geschehen kann, sind Leistungsmessung und Qualitätsbeurteilung erforderlich.

Jedes Projekt hat drei Ebenen der Beurteilung: *Qualität, Zeit, Kosten*. Erstens geht es um die Produkt- oder Dienstleistungsqualität aus Kundensicht. Die zweite Ebene ist die Zeit, d. h. alle relevanten Zeitdimensionen bezüglich der Leistungslieferung, der Umsetzung und des tatsächlichen Eintretens von Nutzen. Drittens stehen die Kosten im Fokus, d. h. primär die Sach- und Personalkosten, die sich direkt auf das kaufmännische Projektergebnis auswirken.

Durch das Messen von Projektleistungen wird ein deutliches *Feedback* gegeben. Dieses Feedback ist eine Grundvoraussetzung für das Verbessern der Projekte: ihrer inneren Logik, der Aufgaben, Kompetenzen und Verantwortlichkeiten. Werden die Messergebnisse in den Führungsprozess eines Projektes eingebracht, Maßnahmen abgeleitet und umgesetzt, so entsteht ein positiver Sog in Richtung Verbesserung. Pro Projekt werden die Ziele bzw. das Leistungsversprechen festgelegt. Auf die-

Eine landwirtschaftliche Genossenschaft führt das Vermarktungsprojekt »Lebensmittel aus der Region« in Kaufhäusern durch. Das Projekt ist ein Pilot und auf ein halbes Jahr beschränkt. Vor Projektbeginn werden die Voraussetzungen für die Leistungsmessung geschaffen.			
Leistungsmessung bzw. Qualitätsbeurteilung			
Projekt	Lebensmittel aus der Region		
Projektauftraggeber/Projektleiter	Präsidium Genossenschaft (Präsident: A. Huber)/B. Gantner		
Projektdauer	01.05. bis 31.10.		
Projektziel/Leistungsversprechen	Kennzahl/Messvorschrift	Verantwortlich	Takt der Messung
1. Plakatpräsenz in allen lokalen Kaufhäusern	permanente Präsenz mit Plakaten bei 90 % der hochfrequentierten Lagen (vgl. Liste)	Meier	zweimal pro Woche
2. Werbeeinschaltung in lokalen Medien	abwechselnde wöchentliche Schaltung in den Medien A, B, C (mind. eine halbe Seite)	Henrik	wöchentlich
3. Verkaufspräsenz an den beiden Verkaufstagen Mittwoch und Samstag in allen Kaufhäusern	Präsenz mit drei bis fünf Ständen mit dem Grundsortiment und mit ein bis zwei Spezialsortimenten	Gantner	zweimal pro Woche
4. Mindestumsatz bei xx Euro pro Stand plus Folgewirkung für Vermarktung	Umsatzprüfung pro Stand und Prüfung der Folgewirkung (Anzahl von Abo-Kisten, Haushalts-Belieferungs-Verträge etc.)	Gantner	zweimal pro Woche
5. Kunden-Zufriedenheit	Zufriedenheit (in Form einer Kundennutzen-Erhebung) bezüglich: Frische/Optik, Attraktivität der Ware, Beratung, Freundlichkeit	Kolber	einmal pro Monat
6. ...	...	...	...

Abb. 1 Leistungsmessung bzw. Qualitätsbeurteilung eines Vermarktungsprojektes (Beispiel)

Projekt-Kriterien

- *Zielsetzung*: In jedem Projekt muss zunächst begründet sein, warum es gestartet werden soll. Es geht um das zu erzielende Resultat, die grundlegende Absicht des Projektes. Wo immer möglich sind Projekte aus einer bestehenden Strategie abzuleiten, weil nur so sichergestellt ist, dass Zielsetzung und langfristige Orientierung zusammenpassen.
- *Kundennutzen*: Die konkrete Zielsetzung verweist üblicherweise auf einen Nutznießer des Projektes. Ohne Kundenbezug liegt kein Projekt vor. Der erste und wichtigste Auftrag an Projektleiter und Projektteam lautet, den Kunden zu definieren und dafür zu sorgen, dass letztlich der externe oder interne Kunde den Nutzen beurteilen kann.
- *Zeit*: Gerade die Termine stellen ein wesentliches Merkmal eines Projektes dar. Ein vorgängig festgelegtes zeitliches Ende unterscheidet ein Projekt von Linientätigkeiten. Der Start, der Abschluss bzw. die Übergabe und die zeitlichen Verschränkungen mit Linienprozessen sind erfolgsentscheidend.
- *Methodik*: Weil ein Projekt außerhalb von Routinen läuft, muss der Methodik genügend Aufmerksamkeit geschenkt werden. Es geht um den professionellen Einsatz von Werkzeugen, die Steuerung von Arbeitsgruppen bzw. der Schnittstellen, das Sicherstellen von Entscheidungen und um die Umsetzung.
- *Teilschritte/Maßnahmen*: Aufgrund des Fehlens von standardisierten Prozessen müssen die einzelnen Schritte, Arbeitspakete und Maßnahmen klar festgeschrieben sein. Gerade an dieser Stelle werden die Verbindlichkeit von Projekten und die Professionalität der Projektleitung klar.
- *Beteiligte*: Die Beteiligten in Projekten haben unterschiedliche Aufgaben und arbeiten mit unterschiedlicher Intensität – je nachdem, ob es sich um Auftraggeber, Projektleiter oder Projektmitarbeiter handelt. Das richtige Organisieren, etwa mit dem Projekt-Funktionendiagramm, ist an dieser Stelle erfolgsentscheidend.
- *Kosten*: Die Kosten sind all das, was eingesetzt wird, um das Projektziel zu erreichen. Balkenplan, Mengengerüst und Ressourcenplan sind die tragenden Pfeiler jeder realistischen Einschätzung des Aufwandes für ein Projekt.
- *Herausforderung*: Selbst wenn ein Projekt genau geplant ist, Ziele vorliegen und die Aufgaben verteilt sind, so genügt das noch nicht ganz. Die beste Unterscheidung zwischen einem Projekt und den Routinetätigkeiten liegt in der Herausforderung. Nur bei ambitionierten und »sportlichen« Zielen liegt ein echtes Projekt vor.
- *Überwindung der Linienorganisation*: Gerade in sehr großen Organisationen ist es in Mode gekommen, alles und jedes als Projekt zu bezeichnen. Tatsächlich liegen aber nur selten echte Projekte vor, weil die meisten Aufgaben innerhalb bestehender organisatorischer Einheiten erledigt werden können. Ein echtes Projekt ist erst dann gegeben, wenn große Aufgaben nicht in Linienfunktion erfüllt werden können.

ser Basis ist zu hinterlegen, woran gemessen bzw. beurteilt werden kann, ob das Ziel erreicht wird. Anschließend sind der Verantwortliche und der Takt für die Messung festzuhalten.

Idealerweise erfolgt die *Leistungsmessung eines Projektes* nicht einmalig oder fallbezogen, sondern in regelmäßigen Abständen. Zur Steuerung – insbesondere von längeren Projekten – empfiehlt es sich, Zeitreihen aufzubauen und den Istwert mit den entsprechenden Zielwerten zu verbinden. Dadurch wird die Leistung in Beziehung zu den Zielen gesetzt, Abweichungen werden dokumentiert und produzieren einen Zwang zur Auseinandersetzung. Üblicherweise nimmt der Mensch die negative Abweichung als Erstes und am intensivsten wahr. Wenn etwa Auftragseingänge in einem Vermarktungsprojekt unter Plan sind, dann wird mit Akribie nach Ursachen und Lösungen gesucht. Dieser negative Abweichungsfilter ist sinnvoll und ein Zeichen von Verantwortung. Demgegenüber werden positive Abweichungen nicht oder mit nur geringer Gewissenhaftigkeit geprüft. Dies liegt an einer gewissen Zufriedenheit oder Selbstverständlichkeit solcher Resultate. An dieser Stelle ist aber in gleicher Weise nachzuprüfen, warum eine Leistung so gut war, ob die Sache auszubauen ist oder ob ein Fehler in der Planung vorliegt, weil die Messlatte so leicht übersprungen wurde.

Bei der Leistungsmessung und Qualitätsbeurteilung von Projekten kann auch direkt bei der *Projektdefinition* angesetzt werden. So kennzeichnet etwa die DIN 69901 ein Projekt wie folgt: »Ein Projekt ist ein Vorhaben, das im Wesentlichen durch die Einmaligkeit der Bedingungen in ihrer Gesamtheit gekennzeichnet ist, wie z. B. Zielvorgabe, zeitliche, finanzielle, personelle oder andere Begrenzungen, Abgrenzung gegenüber anderen Vorhaben und projektspezifische Organisation.« Ein Projekt muss also mehreren Kriterien genügen und diese können wiederum zur Beurteilung eines Projektes verwendet werden (siehe Kasten Seite 106 oben).

Die aufgezeigten Projekt-Kriterien stecken den Rahmen ab, ob überhaupt ein Projekt vorliegt. Fehlen einzelne oder gar mehrere Kriterien, kann nicht von einem Projekt gesprochen werden. Sind beispielsweise die Kunden unbekannt oder Ziele unklar, so stellt sich die Frage, ob die Arbeit und das Engagement überhaupt Sinn machen. Erst wenn im Großen und Ganzen alle Kriterien vorhanden sind, rechtfertigt sich die Bezeichnung »Projekt«. Die einfachste und wirksamste Leistungsmessung bzw. Qualitätsbeurteilung von Projekten geschieht auf Grundlage dieser Kriterien.

Anwendung und Nutzen

- Klarheit bezüglich Qualität, Zeit und Kosten eines Projektes.
- Sicherstellen eines Feedbacks für alle Beteiligten, insbesondere für die Projektleitung.
- Beurteilung, ob das, was als Projekt bezeichnet wird, überhaupt ein echtes Projekt ist.
- Methodik zur systematischen »Müllabfuhr« von Projekten.

Projektlandkarte

Größere Leistungsfähigkeit dank Multiprojektmanagement

Roman Stöger

Sehr viele Organisationen funktionieren heute nicht mehr allein aufgrund ihrer offiziellen Aufbauorganisation, d. h. ihrer Organigramme und Stellenbeschreibungen. Es sind oftmals Projekte, die ein Unternehmen in Schwung, lebensfähig und in permanentem Austausch mit seinem Umfeld halten. Mit der Projektlandkarte wird eine Vielzahl von Projekten professionell gesteuert und zu einem Abschluss gebracht.

Literatur und Praxis im Projektmanagement beziehen sich zu einem sehr großen Teil auf das einzelne Projekt. Selbstverständlich ist dies eine herausfordernde Aufgabe und wichtig für das Ganze, weil nur Professionalität beim einzelnen Projekt auch die gewünschten Ergebnisse bringt. Demgegenüber entstehen die meisten Probleme in der Steuerung mehrerer Projekte, im *Multiprojektmanagement*. Dies betrifft alle Phasen, quasi von der »Geburt« eines Projektes bis hin zum Abschluss. Damit das professionell geschehen kann, sind einige Prinzipien zu beachten.

Vier Grundsätze des Multiprojektmanagements

Der erste Grundsatz besteht darin, alle *Aktivitäten und »Baustellen«* zu notieren, die aktuell bzw. in naher Zukunft in einer Organisation laufen. Noch bevor eine Bewertung und Diskussion über die Sinnhaftigkeit von Projekten vorgenommen wird, sollte eine Liste erstellt werden:
- Welche Projekte gibt es derzeit offiziell in der Organisation?
- Welche Projekte sind in der Vergangenheit einmal begonnen worden und noch nicht abgeschlossen?
- Welche größeren und zusammenhängenden Aktivitäten laufen zurzeit, die zwar nicht offiziell als Projekt geführt werden, trotzdem aber wichtig sind und/oder Ressourcen binden?

Bei allen Projekten und Aktivitäten sollten noch Status und geblockte Ressourcen festgehalten werden. Spätestens dann wird sich jeder überlastete Topmanager für die Liste interessieren.

Das Schwierigste im Multiprojektmanagement ist nicht die Steuerung von Projekten, sondern das bewusste »Ausmisten« der überschüssigen Projekte und Aktivitäten im Haus. Der zweite Grundsatz besteht daher darin, eine *systematische Müllabfuhr* konsequent auf alle Projekte anzuwenden. Auf dieser Grundlage sind nur diejenigen Projekte auszuwählen, die einen echten Beitrag zur Umsetzung leisten. Alles andere ist konsequent einzustellen oder in die Linienverantwortung zu übertragen. Es empfiehlt sich generell und unabhängig vom konkreten Projektthema, ein bis zwei Mal pro Jahr eine solche »Entschlackungskur« zu machen. Die Organisation bleibt dadurch fit, schlagkräftig und setzt ihre Ressourcen für die wirklich entscheidenden Themen ein.

Der dritte Grundsatz ist die konsequente *Anwendung projektbezogener Steuerungsinstrumente*, damit die Umsetzung funktioniert. Folgende Projektwerkzeuge erleichtern die Arbeit und damit das Ansteuern von Ergebnissen: Projektauftrag mit den entsprechenden Zielsetzungen, Netzpläne, Ressourcenpläne, Funktionendiagramme, Balkenpläne usw. Dabei ist es nicht das Ziel, eine Berichts-

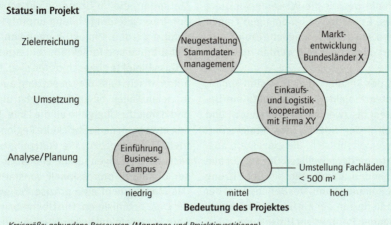

Projektlandkarte: Beispiel Handelsunternehmen

Ein Einzelhandelsunternehmen strukturiert seine Projekte mittels einer Projektlandkarte. Monatlich wird in der Geschäftsleitungssitzung der Fortschritt geprüft.

Kreisgröße: gebundene Ressourcen (Manntage und Projektinvestitionen)

bürokratie aufzubauen. Ein Qualitätskriterium von gutem Multiprojektmanagement besteht gerade darin, pro Projekt in zwei bis vier Seiten einen kompletten Überblick zu haben. Damit werden auch die Schriftsteller unter den Projektleitern gezwungen, präzise und kurze Berichte zu liefern. Die Projektlandkarte ist eines der wichtigsten Steuerungsinstrumente.

Als Viertes geht es um das Erarbeiten einer *Projektlandkarte für die Steuerung*. Projekte sind nicht statisch, sie bewegen sich. Es bewährt sich, von Zeit zu Zeit alle Projekte auf einer solchen Projektlandkarte einzutragen und die Entwicklung zu verfolgen. Damit erhält man eine Sicht auf das Ganze. Der Projektfortschritt kann geprüft werden und letztlich erfolgt eine Priorisierung von Projekten bei Ressourcenknappheit. Struktur und Tiefe der Projektlandkarte können sehr unterschiedlich sein und hängen immer von der jeweiligen Situation ab. Bewährt hat sich in vielen Fällen eine Landkarte mit zwei Dimensionen. Eine bewertet die Bedeutung des Projektes (niedrig, mittel, hoch). Die andere bestimmt den Fortschrittsgrad des Projektes (Analyse/Planung, Umsetzung, Zielerreichung). Zusätzlich kann mit Hilfe einer einfachen Projektliste ein inhaltlicher Überblick gegeben werden.

Resultatsbericht

Damit Klarheit über die einzelnen Projekte herrscht, sollte in gewissen Abständen von der Projektleitung ein *Resultatsbericht* eingefordert werden. Die Grundstruktur eines solchen Berichtes gliedert sich in nachfolgende Teile:

- Als Erstes geht es um die erreichten Resultate. Die Verantwortlichen haben darzustellen, welche die wichtigsten drei bis fünf aktuellen Ergebnisse sind. Dies knüpft direkt an den Projektauftrag an und bildet somit den Kern des Umsetzungscontrollings.
- Zweitens wird dargestellt, welche Schlüsselthemen in der nächsten Zeit umgesetzt werden. Auch hier liefern die Maßnahmen die Ausgangsbasis. Sollten aufgrund veränderter Gegebenheiten neue Maßnahmen notwendig sein, so sind diese aufzunehmen.
- Als Drittes wird festgehalten, ob es Schlüssel-

entscheidungen oder spezielle Abstimmung braucht. Auch sollten Unklarheiten bezüglich Aufgaben-Kompetenzen-Verantwortlichkeiten an dieser Stelle angesprochen und entschieden sein.
- Der vierte Punkt betrifft die Weiterentwicklung des Projektes. Es werden all diejenigen Fragen aufgenommen, wo der ursprüngliche Projektauftrag verändert oder angepasst werden muss.

Breite und Tiefe des Resultatsberichtes sind abhängig vom konkreten Projekt. Generell sollte ein Bericht aber nicht ein bis zwei Seiten übersteigen und fixer Bestandteil jeder Sitzung des Projektcontrollings sein. Es empfiehlt sich, die einzelnen, ausgefüllten Berichte vor der jeweiligen Sitzung an alle Teilnehmer zu senden, damit man bei der Sitzung sofort zur Sache kommen kann. Der Bericht dient der systematischen Reflexion der einzelnen Projektthemen und des eigenen Beitrags zur Umsetzung.

Projektabschluss

Die Projektlandkarte ist ein Hilfsmittel, Projekte zu einem Abschluss, d. h. zu einem *Resultat* zu führen. Daher gehören in das Instrumentarium auch drei Methoden, die im Grunde nicht schwierig sind, in der Praxis allerdings häufig unprofessionell durchgeführt werden: Projektübergabe an die Linie, Projektabbruch und Projektabschlussgespräch.

Dass Projekte abgeschlossen sind, bedeutet nicht automatisch, dass die Umsetzung auch zu Ende ist. In vielen Fällen beginnt erst jetzt die Realisierung und damit die Übergabe an die Linie. Beispiele können etwa sein: neu entwickelte Regionen für den Vertrieb, IT-Konzepte für die Fertigung oder neue entwickelte Leistungen für die Vermarktung. Damit dieser Übergang professionell vonstattengeht, muss das Management eine präzise *Projektübergabe an die Linie* organisieren. Die Übergabe wird mit einem Abnahmeprotokoll bewerkstelligt (vgl. Abb. 1).

Resultatsbericht: Beispiel Anlagenbauer

Ein international tätiger Anlagenbauer hat fünf strategische Projekte definiert. Alle Projekte berichten monatlich auf je einem Blatt an den Vorstand. Für das Projekt »02. Marktentwicklung Brasilien« sieht ein solcher Bericht wie folgt aus:

Projekt	Marktentwicklung Brasilien
Datum/verantwortlich	16.05.201x/Müller
1. Was wurde bislang konkret erreicht?	• Abschluss Marktuntersuchung für Elektroindustrie und Energieerzeuger in Brasilien (inkl. Schlussfolgerungen und Maßnahmen) • Inbetriebnahme des eigenen Vertriebsbüros in Sao Paolo und Vertragsunterzeichnung von zwei freien Handelsvertretern • Rekrutierung von fünf Mitarbeitern für den Branchenvertrieb
2. Welches sind die wichtigsten Aktionen in der nächsten Zeit?	• Akquisition/Vertragsunterzeichnung von mindestens drei der aktuell sechs laufenden Anfragen (als Referenzaufträge) • Konkrete Ziel-, Umsatz- und Ergebnisvereinbarungen mit Vertriebsbüro und Handelsvertreter • Prüfung und ggf. Überarbeitung der Pricing-Richtlinien
3. Wo braucht es Schlüsselentscheidungen oder spezielle Abstimmung?	• Definition von Leitplanken für das Pricing • Abstellen von einem erfahrenen Key Accounter für sechs Monate in das neue Vertriebsbüro
4. Wo muss das Projekt verändert oder angepasst werden?	• keine Veränderungen notwendig • alles im Zeit- und Ressourcenplan

- kurze Darstellung des Projektes (Ziel, Phasen, Termine, Beteiligte, Ansprechpersonen)
- aktuelle Situation mit Ende des Projektes
- Projektergebnisse (wie etwa Dokumentationen, Pflichtenheft, Lastenheft)
- Übergabe an die Linie (Aufgaben, Kompetenzen und Verantwortlichkeiten)
- offene Punkte/»Aufräumarbeiten«
- Entlastung des Projektteams
- Folgekosten und -leistungen (z. B. Fehlerlisten, Gewährleistungsverpflichtungen)
- Umsetzungscontrolling ab der Projektübergabe

Abb. 1   Abnahmeprotokoll

Ein unangenehmer Spezialfall des Projektabschlusses ist der *Projektabbruch*. Da sich so etwas niemand wünscht, wird auch nicht gerne darüber gesprochen. Trotzdem kann es vorkommen, dass Projekte vorzeitig beendet werden müssen. Die Gründe können vielfältig sein: grundlegende Veränderung der Rahmenbedingungen, Inkompetenz von Projektleiter oder Projektgruppe, deutliche ressourcenmäßige oder zeitliche Überschreitung des Projektplanes, Aufgehen des Projektes in einem anderen, systematische Müllabfuhr oder bewusste Ausbremsung durch maßgebliche Entscheidungsträger (eine Art »Projektmobbing«).

Methodisch gibt es an sich keinen großen Unterschied zwischen Projektabschluss und Projektabbruch. In beiden Fällen muss eine Übergabe stattfinden. Selbst in abgebrochenen Projekten fallen Zwischenergebnisse, Maßnahmenvorschläge und erreichte Resultate an. Es ist Aufgabe der Projektleitung und der Führung des Unternehmens, das Erreichte in die Organisation oder in ein weiterführendes Projekt einzuspielen. Als Werkzeug kann hier die Projektübergabe dienen. Zusätzlich empfiehlt es sich, eine abschließende Reflexion und einen Abschluss-(Abbruch-)Bericht zu erstellen. Gerade in diesem Fall können interessante Schlussfolgerungen für die Zukunft gezogen werden, nämlich: Was ist zu tun, damit künftig keine Projekte abgebrochen werden müssen und anstelle des Abbruches ein erfolgreicher Abschluss steht?

Unabhängig davon, wie und warum ein Projekt zu einem Ende kommt, empfiehlt sich ein *Projektabschlussgespräch*. Es ist Feedback, Reflexion und gleichzeitig Teil der Mitarbeiter- bzw. Führungskräfteentwicklung. Themen für ein solches Gespräch sind etwa: konkreter Nutzen des Projektes, Beurteilung der Arbeitsweise im Projekt (vor allem im Team), Beurteilung der Projektorganisation (Aufgaben, Kompetenzen, Verantwortlichkeiten), Leistungsbeurteilung, Einhalten des terminlichen bzw. budgetären Rahmens, generelle »Lessons learned« aus dem Projekt für das Unternehmen.

Vor- und Nachteile

Wie jedes Instrument, so haben die Projektlandkarte und die begleitenden Methoden Vor- und Nachteile. Die Vorteile liegen darin, dass mehrere Projekte steuerbar werden und effizienter zu einem Abschluss kommen. Dies geschieht dadurch, dass ein Überblick entsteht, eine innere Dynamik zur systematischen Müllabfuhr und ein gesunder Druck auf die Geschwindigkeit. Im Einsatz sind einige Punkte zu beachten, damit aus dem an sich positiven Instrument keine Nachteile erwachsen. So geht es darum, die Methodik einfach zu halten, damit keine Berichtsbürokratie entsteht. Eine Projektlandkarte kann zudem niemals Auskunft geben, ob die gerade durchgeführten Projekte die richtigen sind, ob und wann neue Themen zu starten sind. Es ist aber ein Katalysator und Beschleuniger von Diskussion, Strukturierung und Entscheidung.

Multiprojektmanagement und die professionelle Projektübergabe stellen sicher, dass aus Absichten und Aktivitäten konkrete Resultate werden. Damit wird das Projektmanagement ein entscheidender Hebel für das, wofür Führungskräfte bezahlt werden: für die Umsetzung.

Debriefing

Aus Projekterfahrungen lernen

Achim Weiand

In Projekten werden neue Aufgaben bearbeitet, die eine andere Herangehensweise fordern. Da die Teams sich nach Projektabschluss wieder auflösen, besteht die Gefahr, dass die gesammelten Erfahrungen verloren gehen. Das Tool »Debriefing« hilft dabei, das neu erworbene Wissen zu dokumentieren und für andere fruchtbar zu machen.

Im Laufe eines Projektes machen Auftraggeber, Projektleiter, Mitglieder des Projektteams sowie die vom Projekt Betroffenen wertvolle Lernerfahrungen. Meistens werden diese Lernerfahrungen aber nicht thematisiert und auf ihre Übertragbarkeit auf ähnliche Projekte hin überprüft. Das Lernen bleibt individuell, sodass die Organisation als Ganzes wenig von den unter Umständen teuren Lernerfahrungen zurückerhält. Durch ein systematisches Debriefing soll dieses bei den Beteiligten vorhandene Wissen explizit gemacht werden, um es auszuwerten, anschließend anderen Mitarbeitern zu vermitteln und Verbesserungen anzustoßen.

Ursachen für das organisationale Nicht-Lernen

Es gibt folgende Gründe für diese Nicht-Ableitung von wichtigen Lernerfahrungen bei großen Projekten:[1]

- Der hohe Zeitdruck am Projektende und das Auseinanderbrechen des Teams verhindern das systematische Lernen. Es gibt keinen vorab im Projektplan verankerten Zeitraum, der für die Auswertung von Lernerfahrungen zur Verfügung steht.
- Es gibt eine Unternehmenskultur, in der das Zugeben von Fehlern als Schwäche betrachtet und sanktioniert wird.
- Mitarbeiter begreifen den Nutzen von personengebundenem Wissen, betrachten es als eine Art »Herrschaftswissen« und sperren sich gegen die Weitergabe ihrer Erfahrungen.
- Die Beteiligten verfügen über kein Instrumentarium zum Debriefing von Lernerfahrungen und zu deren Weiterverteilung. Lernerfahrungen werden nur innerhalb eines kleinen persönlichen Netzwerks kommuniziert, nicht aber systematisch an alle (auch zukünftig) Betroffenen.
- Die Mitarbeiter sehen keinen Nutzen in der Explizierung und der nachfolgenden Kodifizierung von Wissen.
- Wertvolle Lernerfahrungen werden dokumentiert; in der Organisation gibt es allerdings keine Verbindlichkeit, diese neuen Erfahrungen auch anzuwenden.
- Die in Projekten gemachten Erfahrungen haben viel mit Mikropolitik und verdeckter oder offener Einflussnahme zu tun. Deshalb werden diese als vertraulich eingeschätzten Erfahrungen nur persönlich weitergegeben, aber nicht systematisch verteilt und genutzt.

Arten von Debriefing

Das Debriefing ist eine Methode, die darauf abzielt, dieses vorwiegend implizite und individuelle Wissen durch die Durchführung systematischer Interviews zu explizieren, d. h. zu artikulieren, festzuhalten und anschließend durch eine Dokumentation für andere Organisationsmitglieder verfügbar zu machen. Martin J. Eppler[2] unterscheidet beim Debriefing zwischen prozessorientierten Vorgehensmethoden (Projektrevision, Projektaudit, Postcontrol, Post Project Appraisal, kooperative Projektevaluation, Project and Review, Project Post Mortem, After Action Reviews, Projekt-Reviews) und Darstellungsmethoden (Mikroartikel, Fallstudien, Learning Histories, Project Maps). Vorgehensmethoden betonen dabei die zeitliche Verortung der Lernerfahrungen im Laufe des Projekts; bei den Darstellungsmethoden überwiegen die inhaltliche Aufbereitung der Erfahrungen und die Weitergabe dieser Erfahrungen in die Organisation hinein.

In der folgenden Beschreibung geht es um Debriefing als Vorgehensmethode zur Erfassung des Wissens von Individuen oder von Gruppen. Der Vorteil des Debriefing in Gruppen liegt in der Interaktion, die das Nachdenken fördert und gleichzeitig für einen Wissenstransfer sorgt.

Die richtigen Fragen stellen

Beim Debriefing ist es günstig, sich an den einzelnen Phasen des Projekts (z. B. Konzeption, Erstellen des Projektauftrags, Verhandlungen mit den Betriebsräten, Pilotprojekt, Roll-out-Phase, ...) zu orientieren, um das Gelernte strukturiert erarbeiten zu können. Die Debriefing-Sitzungen werden zumeist von einem Moderator geleitet, der im Vorfeld die Projektphasen kennen sollte, um die jeweils passenden Fragen vorzubereiten. Systematisch geht der Moderator dann mit dem Teilnehmer/den Teilnehmern jede einzelne Phase durch, damit alle wesentlichen Lernerfahrungen erfasst werden. Als Leitfragen für ein Debriefing anhand der Projektphasen bieten sich an:
- Was ist in dieser Projektphase gut gelaufen? Wie ist dieser Lösungsweg zustande gekommen? Welche Instrumente oder Verfahren wurden dabei benutzt?
- Was ist in dieser Projektphase schlecht gelaufen? Warum sind die Dinge so geschehen? Welche Instrumente oder Verfahren wurden dabei benutzt, nicht benutzt oder falsch eingesetzt?
- Was lernen Sie konkret daraus? Was werden Sie das nächste Mal anders und besser machen?
- Wie setzen Sie das Gelernte in Zukunft um? Wie können Sie dieses Wissen jetzt verwerten? Wie werden Sie dieses Wissen sichern und an die Betroffenen weitergeben?

Zur Sicherung der Qualität der Lessons learned führen Schindler/Eppler noch folgende ableitungsmethodische Fragen auf:[3]
- Ist die Schlüsselerfahrung neu? Ist sie authentisch, d. h. von den direkt beteiligten Mitarbeitern dokumentiert? Ist sie konsistent zu anderen, bereits existierenden Lessons learned?
- Ist sie eigenständig oder mit anderen Lessons learned verknüpfbar?
- Ist die Schlüsselerfahrung ausreichend generalisierbar, um sie in einem breiteren Kontext nutzen zu können?

Visualisierung und Lessons learned

Der Aufwand für ein Debriefing hängt wesentlich von der Bearbeitungstiefe ab. Für die Durchführung eines normalen Debriefing reichen bei einer guten Vorbereitung zwei bis drei Stunden. Sollen hingegen kritische Fehlverläufe mit ihren Ursachen rekonstruiert werden, dann benötigt man mehr Zeit.

Das Debriefing einer Gruppe sollte mit Moderationsmethoden erfolgen, sodass alle Teilnehmer zu Wort kommen, jederzeit Einblick in den Bearbeitungsstand haben und keine Lernerfahrungen verloren gehen. Es bietet sich an, mit Moderationskarten zu arbeiten, auf die jeder Teilnehmer seine Lernerfahrungen und Hinweise schreibt und die dann durch den Moderator den einzelnen Projektphasen zugeordnet werden. Eppler schlägt ein Visualisierungsmuster vor, das das Debriefing einer Gruppe erleichtert (vgl. Abb. 1).[4]

Die Ergebnisse eines Debriefing werden häufig schriftlich, in Form sogenannter Lessons learned festgehalten. Lehner nennt zwei Bedingungen für deren erfolgreichen Einsatz: Vorgabe einer Struktur inklusive Stichwörtern für die inhaltliche Suche so-

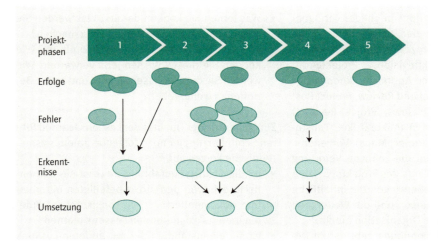

Abb. 1 Debriefing-Vorlage nach Eppler

wie die Einbindung der Dokumentation der Lessons learned in bestehende Arbeitsabläufe.[5]

Die Methode des Debriefing kann auch zur Auswertung einer Übung oder eines Spiels im Rahmen eines Seminars oder Workshops herangezogen werden. Der Trainer wertet diese zusammen mit den Teilnehmern aus. Kaagan unterscheidet hierbei analog zur oben dargestellten Systematik drei unterschiedliche Fragenkomplexe, die aufeinander aufbauen:
- Fragen zu dem, was geschah,
- Fragen zu den Schlussfolgerungen aus der Übung,
- Fragen zur weiteren Anwendung im Arbeitsalltag der Teilnehmer.[6]

Da jede Übung einen anderen Fokus hat (z. B. Innovation, Kooperation in der Gruppe), muss das Debriefing dementsprechend anders aufgebaut werden. Dabei geht es vor allem um individuelle Einsichten; in der Regel werden bei den meist kurzen Übungen keine Umsetzungs- oder Maßnahmepläne festgehalten.

Vor- und Nachteile

Eppler listet folgende *Vorteile* eines systematischen Debriefing auf:[7]
- Begangene Fehler können in Zukunft vermieden werden.
- Ressourcenengpässe und Gefahrenbereiche können vorhergesehen werden.
- Standardprozesse können optimiert werden.
- Die Planungsqualität kann durch Erfahrungswerte erhöht werden.
- Einzelerfahrungen können zu neuen Gruppen-Kompetenzen und gemeinsamen Erkenntnissen kombiniert werden.
- Neue Mitarbeiter profitieren von vorhandenen Erfahrungen.
- Es entsteht eine produktive, gemeinschaftliche Lernkultur, in der Fehler als Chancen für Verbesserungen begriffen werden.

Ein *Nachteil* aus der Sicht von Organisationsmitgliedern könnte sein, dass die derart gemeinsam erarbeiteten Lernerfahrungen für andere verfügbar werden. Deshalb sollte man bei dem Debriefing eines Projekts überlegen, welche Gruppen gemeinsam befragt werden. Da Geschäftsführung und Betriebsrat zum Beispiel unternehmensintern oft harte Verhandlungspartner sind, hängt es wesentlich vom Klima und dem gegenseitigen Vertrauen ab, ob man ein gemeinsames Debriefing anbietet.

Fallstricke vermeiden

Eppler führt fünf klassische Fallstricke beim Debriefing auf und nennt mögliche Lösungswege:[8]
- Das Debriefing findet so spät statt, dass die im Projektverlauf gemachten Erfahrungen den Teilnehmern nicht mehr präsent sind. Ihre Motivation ist gering, am Debriefing teilzunehmen. Deshalb sollte ein Debriefing unmittelbar nach Projektende stattfinden und von vorneherein in den Projektablauf eingeplant werden.
- Es können nicht mehr alle Teilnehmer am Debriefing teilnehmen, sodass möglicherweise wichtige Informationen fehlen. Hier bietet es sich an, die Erfahrungen dieser Teilnehmer im Vorfeld schriftlich abzufragen und dann über den Moderator in das Debriefing einzubringen.
- Der Moderator ist schlecht vorbereitet oder moderiert schlecht in dem Sinne, dass er nicht neutral bleibt. Wichtig ist deshalb die sorgfältige Auswahl und Vorbereitung des Moderators. So sind Projektleiter wegen ihrer persönlichen Befangenheit oft schlechte Moderatoren eines Debriefing ihres Projekts.
- Die Einladung zum Debriefing ist zweideutig formuliert, sodass den Teilnehmern der Zweck der Veranstaltung nicht klar wird. Geht es um gemeinsames Lernen, eine versteckte Leistungsbeurteilung der Mitarbeiter und des Projektleiters (mit der Festlegung von variablen Entgeltbestandteilen?) oder ein halb-öffentliches Schaulaufen, bei dem das Zugeben von Fehlern oder Kritik unerwünscht sind? Die Einladung zum Debriefing sollte daher sehr sorgfältig formuliert werden.
- Ein Debriefing kann viele wichtige Erkenntnisse hervorbringen. Oft begnügen sich allerdings Teilnehmer und Moderator mit einer Fotodokumentation der erarbeiteten Pinnwände. Diese ergeben aber für einen Außenstehenden, der nicht in der Besprechung anwesend war, keinen Sinn,. Auch viele Teilnehmer werden nach zwei Tagen Probleme haben, den Sinn der Karte »Projektauftrag!« nachzuvollziehen. Deshalb sollten die Workshopergebnisse sorgfältig nachgearbeitet werden – was einen zeitlichen Aufwand bedeutet. Außerdem muss sichergestellt werden, wie diese Erkenntnisse in neue Prozesse einfließen, sodass die gleichen Fehler nicht erneut begangen werden.

Schuldzuschreibungen während des Debriefing führen dazu, dass sich kein Teilnehmer weiterhin aktiv beteiligen wird. Hier ist die Führungskraft mit ihrer Vorbildfunktion gefordert, um ein produktives und von Vertrauen geprägtes Arbeitsklima zu schaffen. Davenport/Prusak listen folgende wichtigen erfolgsfördernden Faktoren im Wissensmanagement auf, die auch für das Debriefing als klassisches Instrument des Wissensmanagements gelten:[9]
- Unterstützung durch das Topmanagement,
- Bereitstellung einer technischen und organisatorischen Infrastruktur,
- Schaffen wirksamer Motivationshilfen.

Anmerkungen
1 Vgl. Schindler, M./Eppler, M. J.: Vom Debriefing zum kontinuierlichen Erfahrungslernen – Methoden zur Gewinnung von Schlüsselerfahrungen in und aus Projekten. In: Organisationsentwicklung. H. 1; 2002, S. 60.
2 Eppler, M. J.: Werkzeugkiste: 10. Debriefing – Lernen aus Erfolgen und Fehlern. In: Zeitschrift für Organisationsentwicklung, 26. Jg. 2007, H. 1, S. 74.
3 Schindler, M./Eppler, M. J.: a. a. O., S. 69.
4 Eppler: a. a. O., S. 74.
5 Vgl. Lehner, F.: Wissensmanagement. Grundlagen, Methoden und technische Unterstützung. 2., überarb. Aufl., München 2008, S. 181.
6 Vgl. etwa Kaagan, S. S.: Leadership Games. Experiental Learning for Organizational Development. Thousand Oaks 1999, S. 34–39; vgl. weiterhin Kriz, W. C./Nöbauer, B.: Teamkompetenz. 4., überarb. und erw. Aufl., Göttingen. 2008, S. 127–130.
7 Eppler: a. a. O., S. 74.
8 Vgl. Eppler : a. a. O., S. 77.
9 Vgl. Davenport, T./Prusak, L.: Wenn Ihr Unternehmen wüßte, was es alles weiß. Das Praxisbuch zum Wissensmanagement. Landsberg/Lech 1998. S. 292–304.

Prozessmanagement

Ganzheitliches MITO-Modell

Megatrends in die strategische Organisationsentwicklung einbeziehen

Hartmut F. Binner

Megatrends beeinflussen die zukünftige Arbeitswelt, daher sollten sie in die strategische Organisationsentwicklung mit einbezogen werden. Dies ist allerdings ohne einen qualifizierten Methodeneinsatz nicht möglich. Der Beitrag stellt die Vorgehensweise und die Tools des ganzheitlichen MITO-Modells vor.

Megatrends haben aus vielerlei Gründen erheblichen Einfluss auf die zukünftige Organisationsentwicklung und damit auch auf die zukünftige Arbeitswelt, weil sie gleichermaßen technische, personelle, soziale, organisatorische, ökologische, ökonomische und weitere Veränderungspotenziale beinhalten. Hierbei stellt sich die große Frage, wie die Verantwortlichen damit umgehen sollten. Bei der Diskussion über die aktuellen Organisationsentwicklungsstrategien für Megatrendthemen wie »Globalisierung«, »Work-Life-Balance«, »Individualisierung« oder »Innovation« haben die Verantwortlichen den qualifizierten Methodeneinsatz aus dem Blick verloren. Sie machen sich zu wenig Gedanken darüber, wie sie über eine systematische Vorgehensweise die notwendige Umsetzung der erkannten Ansatzpunkte und Veränderungen erreichen können.

Einleitung

Megatrends sind nach Aussage des bekannten US-amerikanischen Futurologen John Naisbitt[1] besonders tiefgreifende und nachhaltige Trends, die gesellschaftliche und technologische Veränderungen betreffen. Unter Trends werden allgemein Instrumente zur Beschreibung von Veränderungen und Strömungen verstanden, die bei jedem einzelnen Menschen wirken und in allen Bereichen der Gesellschaft, z.B. in Bezug auf Wirtschaft und Politik, Technik, Wissenschaft und Kultur, zu beobachten sind.

Die zukünftigen Herausforderungen an die Organisationsentwicklung lassen sich anhand der derzeitigen Megatrends eigentlich schon frühzeitig erkennen. Vorausgesetzt, die dafür anzuwendenden Methoden sind bekannt und werden auch eingesetzt. Die Früherkennung ist wichtig, damit die verantwortlichen Manager in der Lage sind, ihre Visionen und Strategien rechtzeitig auf diese Entwicklung abzustimmen. Hierbei sind integrierte Lösungsansätze mit einem ganzheitlichen Vorgehensmodell nötig, weil die aktuellen Problemstellungen im Tagesgeschäft und die zu lösenden Zukunftsfragen bei einer erfolgreichen Organisationsentwicklung miteinander vernetzt sind. Insbesondere ist dabei auf eine Ausbalancierung der Hard Facts und Soft Facts zu achten.[2] Bei den Hard Facts stehen die sachorientierten, klar bewertbaren technischen, organisatorischen und ökologischen Faktoren, Prozesse und Strukturen im Mittelpunkt. Bei den Soft Facts dominieren die personenbezogenen, d.h. emotionalen, soziologischen und psychologischen Faktoren bei der Mitarbeiterführung.

Im Folgenden wird ein ganzheitliches Vorgehensmodell zur prozessorientierten Organisationsentwicklung zusammen mit einem integrierten Methodenspektrum vorgestellt, dass bei den Führungskräften aufgrund der bereitgestellten Umsetzungsmodelle und Tools die Entscheidungs- und Handlungskompetenz wesentlich vergrößert.³ Im Mittelpunkt steht dabei die Vermittlung von Methodenkompetenz in einer Vielzahl von elementaren Management- und Qualitätsmanagementmethoden sowie Methoden des Kontinuierlichen Verbesserungsprozesses (KVP), die für die Megatrendanalyse und ihre Veränderungs-Auswirkungs-Ermittlung systematisch angewendet werden. Besonders herauszuheben ist, dass es sich hierbei um einen bereits in der Praxis erprobten Ansatz handelt, der eine konkrete Umsetzungshilfe bietet, ohne von Beratern oder Management-Tools abhängig zu sein. Abbildung 1 zeigt den Anwendungsrahmen des nachfolgend erläuterten methodischen Vorgehensmodells für die zukunftsorientierte Organisationsentwicklung.

Im Mittelpunkt steht das MITO-Modell⁴ mit seinen Segmenten »Act 1, Plan, Do, Check, Act 2«, das den in fast allen aktuellen Normen und Regelwerken geforderten »prozessorientierten Ansatz« als kybernetischen Regelkreis nach MITO (Management-Input-Transformation-Output) abbildet. Die Phase »Act 1« im Managementsegment beginnt mit der Vorgabe der Visionen, Strategien und den Unternehmenszielsetzungen. Diese im Managementsegment ablaufenden Prozesse werden als Führungsprozesse bezeichnet. Im Inputsegment (Plan) sind erforderliche Infrastrukturen und die Ressourcen zum Erreichen der Unternehmensziele bereitzustellen. Wobei der Mensch als wichtigste Ressource im Unternehmen einer besonderen Aufmerksamkeit bedarf. Dies zeigt sich – wie nachfolgend erläutert – auch in den derzeitigen Megatrends. Die im Inputsegment ablaufenden Prozesse werden als vorgelagerte Unterstützungsprozesse bezeichnet, weil sie bedarfsgerecht die Voraussetzungen für die Produkterstellung schaffen.

Im Transformationssegment (Do) müssen die Wertschöpfungsprozesse fehlerfrei und verschwendungsfrei durchgeführt werden. Hierfür existieren effektive und effiziente Planungs- und Steuerungsvorgaben als zu erfüllende Ordnungskriterien für die Mitarbeiter. Im Outputsegment mit den dort ablaufenden nachgelagerten Unterstützungsprozessen erfolgte die Prozessleistungsmessung und Auditierung mit der Übergabe der produzierten Güter an den Kunden (Check).

In Rückkoppelung mit dem Managementsegment findet dort mit »Act 2« eine Evaluierung der Organisationsleistung statt. Hier wird geprüft, ob die in »Act 1« vorgegebenen Unternehmensziele erreicht wurden und welche Verbesserungsmaßnahmen bei Zielabweichungen einzuleiten sind.

Alle Auswirkungen, die durch eine Megatrendanalyse festgestellt wurden, müssen bei einer zukunftsorientierten Organisationsentwicklung in diesem MITO-Ordnungsrahmen berücksichtigt werden.

Die Megatrends und ihre Einflussgrößen

In Abbildung 1 sind darüber hinaus einige der bedeutendsten Megatrends dargestellt, die Auswirkungen auf die zukünftige Organisationsentwicklung haben. Sie werden im Nachfolgenden zusammen mit ihren wichtigsten Einflussgrößen kurz beschrieben. Entscheidend ist hierbei die Frage, wie diese Megatrends auch von kleinen und mittleren Unternehmen (KMU) anforderungsgerecht analysiert und bewertet werden können. Hierauf wird im Folgenden ebenfalls näher eingegangen.

Megatrend »Globalisierung« Dieser Megatrend bezieht sich auf die weltweite Vernetzung verschiedener Unternehmenstätigkeiten und auf die zunehmende Bildung multinationaler Unternehmen sowie auf die sich daraus ergebenden Fragen der interkulturellen Zusammenarbeit und Kompetenz.⁵ Der steigende Wohlstand in den Schwellenländern führt zu einer Verlagerung der Hauptabsatzmärkte auf eine Produktion und Montage vor Ort, um lokale Marktchancen zu erkennen und zu nutzen. Länderspezifische Produktentwicklungen fördern die Verlagerung von Forschung und Entwicklung.⁶

Megatrend »demografischer Wandel« Der als Megatrend identifizierte demografische Wandel wird nach den mittleren Prognosen des Statistischen Bundesamtes dazu führen, dass die Anzahl der Erwerbstätigen bis zum Jahr 2050 von heute ca. 50 Millionen auf 35 Millionen Erwerbstätige zurückgehen wird. Dies ist zudem mit einer erheblichen Verschiebung der Alterszusammensetzung verbun-

Abb. 1 Vernetzte prozessorientierte Organisationsentwicklung (nach MITO (Management-Input-Transformation-Output)

den. Bis zum Jahr 2020 wird der heutige Anteil der 50- bis 65-Jährigen von 32 % auf über 50 % steigen.[7]

Megatrend »Gesundheitsmanagement« Dieser Megatrend hängt eng mit dem vorherigen Megatrend »demografischer Wandel« zusammen. Die Veränderung der Altersstruktur in der Gesellschaft und der Anstieg der Lebenserwartung zwingen dazu, die Leistungsfähigkeit der älter werdenden Mitarbeiter besser als bisher zu erhalten. Diese Mitarbeiter sind für die direkte Wertschöpfung und damit für den unmittelbaren Wettbewerbserfolg des Unternehmens zuständig. Das Management hat dafür zu sorgen, dass die organisatorischen und sozialen Rahmenbedingungen stimmen, damit die Beschäftigten uneingeschränkt mit einer hohen Leistungsfähigkeit ihre Aufgabe erledigen können.[8] Dies geht aber nur, wenn die Mitarbeiter physisch und psychisch gesund sind und die Wettbewerbsfähigkeit der Unternehmen nicht durch krankheitsbedingte Fehlzeiten infrage gestellt wird. Aus diesem Grund ist das Gesundheitsmanagement als eigenständiger Ansatz umfassend in die Unternehmensstrategien einzubinden.[9]

Megatrend »Individualisierung und Flexibilisierung« Dieser Megatrend beschreibt eine Werteveränderung bei den Beschäftigten,. Die optimale Vereinbarung von Arbeits- und Privatleben je nach individuellem Lebensentwurf rückt dabei ins Zentrum. Dies ist mit neuen Mobilitäts- und Konsummustern verbunden. Wichtig ist den Mitarbeitern, bei der Wahl der Arbeitszeiten und Arbeitsinhalte mitzubestimmen, was beispielsweise durch Telearbeit bzw. Homeoffice und einem digitalen Lebensstil umgesetzt werden kann.[10]

Megatrend »Ressourcenverknappung« Der Megatrend thematisiert die Herausforderung einer dramatisch ansteigenden Weltbevölkerung (Verdoppelung in den nächsten 40 Jahren) bei gleichzeitig sinkender Verfügbarkeit der notwendigen Ressourcen. Dies bezieht sich nicht nur auf seltene Erden, sondern auf alle Rohstoffe, die zur Güterproduktion benötigt werden. Deshalb werden Material und Energieeffizienzsteigerungskonzepte einen immer höheren Stellenwert einnehmen. Zugleich gilt es, die Nachhaltigkeitsanforderungen zu erfüllen und die damit verbundene gesellschaftliche Verantwortung[11] zu übernehmen.[12]

Megatrend: »Technologie und Innovation« Der mobile Datenverkehr wird – bei Bereitstellung der notwendigen Mobilfunknetze – auch in den Schwellenländern dramatisch wachsen. Zukünftig werden nicht mehr die Menschen mit ihren Smartphones und Tabletts die Führungsrolle besitzen, sondern es werden die Maschinen, die Roboter[13] und die Au-

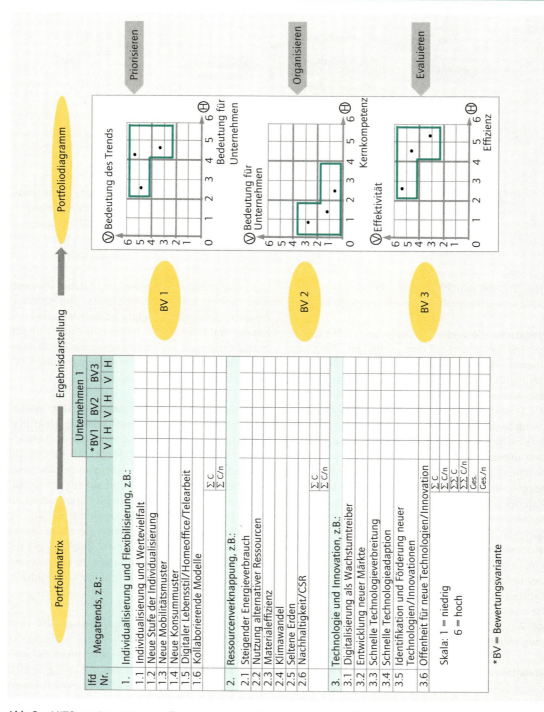

Abb. 2 MITO-gestützte Megatrendbewertung bei der Organisationsentwicklung

tomobile – Stichwort »Industrie 4.0« – den Markt der mobilen Telekommunikation über das Internet beherrschen. Der mobile Datenverkehr verändert sich vom Mobilfunk zum Datenfunk und wird viele neue Geschäftsmodelle hervorbringen, dabei aber auch Prozessabläufe innovativ verändern. Smart Factories werden durch Smartphones über smarte Apps gesteuert.[14] Technologische Grundlage sind Cyber-Physische Systeme.[15]

MITO-gestützte Megatrend-Handlungsbedarfsanalysen

Wie sich die oben beschriebenen Megatrends auf die eigene Organisation zukünftig auswirken, kann mit Unterstützung des MITO-Methoden-Tools systematisch geklärt werden. In der vorgegebenen MITO-Megatrend-Portfoliomatrix werden die Hauptkriterien des jeweiligen Megatrends gemeinsam im Führungskreis, z. B. V (Vertikal) nach »Bedeutung« und H (Horizontal) nach »Machbarkeit«, zweidimensional bewertet. Wie Abbildung 2 zeigt, lässt sich der aus unterschiedlichen Bewertungsvarianten (BV) sich ergebende Handlungsbedarf grafisch in Portfoliodiagrammen abbilden.

Die Bewertungsdimensionen für die einzelnen Bewertungsvarianten sind vom Anwender frei wählbar. Sie ermöglichen die grafische Ergebnisbetrachtung einer Problemstellung im Portfoliodiagramm – hier also der Megatrendanalyse – aus ganz unterschiedlichen Ziel- und Gestaltungssichten.

Neben der in Abbildung 2 gezeigten »Bedeutung des Trends«- und »Bedeutung für Unternehmen«-Bewertung ist es – wegen der Vielzahl der aus den organisationsrelevanten Megatrends resultierenden möglichen Anforderungen – für die Führungskräfte notwendig, einfach und sicher zu erkennen, was für das jeweilige Unternehmen »wichtig und dringlich« oder auch »bedeutend und machbar« ist. Weiter sollte der Manager über den »Aufwand und Nutzen« seiner Maßnahmen im Klaren sein. Genauso interessant wäre es aber auch, z. B. über »Eintrittswahrscheinlichkeit und Auswirkung« oder »Anforderung und Zielerfüllung« eine vollständige, richtige und aktuelle Aussage für die Umsetzung zu erhalten.

Bei jedem Kriterium in der Portfoliomatrix, das im Portfoliodiagramm einen Handlungsbedarf aufzeigt, können im MITO-Methoden-Tool eine Ebene tiefer die Einzelkriterien detaillierter analysiert werden. Beispielsweise sind beim Hauptkriterium 1.5 »Digitaler Lebensstil/Homeoffice/Telearbeit« folgende Audit-Fragenstellungen hinterlegt:
- MITO – Telearbeit – Einführungsleitfaden – Checkliste[16]
- MITO – Telearbeit – Voraussetzung – Portfoliomatrix
- MITO – Telearbeit – Nutzenbewertungs-Portfoliomatrix
- MITO – Telearbeit – Aufgabeneignungsbewertungs-Portfoliomatrix.

In ähnlicher Form gibt es diese Referenz- und Checklisten auch zu allen weiteren Megatrendhauptkriterien. Durch die oben genannten Bewertungen ist eine klare Aussage möglich, welches Teilkriterium in die zukünftige Organisationsentwicklung einzubeziehen ist.

Systematische Handlungsbedarfsumsetzung

Die methodische Abarbeitung des Handlungsbedarfes erfolgt – wie Abbildung 3 zeigt – anhand eines übergreifenden Problemlösungszyklus, bestehend aus: Problemanalyse, Diagnose, Umsetzung/Therapie und Zielerfüllungsevaluierung.

Ausgangspunkt des Problemlösungskreislaufes ist in der Analysephase immer die Anforderungs-, Ziel- oder Maßnahmenableitung mit Hilfe einer Portfoliomatrix oder die Vorgabe von Audit-Checklisten. Spaltenweise können unterschiedliche Bewertungsvarianten zur zweidimensionalen Anforderungs-, Ziel- oder Maßnahmenfindung verwendet werden. Bewertungsvariante 1 (BV 1) zeigt ein Beispiel in Bezug auf Wichtigkeit/Dringlichkeit. Bewertungsvariante 2 (BV 2) nach Machbarkeit/Bedeutung.

Die ausgewählten Anforderungen, Ziele, Maßnahmen können jetzt über einen paarweisen Vergleich

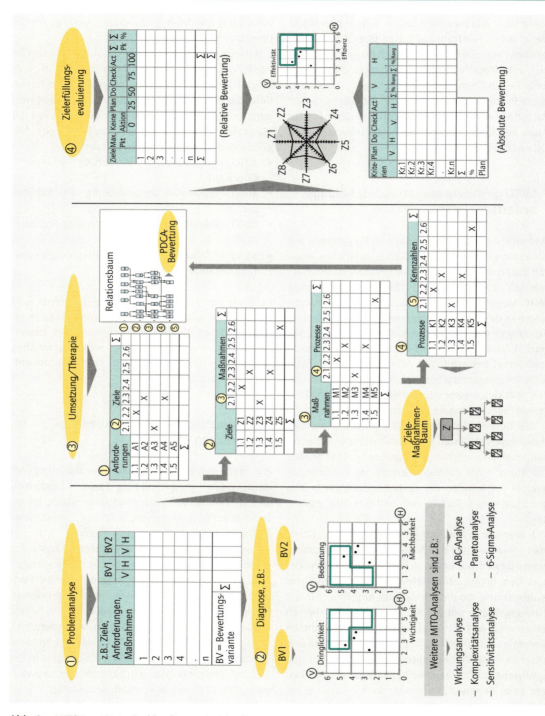

Abb. 3 MITO®gestützter Problemlösungskreislauf

in einer Relationsmatrix für die Erstellung eines Lösungsprofiles priorisiert werden. Über eine Korrelationsanalyse lässt sich für jedes Kriterium einzeln ermitteln, ob die anderen Bewertungskriterien unterstützend oder kontraproduktiv wirken. Der Beeinflussungsgrad der ausgewählten Anforderungen, Ziele oder Maßnahmen untereinander wird über die Sensibilitätsanalyse ermittelt. Das Ergebnis wird grafisch in einem Aktiv-/Passiv-Diagramm dargestellt. Dieses Diagramm zeigt die kritischen Kriterien, welche die anderen Kriterien am stärksten beeinflussen, aber gleichzeitig selber auch stark beeinflusst werden können. Über die zeilen- und spaltenweise Rangberechnung des Sensitivitätsdiagramms ist es anschließend möglich, bottom-up (zeilenweise) oder top-down (spaltenweise) einen hierarchischen Ziele-Maßnahmen-Baum mit entsprechender Zuordnung der Zielkennzahlen abzuleiten.

Die Zielerfüllung oder Maßnahmenumsetzung selber kann ebenfalls wieder mit dem MITO-Methoden-Tool in Form einer Evaluierung oder eines Audits über viele unterschiedliche Bewertungsmodelle vorgenommen werden, beispielsweise in absoluter oder relativer Form sowie eindimensional (Zielerfüllungsgrad) im Radardiagramm oder zweidimensional (nach Effektivität und Effizienz) im Portfoliodiagramm. In gleicher Weise können alle weiteren hard-facts- und soft-factsbezogenen Fragestellungen innerhalb der Megatrendanalyse methodisch abgearbeitet werden, um die in Abbildung 1 angeführte Hauptzielsetzung, d. h. die Organisationsgestaltungsbalance tatsächlich zu erreichen.

Für die genannten Organisationsentwicklungsthemen stehen dem Anwender detaillierte MITO-Referenzchecklisten und -Portfoliomatrizen für methodische Abarbeitungs-, Optimierungs- und Umsetzungsfragestellungen zur Verfügung. Aus strategischer Informationsmanagementsicht unterstützt das MITO-Tool als generisches Werkzeug auf Share-Point-Basis ein kollaboratives Arbeiten und die Wissensproduktion. Durch eine sinnvolle Verknüpfung z. B. mit Business-Intelligence-, Enterprise-Resource-Planning- oder Customer-Relationship-Management-Systemen wird eine compliancegerechte und nachhaltige Steuerung und Umsetzung der Geschäftsprozesse ermöglicht.

Systematische Veränderungs-Auswirkungs-Analyse

Für die Vorgaben zur zukunftsorientierten Organisationsentwicklung war die oben beschriebene Megatrendbewertung nur der erste Schritt im Problemlösungskreislauf, d. h. die Analyse. Die daraus resultierenden Konsequenzen bzw. möglichen Auswirkungen sind in den folgenden Schritten zu bestimmen. Am Beispiel einer Veränderungs-Auswirkungs-Analyse wird der Methodeneinsatz gezeigt.

Für die systematische Ermittlung der Megatrendauswirkungen auf die Organisation findet ebenfalls wieder eine MITO-Portfolioanalyse statt. Eine Vorlage für die Erstellung der notwendigen Veränderungs-Auswirkungs-Referenzportfoliomatrix bieten hier bspw. die von Ayad Al-Ani und Wolfgang Gattermann[17] vorgeschlagenen Veränderungskriterien. Abbildung 4 zeigt die entsprechende Portfoliomatrix mit den dazugehörenden Auswirkungsfeldern.

Die Kriterien in Abbildung 4 können vom Anwender beliebig modifiziert werden, ebenso wie die Bewertungsdimensionen V und H. Die Bewertungsergebnisse sind wieder im Portfoliodiagramm grafisch abgebildet und zeigen den Handlungsbedarf pro Auswirkungsfeld auf. In gleicher Weise werden die möglichen Folgen der Megatrends in einer Portfoliomatrix gezeigt, ebenso die erforderlichen Maßnahmen und Kennzahlen zur Umsetzungsevaluierung.

Aus den Bewertungsergebnissen wird jetzt für die Therapie- bzw. Umsetzungsphase eine Problemlösungskaskade bestehend aus Organisationsauswirkungen, Folgen, Maßnahmen, Kennzahlen mit Verantwortlichkeiten und Terminen abgeleitet und – wie in Abbildung 3 bereits gezeigt – grafisch als Relationsbaum abgebildet. Dieser Relationsbaum stellt eine direkte Handlungsanweisung dar, anhand derer die Aktivitäten zur Einbeziehung der Megatrendeinflüsse in die unternehmensspezifische Organisationsentwicklung systematisch abgearbeitet werden können. Den Abschluss bildet wiederum die im vorigen Abschnitt beschriebene Zielerfüllungsevaluierung der Aktivitäten.

Prozessmanagement

Nr.	Auswirkungsfelder, z. B.:	G	Megatrends											
			M1		M2		M3		M4		M5		M6	
			V	H	V	H	V	H	V	H	V	H	V	H
1.	**Organisationsstruktur**													
1.1	Rollen													
1.2	Verteilungen													
1.3	Aufgabenbereiche													
C														
∑C/n														
2.	**Führungssysteme**													
2.1	Struktur des Managementsystems													
2.2	Abläufe des Managementsystems													
C														
∑C/n														
3.	**Richtlinien-/Prozedurbezogen**													
3.1	Formelle und informelle Prozeduren, die die Arbeitsverrichtung steuern													
3.2	Formelle und informelle Richtlinien, die die Arbeitsverrichtung steuern													
C														
∑C/n														
4.	**Mitarbeiterbezogen**													
4.1	Fähigkeiten und Wissen, das notwendig ist, um die neuen Prozesse zu implementieren													
4.2	Fähigkeiten und Wissen, das notwendig ist, um die neuen Systeme zu implementieren													
C														
∑C/n														
5.	**Infrastrukturbezogen**													
5.1	Die physische Ausstattung der Arbeitsumgebung													
C														
∑C/n														
6.	**Geschäftsprozessbezogen**													
6.1	Die Verkettung von Aktivitäten mit einem Input													
6.2	Die Verkettung von Aktivitäten mit einem Output													
C														
∑C/n														
7.	**Informationsbezogen**													
7.1	Die notwendigen Informationen, die Arbeitsabläufe benötigen													
7.2	Die notwendigen Nachweise, die Arbeitsabläufe benötigen													
C														
∑C/n														

8. Kunden/Marktbezogen: Produkte/Service/Vertriebslogistik									
8.1	Die aktuelle Marktlage								
8.2	Das Nachkommen der Kundenanforderungen								
C									
∑ C/n									
Skala: 1 = niedrig 6 = hoch Gesamt V = Bedeutung H = Machbarkeit		C							
		∑ C/n							
		%							
		Rang							

Abb. 4 Veränderungs-Auswirkungs-Portfoliomatrix

Fazit

Das Thema »Megatrend« ist zurzeit ein Hype, mit dem sich viele Manager und Consultingunternehmen beschäftigen. Dabei steht aber vor allem die grundsätzliche Auseinandersetzung mit den zukünftigen Entwicklungen im Vordergrund. Bisher gibt es noch keinen spezifischen Ansatz, der den Managern in KMU's hilft, systematisch die Auswirkungen und Konsequenzen für das eigene Unternehmen zu bewerten.

Scheinbar haben die Verantwortlichen in den letzten Jahren etwas aus dem Bewusstsein verloren, dass die Methodenkompetenz ein zentraler Bestandteil der Führungsfähigkeit ist, weil viele der im MITO-Methoden-Tool enthaltenen elementaren Management-, KVP- und Qualitätsmanagementmethoden sehr wenig angewendet werden. Komplexitäts-, Wechselwirkungs-, Sensitivitäts- oder ABC-Analysen sollten wie selbstverständlich bei den Handlungs- und Entscheidungsaktivitäten im strategischen Bereich sowie im Tagesgeschäft verwendet werden.

Zur Beseitigung dieses Defizits wurde ein integriertes Methodenspektrum zur systematischen Bewertung organisationsrelevanter Megatrends vorgestellt, um zukünftig zu beachtende Auswirkungen bei der prozessorientierten Organisationsentwicklung im Rahmen der Strategie- und Zielvorgabenableitung berücksichtigen zu können. Da es sich um einen generischen Modellansatz handelt, lassen sich mit dem bereitgestellten Methodenspektrum die jeweiligen Megatrendinhalte entsprechend des aktuell vorhandenen Wissensstandes in Form von Portfolio-Bewertungsmatrizen formulieren. Durch ein mehrstufiges Konzept über miteinander verknüpfte Detaillierungsebenen lässt sich der Handlungsbedarf sehr präzise lokalisieren. Die dabei gewonnenen Erkenntnisse finden systematisch in einem übergeordneten Organisationsentwicklungszyklus bei der Ziel- und Maßnahmenableitung Anwendung. Über die Evaluierung – ebenfalls mit Unterstützung des integrierten Methodenspektrums – lässt sich abschließend feststellen, ob die zu erwartenden Auswirkungen und Megatrends bei der Strategieableitung und Zielvorgabe anforderungsgerecht berücksichtigt wurden.

Anmerkungen

1 Vgl. Naisbitt, J.: Megatrends. Ten New Directions Transforming Our Lives. New York 1982.
2 Vgl. Binner, H. F.: Business Analyst und Business Process Professional. Neue Berufsbilder in prozessorientierten Organisationen. In: Zeitschrift Führung und Organisation, 80. Jg., 2011, H. 2, S. 80–87.
3 Vgl. Binner, H. F.: MITO-Methoden-Tool – Die neue Qualität der Ganzheitlichen Prozessoptimierung. In: Zeitschrift für wirtschaftlichen Fabrikbetrieb, 108. Jg., 2013, H. 1–2, S. 47–51.
4 Vgl. Binner, H. F.: Business Analyst und Business Process Professional, a. a. O., S. 81.
5 Vgl. Dombrowski, U.: Arbeitswissenschaft in Deutschland. In: Industrial Engineering, 65. Jg., 2012, H. 3, S. 30–33.
6 Vgl. Wolf, J./Egelhoff, W. G.: Grenzen der Netzwerkorganisation. Was multinationale Unternehmen beachten sollten. In: Zeitschrift Führung und Organisation, 82. Jg., 2013, H. 1, S. 4–8.
7 Vgl. Schat, H.-D.: Ältere Fachkräfte beschäftigen, Ein Ratgeber für Betriebe im demografischen Wandel, München 2011.

8 Vgl. Institut für angewandte Arbeitswissenschaft (http://www.arbeitswissenschaft.net), http://tinyurl.com/l9yc7n7 (letzter Zugriff: 8.7.2013).
9 Vgl. Knyphausen-Aufseß, D. zu/Hülle, S. A.: Gesunde Betriebe, aber wie? Gesundheitsmanagement als Teil der Unternehmensstrategie in Industrieunternehmen. In: Industrie-Management, 25. Jg., 2009, H. 4, S. 53–56.
10 Vgl. Klimmer, M.: Unternehmensorganisation, Eine kompakte und praxisnahe Einführung, 3. Aufl., Herne 2012.
11 Vgl. DIN ISO 26000 (http://www.din.de), http://tinyurl.com/kw3k87m (letzter Zugriff: 8.7.2013).
12 Vgl. Schreyögg, G.: Grundlagen der Organisation. Basiswissen für Studium und Praxis, Wiesbaden 2012.
13 Vgl. Böhler, T. M.: Industrie 4.0 – Smarte Produkte und Fabriken revolutionieren die Industrie, 10.05.2012, http://www.produktion.de, http://tinyurl.com/lqxsf5h (letzter Zugriff: 8.7.2013).
14 Vgl. Jasperneite, J.: Was hinter Begriffen wie Industrie 4.0 steckt, 19.12.2012, http://www.computer-automation.de, http://tinyurl.com/las2m5o (letzter Zugriff: 8.7.2013).
15 Vgl. Kagermann, H./Lukas, W.-D./Wahlster, W.: Industrie 4.0: Mit dem Internet der Dinge auf dem Weg zur 4. industriellen Revolution, 01.04.2011, http://www.ingenieur.de, http://tinyurl.com/m9mv2dd (letzter Zugriff: 8.7.2013).
16 Vgl. Liere, H.: Das A und O der Telearbeit: Information, Kommunikation und Kooperation. In: Telearbeit – Eine innovative Arbeitsform mit vielen Vorteilen. Ein Ratgeber für Dienststellen und Beschäftigte, hrsg. vom Niedersächsischen Innenministerium, Hannover 2001, S. 29–30.
17 Vgl. Al-Ani, A./Gattermeyer, W. (Hrsg.): Change Management und Unternehmenserfolg. Grundlagen – Methoden – Praxisbeispiele, Wiesbaden 2000.

Prozess-Alignment

Geschäftsprozesse aus der Unternehmensstrategie ableiten

Gerd Nanz

Geschäftsprozessmanagement legt Mechanismen zur Zusammenarbeit in Unternehmen fest und steuert diese. Nur wenn die Ausrichtung der Prozesse den Unternehmensvorgaben und der Unternehmensstrategie folgt, kann man auch den gewünschten Erfolg in vollem Umfang erreichen. Die Grundsätze des Prozess-Alignment liefern hierzu eine gute Orientierungshilfe.

Geschäftsprozessmanagement oder Business Process Management[1] ist heute ein fester Bestandteil im Arbeitsalltag der meisten Unternehmen und Organisationen. Es ist nahezu selbstverständlich, dass ein größeres Unternehmen über eine Prozesslandkarte und im Allgemeinen auch über ausreichend detaillierte Prozessbeschreibungen verfügt. Eigene Abteilungen, in vielen Fällen auch die Stabsstelle »Qualitätsmanagement«, kümmern sich darum, dass die Vorgaben eingehalten werden und dass die erforderlichen Nachweise über die Tätigkeiten existieren. Die Vorgaben der ISO 9001 haben hierauf einen wertvollen Einfluss gehabt.

Verfahren

Oft beobachtet man, dass Prozesslandkarten und Prozesse weitgehend unabhängig von den Unternehmenszielen und der Unternehmensstrategie definiert werden. Dabei hat sich in mehreren Studien herausgestellt, dass Unternehmen mit einer strategischen Ausrichtung und Steuerung ihrer Prozesse erfolgreicher sind als andere.[2] Hinzu kommt, dass ein unternehmensübergreifendes Prozessmanagement häufig nicht etabliert ist[3], sondern die einzelnen Prozesse unabhängig voneinander definiert und verbessert werden.

Grundsatz 1: Die Ausrichtung der Prozesslandschaft an den Unternehmenszielen und der Strategie muss vom Topmanagement gesteuert werden.

Im ersten Umsetzungsschritt wird identifiziert, welche Vorgaben es für die Geschäftsprozesse des Unternehmens gibt. Diese können vielfältig sein (vgl. Abb. 1).
Generell gibt es vier Quellentypen:
1. Interne Vorgaben der Organisation auf Geschäftsebene
2. Gesetzliche und normative Vorgaben
3. Vorgaben der Kunden und des Marktes
4. Sonstige Vorgaben

Im zweiten Schritt werden die Vorgaben – falls nicht bereits geschehen – priorisiert. Sinnvoll ist es, parallel zu der Priorisierung bereits zu überlegen, welche Prozesse es geben kann und wie diese Prozesse untereinander abgegrenzt werden. Aus diesen Überlegungen ergibt sich letztendlich eine Landkarte der Geschäftsprozesse, welche die Unternehmensanforderungen und -ziele widerspiegelt.

Grundsatz 2: Kein Prozess ohne Prozessziele, die auf die Unternehmensziele zurückgeführt werden können.

Im dritten Schritt erfolgt die Arbeit, die häufig als Prozessmanagement bezeichnet wird: Für die einzelnen Geschäftsprozesse formuliert man Ziele und wird sich klar, woran das Unternehmen erkennt, dass diese Ziele erreicht sind. Dabei bleiben immer die Unternehmensziele und der Nutzen für das Unternehmen die Leitlinie. Erst dann können die Prozesse sinnvoll definiert werden. Diese Zieldefinition für die Prozesse ist nicht immer ganz einfach,

136 Prozessmanagement

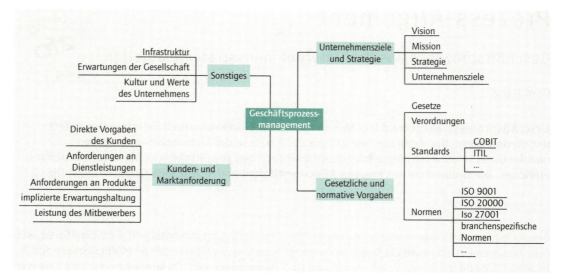

Abb. 1   Mögliche Quellen für Vorgaben zur Gestaltung der Geschäftsprozesse

da hier häufig auch persönliche Interessen ins Spiel kommen. Je objektiver die Ziele formuliert werden, umso größer ist der zu erwartende Erfolg. In jedem Fall sollten die Fragen in Abbildung 2 beantwortet werden.

Es empfiehlt sich, diese Überlegungen nicht nur einmal – bei der Definition der Prozesse – anzustellen, sondern diese Fragen regelmäßig, insbesondere bei geänderten Zielen, erneut objektiv zu beantworten, um die unternehmensübergreifenden Bedingungen in ihrer aktuellen Bedeutung adäquat erfassen zu können. Zusätzlich ist es sinnvoll, zumindest in Zweifelsfragen die Erwartung des Topmanagements zu eruieren und zu berücksichtigen.

Grundsatz 3: Prozesskennzahlen müssen in Beziehung zu den Unternehmenszielen stehen und den Geschäftsnutzen messen.

Im vierten Schritt geht es um die relevanten Kennzahlen für Prozesse, die mehrere Aspekte haben: Ablauforientierung (»Läuft der Prozess gut?«) und Ergebnisorientierung (»Ist das Ergebnis des Prozesses brauchbar und entspricht den Erwartungen?«). Immer wieder erlebt man, dass Kennzahlen »aus

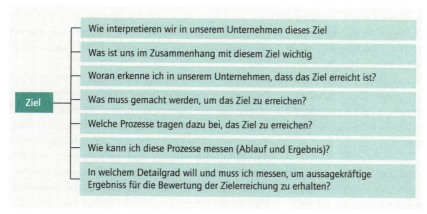

Abb. 2   Fragen für eine erfolgreiche Zieldefinition

dem Lehrbuch« verwendet werden, ohne sie auf ihre Aussagekraft in Zusammenhang mit den Unternehmenszielen zu überprüfen. Auch hier müssen wieder die Unternehmensziele und der Nutzen für die eigene Organisation die Leitlinie sein. Jede Kennzahl für Prozesse und Ziele sollte objektive Antworten auf die Fragen, die in Abbildung 3 gestellt werden, liefern.

Die Frage nach den Fehlinterpretationen von Kennzahlen ist sehr wichtig, da Kennzahlen eines Prozesses häufig Aussagen über ganz andere Prozesse treffen und diese Abhängigkeiten berücksichtigt werden müssen.

Generell ist mit diesen vier Schritten gewährleistet, dass die Prozesse aus der Unternehmensstrategie abgeleitet sind und die Unternehmensziele adäquat berücksichtigen.

In der Praxis hat sich aber ein zusätzlicher Schritt als sehr wertvoll erwiesen: Der fünfte Schritt besteht in einem Walkthrough durch das Prozesssystem aus Sicht des Topmanagements und der Unternehmenssteuerung. Mit diesem Walkthrough[4] werden einerseits Fehler, insbesondere auch Interpretationsspielräume, in den Prozessen gefunden, andererseits ist es bei Einbeziehung zumindest eines Vertreters des Topmanagements eine gute Möglichkeit, Konsens zu erzielen und den notwendigen Überblick über die Mechanismen für die Unternehmenssteuerung zu vermitteln.

Erfahrungen und Probleme

Entscheidungen bei der Definition einer Prozesslandkarte

In nahezu jedem Unternehmen gibt es einen Ablauf, mit dem Aufträge abgewickelt werden. Die ersten heißen Diskussionen bei der Definition der Prozesslandkarte erfolgen erfahrungsgemäß bei der Granularität[5]: Ist der Auftragsabwicklungsprozess für eine Produktlieferung derselbe wie für die Abwicklung eines Seminars? Hier ist die erste generelle Entscheidung erforderlich. Will das Unternehmen die gesamtheitliche Auftragsabwicklung in den Vordergrund stellen, wird die Antwort »ja« lauten (auf der Ebene der Prozesslandkarte). Soll die Spezialisierung auf Seminare und Trainingsmaßnahmen explizit dargestellt werden, kann dies durchaus zu unterschiedlichen Prozessen führen. Die Entscheidung wird dadurch beeinflusst, welches Image das Unternehmen nach außen vermitteln will. Andererseits geht es auch um die Wirkung bei den Mitarbeitern. Erfahrungsgemäß sind die Motivation und die Bereitschaft zur Übernahme von Verantwortung bei Mitarbeitern, die ihre Tätigkeit in einem Prozess auf einem als wichtig angesehenen Level wiederfinden, höher, als wenn ihre Tätigkeit nicht oder nur ganz am Rande, z. B. in Detailbeschreibungen des Prozesses, dargestellt ist.

Bleibt man bei dem Beispiel der Auftragsabwicklung, ergibt sich auch die Frage, ob »Projektmanagement« ein eigener Prozess ist. Betrachtet man dies aus Sicht des Unternehmensnutzen und der

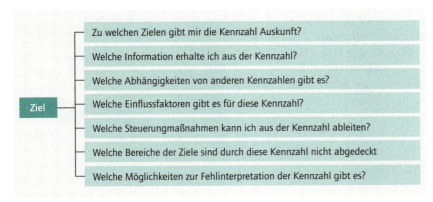

Abb. 3 Fragen zur erfolgreichen Kennzahlendefinition

Unternehmensziele, lautet die Antwort eindeutig »nein«, denn Ziel des Unternehmens ist es nicht, Projektmanagement zu betreiben, sondern mit den durchgeführten Projekten Geld zu verdienen und Kundenzufriedenheit zu erzeugen. Damit wird Projektmanagement zur Methode.

Exakte Formulierung von Prozesszielen

»Wir wollen eine langfristige Zusammenarbeit mit unseren Kunden, indem wir stetig die Kundenzufriedenheit verbessern und wettbewerbsfähig sind«. Diese Aussage traf ein Dienstleistungsunternehmen, das auch die Produktentwicklung für einen kleinen internationalen Markt macht. Anhand dieses Beispiels kann man sehr gut erkennen, wie vieler Interpretationen und damit Entscheidungen es bedarf, Prozessziele abzuleiten. Zwei zentrale Fragen müssen hier gestellt werden:
- Was bedeutet »wettbewerbsfähig«?
- Was bedeutet für uns »Kundenzufriedenheit«?

Aus der Wettbewerbsfähigkeit ergeben sich mit hoher Wahrscheinlichkeit Anforderungen an die Effizienz von Prozessen und die Qualität der Produkte. Dazu kommen aber potenziell auch Anforderungen an die Personalqualifikation, das Auftreten der Mitarbeiter und – irgendwie muss der Wettbewerb ja analysiert werden – an einen Prozess zur Marktbeobachtung oder Marktanalyse.

Ebenso ergeben sich aus der Kundenzufriedenheit Anforderungen an die Prozesse, die von den Vorstellungen und Werten des Unternehmens abhängen, etwa die Qualität des Produkts oder die Preisgestaltung, die Reaktionszeiten bei Anfragen oder das Auftreten der Mitarbeiter betreffend.

Derartige Überlegungen spiegeln sich in den Prozessen, in der Ausgestaltung der einzelnen Schritte und folglich auch in den Kontrollen und Kennzahlen wider.

Perspektiven

Die vorgeschlagene Vorgehensweise bietet sowohl für die Neudefinition als auch für die kontinuierliche Verbesserung von Prozessen eine strukturierte Möglichkeit, Unternehmensziele und Strategie systematisch im Prozessmanagement zu berücksichtigen. Voraussetzung ist, dass ein Konsens über die Vorgaben besteht. Erfahrungsgemäß benötigt diese Vorgehensweise zumindest in der Einführungsphase ausreichend Zeit und Bereitschaft der Beteiligten, sich auf die Klärung von Fragen und die erforderlichen Entscheidungen *bewusst* einzulassen. Ist die Vorgehensweise etabliert, kann auch eine deutlich höhere Ausrichtung der Prozesse an den Unternehmenszielen (Alignment) mit weniger Fehlinterpretationen beobachtet werden.

Anmerkungen

1. Business Process Management Common Body of Knowledge – BPM CBOK, Leitfaden für das Prozessmanagement, European Association of Business Process Management (Hrsg.), Version 2.0, Gießen 2009, Glossar.
2. Strategische Planung heute, BARC-Institut, Würzburg 2011, (www.barc.de), http://tinyurl.com/6tc9m7d (letzter Zugriff: 29.02.2012); Zukunftsthema Geschäftsprozessmanagement, PricewaterhouseCoopers AG Wirtschaftsprüfungsgesellschaft, Februar 2011, (www.pwc.de), http://tinyurl.com/6outsev (letzter Zugriff: 29.02.2012).
3. Zukunftsthema Geschäftsprozessmanagement, PricewaterhouseCoopers AG Wirtschaftsprüfungsgesellschaft, Februar 2011, (www.pwc.de), http://tinyurl.com/6outsev (letzter Zugriff: 29.02.2012).
4. Business Process Management Common Body of Knowledge a. a.O.
5. Vgl. Österreichische Finanzmarktaufsicht, Glossar, (www.fma.gv.at), http://tinyurl.com/82ggj4y (letzter Zugriff: 29.02.2012).

Prozessstandardisierung

Ein Portfolio-Instrument zur strukturierten Analyse von Geschäftsprozessen

Philipp Zellner

Wie kann die Entscheidung, ob die Standardisierung eines Prozesses sinnvoll ist oder nicht, fundiert gefällt werden? Dieses Portfolio-Instrument unterstützt bei der Analyse der Prozesse und bietet dank der übersichtlichen Darstellung der Ergebnisse eine gute Entscheidungsgrundlage.

Die Standardisierung von Geschäftsprozessen hat sich in den letzten Jahren zu einem der wichtigsten Themen im Bereich des Geschäftsprozessmanagements (GPM) entwickelt. Unternehmen investieren verstärkt in GPM-Projekte, welche die Standardisierung von Geschäftsprozessen zum Gegenstand haben – mit sehr unterschiedlichem Erfolg.[1] Der Grund ist häufig eine unzureichende Analyse bei der Auswahl der Prozesse für eine Standardisierung. Um von den gewünschten Effizienzsteigerungen einer Standardisierung zu profitieren und Fehlinvestitionen in Standardisierungsprojekte zu vermeiden, bedarf es im Vorfeld einer kritischen Analyse der Prozesse.[2]

Portfolio-Instrumente haben sich in komplexen Entscheidungssituationen in der unternehmerischen Praxis in vielerlei Hinsicht bewährt. Ihr übersichtlicher Aufbau sowie die aus der Portfolio-Struktur abzuleitenden Erkenntnisse bilden komplexe Sachverhalte in einem überschaubaren Lösungsraum ab.[3] Die Entscheidung, ob ein Prozess standardisiert werden sollte, stellt eine komplexe Entscheidungssituation dar, in welcher unterschiedliche Aspekte berücksichtigt werden müssen. Vor diesem Hintergrund wurde im Rahmen eines anwendungsorientierten Forschungsprojekts und in Zusammenarbeit mit der AGRAVIS Raiffeisen AG ein Portfolio-Instrument entwickelt, welches eine strukturierte Analyse von Prozessen für eine Standardisierung ermöglicht.

Verfahren

Zunächst wurden die entscheidungskritischen Zieldimensionen des Portfolios »Determinierbarkeit des Prozesses« und »potenzieller Nutzen einer Prozessstandardisierung« entwickelt. Die *Determinierbarkeit eines Prozesses* beschreibt die Vorsehbarkeit und Gestaltbarkeit des Prozesses. Der potenzielle Nutzen einer Prozessstandardisierung steht für den Umfang der möglichen Vorteile, im Sinne von Effektivitäts- und Effizienzsteigerungen und sonstigen Positivwirkungen. Zu den entscheidungskritischen Zieldimensionen wurden Kriterien identifiziert sowie eine Checkliste zur Beurteilung der Kriterien konzipiert (vgl. Abb. 1).

Das Analyseergebnis wird abschließend in einem zweidimensionalen Portfolio abgebildet, über welches Handlungsempfehlungen für die jeweiligen Geschäftsprozesse hinsichtlich einer Standardisierung gegeben werden. Im Folgenden werden die notwendigen Schritte zur Nutzung des Instrumentes beschrieben.

Schritt 1: Gewichtung der Kriterien

Zunächst sind die Kriterien des Instrumentes zu gewichten. Aus den bisherigen Forschungs- und Praxiserfahrungen bietet sich eine Gleichgewichtung der Kriterien je Dimension an (siehe Prozentangaben in Abb. 1). Sofern unternehmensspezifische Gewichtungen erfolgen sollen, bietet sich

Dimension 1: Determinierbarkeit des Prozesses	
Kriterium	Indikator(en)
Regelhaftigkeit (50 %): Die Regelhaftigkeit eines Prozesses beschreibt das Ausmaß, in dem ein Prozess von wiederkehrenden Mustern bzw. Handlungen geprägt wird.	Immer wiederkehrende Handlungen
Gering (1) (2) (3) (4) (5) (6) (7) (8) (9) Hoch	
Autonomiegrad (50 %): Der Autonomiegrad eines Prozesses beschreibt das Ausmaß, in dem ein Prozess unbeeinflusst von externen Einflüssen gesteuert und kontrolliert werden kann.	Subjekte (Personen, z. B. Kunden), Objekte, Informationen, Rechte
Gering (1) (2) (3) (4) (5) (6) (7) (8) (9) Hoch	
Dimension 2: Potenzieller Nutzen der Prozessstandardisierung	
Kriterium	Indikator(en)
Koordinationsbedarf (16,67 %): Unter dem Koordinationsbedarf wird der Abstimmungsumfang verstanden, Prozesse oder Prozessschritte in einem arbeitsteiligen System hinsichtlich eines übergeordneten Gesamtziels auszurichten.	Anzahl an Schnittstellen; Quantität und Qualität der zu treffenden Entscheidungen; Anzahl an Stakeholdern, welche in den Prozess direkt involviert sind und koordiniert werden müssen.
Gering (1) (2) (3) (4) (5) (6) (7) (8) (9) Hoch	
Vermeidbare Prozessvarietät (16,67 %): Unter Prozessvarietät wird die Anzahl verschiedener Verfahrensweisen in einer Prozessabwicklung verstanden. Eine vermeidbare Prozessvariation kann vorliegen, wenn diese durch beeinflussbare Faktoren, z. B. durch persönliche Präferenzen in der Prozessdurchführung oder unreflektierte, historisch gewachsene Prozesse, begründet ist.	Input, Output, technische Restriktionen (IT-Systeme, Produktionsanlagen), organisatorische Restriktionen (verschiedene Richtlinien/Verfahrensanweisungen, individuell erstellte Verfahrensanweisungen von Mitarbeitern), legislative Restriktionen (verschiedene Gesetze), Marktanforderungen (Kunden- und Lieferantenanforderungen)
Gering (1) (2) (3) (4) (5) (6) (7) (8) (9) Hoch	
Transaktionshäufigkeit (16,67 %): Die Transaktionshäufigkeit beschreibt die Anzahl der Wiederholungen eines Prozesses innerhalb eines Zeitraums.	Wiederholhäufigkeit des auslösenden Prozessereignisses
Gering (1) (2) (3) (4) (5) (6) (7) (8) (9) Hoch	
Strategische Bedeutung des Prozesses (16,67 %): Die strategische Bedeutung eines Prozesses beschreibt den Einflussgrad des Prozesses zur Umsetzung der Strategie und somit zur Generierung eines Wettbewerbsvorteils.	Mögliche kritische Erfolgsfaktoren: hohe Produktqualität, hohe Flexibilität, kurze Lieferzeiten, hohe Liefertreue, guter Kundenservice, günstiges Preis-Leistungs-Verhältnis, innovative Problemlösungen
Gering (1) (2) (3) (4) (5) (6) (7) (8) (9) Hoch	
Umfang an zu erwartenden Prozessverbesserungen (16,67 %): Unter dem Umfang an zu erwartenden Prozessverbesserungen wird die Summe der erwarteten positiven Auswirkungen durch das Standardisierungsvorhaben verstanden.	Kostenvorteile, Qualitätsvorteile, Zeitvorteile, Reduzierung von Leerlaufzeiten, Minimierung von Anhäufungen nicht erledigter Aufgaben, vereinfachte Kommunikation über die Prozesse, einfachere Einbindung neuer Partner, vereinfachtes Prozesscontrolling
Gering (1) (2) (3) (4) (5) (6) (7) (8) (9) Hoch	
Geschätzte Kosten des Standardisierungsprojektes (16,67 %): Unter den geschätzten Projektkosten werden sämtliche erwartete Kosten verstanden, welche im Rahmen des Projektes anfallen.	Umfang an Personalkosten, Sachkosten und sonstigen Kosten
Gering (1) (2) (3) (4) (5) (6) (7) (8) (9) Hoch	

Abb. 1   Kriterien zur Beurteilung von Prozessstandardisierungen

das einfache Verfahren der singulären Gewichtung an.

Schritt 2: Informationserhebung

Im Anschluss an die Gewichtung müssen Informationen zu den jeweiligen Kriterien erhoben werden. Hier sollte ein möglichst breites Feld von Informanten befragt werden. Idealerweise werden Mitarbeiter, die ein entsprechendes Prozesswissen aufweisen, über mehrere Hierarchiestufen zu den Kriterien befragt.

Schritt 3: Beurteilung der Kriterien

Die Befragungsergebnisse werden zusammengetragen und von einem Expertenteam diskutiert. Ziel ist es, aus den möglicherweise unterschiedlichen Meinungsbildern eine konsolidierte Kriterienausprägung abzuleiten. Dabei sind mögliche politische Motive der Befragungsergebnisse sowie das jeweilige Fachwissen der Befragten zu den Kriterien zu berücksichtigen.

Schritt 4: Berechnung der Dimensionswerte

Nach der Festlegung der konsolidierten Kriterienausprägungen können die Achsenabschnitte des zweidimensionalen Lösungsraums berechnet werden. Hierzu wird die Summe der Produkte der Ausprägungen der gewichteten Kriterien je Dimension gebildet. Abbildung 2 zeigt die den Zieldimensionen zugeordneten Kriterien. Durch die Berechnung der Achsenabschnitte kann der Prozess in das Portfolio eingeordnet werden. Aus der Einordnung der Prozesse in das Portfolio kann eine Priorisierung möglicher Standardisierungsvorhaben abgeleitet werden (vgl. Abb. 2):
- Feld A: Prozesse mit höchster Priorität standardisieren (hier: Handelsprozess der AGRAVIS Raiffeisen AG)
- Feld B und C: Prozesse mit mittlerer Priorität standardisieren (fiktive Prozesse)
- Feld D: Prozesse mit geringster Priorität standardisieren, gegebenenfalls keine Standardisierung durchführen (fiktiver Prozess)

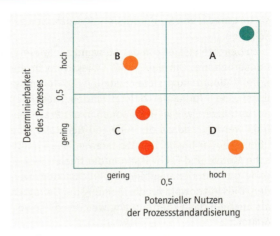

Abb. 2 Standardisierungsportfolio

In den Feldern B und C ist situationsspezifisch zu entscheiden, ob Prozesse mit einer hohen Determinierbarkeit oder Prozesse mit einem hohen Nutzen bevorzugt standardisiert werden sollten.

Vor- und Nachteile

Folgende Praxiserfahrungen konnten bisher mit dem Instrument bei der AGRAVIS Raiffeisen AG gemacht werden: Ein wesentlicher Vorteil des Instruments ist die universelle Einsetzbarkeit sowie die hohe Aussagekraft. Die generischen Kriterien ermöglichen, dass das Instrument sowohl für Primär- als auch für Sekundärprozesse eingesetzt werden kann. Die Verdichtung des Kriterienumfangs auf zwei Zieldimensionen stärkt die Interpretation der Ergebnisse und damit die Aussagekraft der Handlungsempfehlungen. Ein weiterer Vorteil des Instruments ist dessen analytische Stärke. Auf Grundlage der entwickelten Kriterien wird eine strukturierte Analyse von Prozessen hinsichtlich einer möglichen Standardisierung geschaffen. Dabei werden sowohl strukturelle Aspekte (z. B. Regelhaftigkeit) als auch unternehmensspezifische Aspekte des Prozesses (z. B. strategische Bedeutung des Prozesses) in die Entscheidung mit einbezogen. Auf diese Weise wird eine systematisch hergeleitete Entscheidungsbasis im Kontext von Standardisierungsvorhaben geschaffen.

Zu beachten ist jedoch der Aufwand zur Informationserhebung. Um eine hohe Objektivität in der Kriterienbeurteilung sicherzustellen, sollten möglichst viele Informanten befragt werden. Hier gilt es abzuschätzen, wie viele Personen in der Praxis befragt werden, sodass der Aufwand der Befragung überschaubar bleibt. Des Weiteren müssen politische Motive und Fachwissen in der finalen Festlegung der Kriterienausprägung berücksichtigt werden. Dies gilt sowohl für die Meinung der Befragten als auch für das Expertenteam, welches diese vornimmt.

Perspektiven

Aktuelle Studien zeigen, dass Prozessstandardisierungen auch künftig ein zentraler Aspekt bei GPM-Projekten darstellen werden.[4] Umso wichtiger ist die Entwicklung neuer Instrumente, welche der Praxis eine Hilfestellung bei Standardisierungsvorhaben leisten. Die Entwicklung eines Instrumentes zur Beurteilung von Prozessstandardisierungsvorhaben kann jedoch nur der Anfang sein. Weitere Forschungen sind anzustreben, um Prozessstandardisierungsvorhaben auch in der Umsetzung z.B. im Sinne eines Vorgehensmodells zu unterstützen. Das hier entwickelte Instrument kann als ein Bestandteil eines Vorgehensmodells verstanden werden.

Anmerkungen
1 Schäfermeier, M./Grgecic, D./Rosenkranz, C.: Factors Influencing Business Process Standardization. In: Proceedings of the 43rd Hawaii International Conference on System Sciences, 2010, S. 1–10.
2 Hall, J. M./Johnson, E. M.: Wie standardisiert müssen Prozesse sein? In: Harvard Business Manager, 31. Jg., 2009, H. 5, S. 78–87.
3 Adam, D.: Planung und Entscheidung, Wiesbaden 1996, S. 413 ff.
4 Fischer, M./Telesko, R.: Geschäftsprozessmanagement in der Verwaltung: eine Umfrage zum aktuellen Stand. In: eGov Präsenz, 12. Jg., 2012, H. 1, S. 44–45.

Prozess-Qualitäts-Cockpit

Prozesse konsequent am Kundennutzen ausrichten

Roman Stöger

Seit Jahren ist zu beobachten, dass es im strategischen Management, in der Unternehmensführung und im Prozessmanagement zu einer Renaissance des Kunden kommt. Eine gewisse Zeit lang galt es als modern, nur noch über Business Models, Shareholder Value und Ähnliches zu diskutieren. Der Kunde ist dabei verschwunden oder höchstens sehr abstrakt vorhanden gewesen. Diese Zeiten sind vorbei, im Mittelpunkt stehen heute nicht mehr »potemkinsche Business-Dörfer«, sondern eines: der Kunde.

Kundennutzen und Prozesse verbinden

Prozesse, die sich konsequent am Kundennutzen ausrichten, sind in stagnierenden Märkten, in Phasen des Preisdrucks und bei hoher Wettbewerbsintensität das beste Mittel. Durch die Einführung der *Prozess-Qualitäts-Matrix* wird über Qualität nicht mehr nur geredet, es wird bewusst und zielorientiert gehandelt. Die Methodik lehnt sich am Quality-Function-Deployment (QFD) an. In den Zeilen einer Matrix werden die kaufentscheidenden Qualitätskriterien aus Kundensicht eingetragen. In den Spalten finden sich die wichtigsten Prozesse. Für jeden Prozess wird geprüft, wo der Beitrag für die Schaffung und Sicherstellung der einzelnen kaufentscheidenden Kriterien liegt. Die Wirkung wird dann anhand verschiedener Ausprägungen bestimmt. Das Ergebnis sind Prozesse mit hoher Wirkung (hohe summierte Punktezahl), die sogenannten Schlüsselprozesse. In der Prozessgestaltung und -umsetzung muss hier der Fokus liegen, weil in diesen Abläufen die größte Hebelwirkung auf den Kundennutzen liegt. Mit der Prozess-Qualitäts-Matrix werden die Prozesse an die *kaufentscheidenden Kriterien* gebunden. Die Methodik zwingt dazu, den Markt in Form des Kunden in das Unternehmen zu holen.

Die Anwendungsfelder der relativen Qualität sind vielfältig. Erstens ist dieses Instrument eine *Qualitätsanalyse* auf einem Blatt. Alle wesentlichen Informationen sind vorhanden: Geschäftsfeld, Marktleistung, kaufentscheidende Qualitätskriterien, Gewichtung und Bewertung des Leistungsniveaus. Zweitens liegt mit dieser Analyse ein *Qualitäts-Benchmark* vor. Jedes Kriterium kann pro Wettbewerber vertieft geprüft werden. Vor allem aber ist es möglich, gezielt anhand ausgewählter kaufentscheidender Kriterien Verbesserungsmaßnahmen abzuleiten. Ressourcen werden dort eingesetzt, wo sie Wirkung erzielen und von dort abgezogen, wo sie lediglich als »Gimmick« fungieren. Drittens lässt sich über dieses Instrument die *Wirkung von Prozessen* beurteilen und systematisch steuern. Vor und nach einer Prozessoptimierung sollte dieses Instrument eingesetzt werden. Wenn sich durch die Prozessmaßnahmen keine signifikanten Unterschiede ergeben, so hat eine Organisation zwar viel an den Prozessen gearbeitet, aber keine Wirkung erzielt. Gerade im Zusammenhang mit Audits empfiehlt sich ein solcher Check des Kundennutzens.

Kundenbindung konkret erarbeiten

Gut funktionierende Prozesse sind Grundlage für wirksame und vor allem glaubwürdige *Kundenbindung*. Über die Prozess-Qualitäts-Matrix sind automatisch diejenigen Felder identifiziert, in denen Kundenbindung entsteht. Unter diesem Begriff wird alles verstanden, was zu Kundennutzen führt. Dies bewirkt vermehrte Zusatz-, Folge- oder Wieder-

Prozess-Qualitäts-Matrix: Beispiel Baustoffindustrie

In einem Unternehmen der Baustoffindustrie werden die Qualitätskriterien den wichtigsten Prozessen gegenübergestellt. Die wesentlichen Erkenntnisse fließen im nachfolgenden Schritt in die Kundenbindung ein.

Prozesse kaufentscheidende Kriterien	1. Auftrag bearbeiten	2. Disposition durchführen	3. Material präparieren	4. Produkt herstellen	5. Produkt liefern	6. ...	Summe
1. Qualität des Betons (25 % Gewichtung)	0	3	1	3	1	...	9
2. zeitgenaue Lieferung (20 % Gewichtung)	2	3	1	2	3	...	14
3. Beratung (20 % Gewichtung)	3	1	0	1	0	...	6
4. Lieferbereitschaft (10 % Gewichtung)	1	3	2	1	3	...	10
5. Zuverlässigkeit (10 % Gewichtung)	1	0	2	2	0	...	8
6. Sortimentsbreite (5 % Gewichtung)	0	0	1	0	0	...	4
7. ...	...	...	...	...	...	...	...
Summe	**8**	**13**	**9**	**14**	**8**	**...**	
Legende	0 keine Wirkung durch den Prozess 1 schwache Wirkung durch den Prozess			2 mittlere Wirkung durch den Prozess 3 starke Wirkung durch den Prozess			

Abb. 1 Prozess-Qualitäts-Matrix

käufe und verhindert Abwanderung zur Konkurrenz oder Kaufverzicht. Die Bedeutung der Kundenbindung hat in den letzten Jahren stark zugenommen. Die Gründe sind vielfältig: steigendes Qualitätsbewusstsein, höheres Anspruchsniveau, Wichtigkeit von Marken- bzw. Imagefaktoren, besseres Wissen um Alternativangebote, Individualisierung der Leistungen, steigende Wechselbereitschaft und vieles mehr. Keine *Strategie*, kein Qualitäts- oder Produktivitätsprogramm kann das Thema Kundenbindung ausklammern. In Abbildung 2 sind die wichtigsten Hebel für Kundenbindung dargestellt.

Chancen und Grenzen der Kundenbindung

Die *positiven Effekte von Kundenbindung* liegen auf der Hand: sinkender Aufwand zur Neukundenakquisition, maßgeschneiderte Angebote, Potenziale für »Cross-Selling«, sinkende Qualitätskosten, weniger Reklamationen etc. Über die Prozesse einer Organisation sind die Hebel für Kundenbindung lokalisierbar. Erarbeitung und Umsetzung der Kundenbindung folgen der Prozess-Qualitäts-Matrix. Nachdem über die kaufentscheidenden Kriterien und die Schlüsselprozesse Klarheit besteht, sind nun systematisch die *Anknüpfungspunkte für Kundenbindung* zu erarbeiten. Die einzelnen Vorschläge sind in weiterer Folge in konkrete Maßnahmen zu überführen. Bei komplexeren Leistungen oder Marktverhältnissen sind Kundenbindungsmaßnahmen immer in Abhängigkeit von Kundensegmenten zu entwickeln. Kundenbindung kann so zu einer Umstellung der Verantwortlichkeiten, der Prozesse oder der Aufbauorganisation führen.

Bei aller Würdigung dürfen allerdings die *Gefahren ausschließlicher Fokussierung auf Kundenbindung* nicht übersehen werden. Dies kann zu einseitiger Kundenstruktur, Verlust von Flexibilität, vernachlässigter Neukundenakquisition oder zur Ignoranz neuer Entwicklungen oder gar Innovationen führen.

Hebel für Kundenbindung	
1. Erhöhung der relativen Qualität	1. Erhöhung der Leistungsmerkmale oder Veränderung der Wert- bzw. Nutzenmerkmale 2. Erhöhung der Servicemerkmale: Kundenservice, Beratung, Betreuung etc. 3. Erhöhung der Imagemerkmale: Steigerung von Image, Markenbewusstsein, Exklusivität etc. 4. zusätzliche Leistungen 5. Steigerung der Einsatzmöglichkeiten
2. Senkung des relativen Preises	6. Absenkung des relativen Preises unter Konkurrenzniveau 7. kunden- oder konkurrenzorientierte Preisstellung 8. Rabattierungen, Kaufanreize über Preis, Mengenrabatte 9. Anbieten von Finanzierungslösungen 10. Value Pricing: Darstellung des Mehrwerts und Aufteilung zwischen Kunde und Lieferant
3. Erschweren bzw. Verhindern des Anbieterwechsels	11. Anreize bei Folgekäufen 12. Lizenzen bzw. Angebot nur bei zeitlicher Bindung 13. Inkompatibilität mit anderen Systemen bzw. Leistungen 14. verstärkte Verwendungszusammenhänge bzw. ausschließliche Ersatz-/Zubehörteile 15. langfristige Vertragsgestaltung: Garantien, Wartung, Service, Mindestbezug, Ersatzteile etc.
4. Einfluss auf Mitarbeiter und Organisation des Kunden	16. Einflussnahme auf Kundenprozesse 17. Schulung, Einbindung der Mitarbeiter des Kunden 18. Networking, Einflussnahme auf Entscheidungsträger beim Kunden 19. Kundenintegration bei Entwicklung, Herstellung, Verkauf, Service 20. Optimierung/Nutzung aller Kundeninformationsdaten

Abb. 2   Hebel für Kundenbindung

Nutzen in der Praxis

Der dargestellte Ansatz lässt sich unterschiedlich in der Praxis anwenden: Zunächst wird *Klarheit über kaufentscheidende Kriterien* erreicht und die Wirkung der Prozesse ersichtlich. Das Prozessmanagement ist am Markt angebunden und nicht ein rein intern getriebenes Dokumentationsverfahren. Über die Prozessorientierung werden die wesentlichen *Hebel für Kundenbindung* identifizierbar. Dies ermöglicht nicht nur eine *Qualitätsanalyse*, sondern auch eine aktive *Qualitätsgestaltung* im

Kundenbindung über Prozesse: Beispiel Baustoffindustrie	
Ein Baustoffunternehmen erarbeitet mit dem Input aus der Prozess-Qualitäts-Matrix ein Programm für Kundenbindung. Die Grundlage hierfür liefern die wichtigsten Prozesse. Ein Mitglied der Geschäftsleitung übernimmt im Anschluss die Verantwortung für die Umsetzung der Maßnahmen. Damit erhält das Thema die notwendige Bedeutung. Gleichzeitig wird vermieden, dass Bereichs- oder Prozessegoismen auftreten.	
Prozesse	**Anknüpfungspunkte für Kundenbindung**
1. Auftrag bearbeiten	1. einfache Softwarelösung zur Übermittlung und Quittierung der Aufträge 2. Auskunftshotline bei Aufträgen über 3.000 Euro 3. Einführung von langfristigen Lieferverträgen mit speziellen Konditionen (z. B. bei Überschreitung der Tonnagen) 4. Bestpreisgarantien bei Abnahmen über 1,5 Tonnen
2. Disposition durchführen	1. Verbindung der Disposition mit dem Auslieferplan (bzw. bei Großkunden mit »tracking and tracing«) 2. Garantien für die Verarbeitbarkeit des Betons
3. Material präparieren	nichts
4. Produkt herstellen	1. Entwicklung von kunden- bzw. objektbezogenen Spezifikationen 2. verstärkte Kommunikation der Qualitäts-Audits und Qualitätsvorteile
5. Produkt liefern	1. automatische Versendung des Routenplanes der Auslieferung um 07.00 Uhr an den Kunden (mit »Objektliste nach Werk«) 2. Garantie für die Pünktlichkeit der Lieferung (Toleranz: je 15 Minuten) mit entsprechenden Vertragsstrafen (Gutschriften) 3. Vereinfachung und Erhöhung der Transparenz der Lieferscheine und Rechnungen
6. ...	...

Abb. 3   Kundenbindung über Prozesse

> **Anwendung und Nutzen: Prozess-Qualitäts-Matrix und Kundenbindung**
>
> - Klarheit über kaufentscheidende Kriterien und die Wirkung von Prozessen
> - Identifikation der wesentlichen Hebel für Kundenbindung über die Prozessorientierung
> - Ermöglichung einer wirksamen Qualitätsanalyse und Qualitätsgestaltung
> - Grundlage für Marktstrategien, Reorganisation, Produktivität, Qualitätsmanagement etc.

Sinne des Kundennutzens. Damit kann die Methodik für vermeintlich unterschiedliche Themen eingesetzt werden, die am Ende aber einen gemeinsamen Kern durch den Kunden und die Wettbewerbsfähigkeit besitzen: Marktstrategien, Reorganisation, Produktivität, Qualitätsmanagement, Prozessoptimierung und Marketing.

Prozesskostenrechnung

Produktivität und Prozesse aktiv steuern

Roman Stöger

Ein Unternehmen wird nicht durch die Aufbauorganisation aktiv, sondern durch die Prozesse. Sie sind die Grundlage für die Umsetzung einer Strategie und ein Hebel für alle Produktivitätsfragen. Ein bewährtes Instrument zur Produktivitätssteuerung ist die Prozesskostenrechnung. Die Grundidee lautet, die in einer Organisation anfallenden Kosten nicht nur auf Kostenarten, Kostenstellen und Kostenträger aufzuteilen, sondern eine prozessorientierte Betrachtung einzuführen.

Die *Erarbeitung einer Prozesskostenrechnung* geschieht nach einem einfachen Prinzip:
1. Schritt eins ist die Erhebung einer Prozesslandkarte, d. h. ein Überblick und eine Auslegeordnung aller Hauptprozesse einer Organisation. Prozessorientierung bedeutet, dass die Logik des Geschäftes dargestellt und nicht das Organigramm kopiert wird.
2. Im nächsten Schritt werden pro Hauptprozess die wichtigsten Teilprozesse identifiziert.
3. Schritt drei besteht in der Ermittlung und Quantifizierung der wichtigsten *Kostentreiber* pro Teilprozess. Im Beispiel (vgl. Abb.) wurden für den Teilprozess »Auftrag bearbeiten« die Kostentreiber »Auftragstypen« und »Nachgiebigkeit des Außendienstes« festgehalten.
4. Im vierten Schritt wird die Menge der Transaktionen notiert, die einen Teilprozess durchlaufen. Im Beispiel (vgl. Abb.) werden für den Teilprozess »Angebot erstellen« jährlich 400 Angebote identifiziert. Pro Teilprozess werden die relevanten Kostenarten zugerechnet und summiert.

Typische *Kostenarten in einem Prozess* sind Personal (Zeit multipliziert mit Vollzeitkräften), Finanzmittel, Sachkosten (Materialeinsatz, Geräte, Lagerflächen, sonstige Mobilien und Immobilien), Fremdleistungskosten (Beratung und andere Dienstleistungen), Prozessnebenkosten (Büromaterialien, Telefonkosten). Gerade die Zeitkosten sind ein Faktor, der immer wieder unterschätzt wird – vor allem dann, wenn scheinbar genügend Personalkapazität vorhanden ist.

Ein wichtiger Punkt ist die Unterscheidung, ob eine Kostenart von der *Leistungsmenge* abhängig oder davon unabhängig ist (lmi = leistungsmengen-induziert, lmn = leistungsmengen-neutral). Dies greift den Gedanken von variablen und fixen Kosten auf. Die Kosten lmi werden pro Teilprozess zugeordnet und ein Kostensatz lmi ermittelt, indem die Kosten durch die Menge dividiert werden. Als Nächstes werden die Kosten lmn für den gesamten Prozess erhoben, auf die Teilprozesse verteilt und ein Kostensatz ermittelt. Die Kostensätze lmi und lmn ergeben dann die gesamten Kosten für Teilprozesse und den Hauptprozess. Somit wird eine saubere Zuordnung sichergestellt.

Die Prozesskostenrechnung liefert eine solide Grundlage für das Produktivitäts- und Prozessmanagement. Mit ihr kann neben einer Analyse der Kosten und Kostentreiber auch die laufende *Leistungsfähigkeit von Prozessen* geprüft werden. *Messgrößen für die Produktivität* von Prozessen sind einfach erstellbar und damit verfügt man zugleich auch über Zielgrößen für die Gestaltung.

148 Prozessmanagement

Ein Industrieunternehmen für Elektrokomponenten will den kompletten Vertrieb optimieren. Parallel zur Prozessneugestaltung wird eine Prozesskostenrechnung eingesetzt. Die gesamten Prozesskosten werden auf der Basis leistungsmengen-induzierter (lmi) und leistungsmengen-neutraler (lmn) Tätigkeiten geprüft.

Prozess/Prozessnummer:		V 03: Verkaufsinnendienstleistungen erbringen						
Teilprozesse lmi	Kostentreiber lmi	Anzahl Kostentreiber	Menge	Kosten lmi	Kostensatz lmi	Kosten lmn	Kostensatz lmn	gesamte Prozesskosten
Absatz planen	Varianten	80	200	100.000	500	25.000	125	625
Angebot erstellen	Angebotstypen	25	400	200.000	500	50.000	125	625
Auftrag bearbeiten	Auftragstypen, Nachgiebigkeit Außendienst	40	100	300.000	3.000	75.000	750	3.750
Auftrag verteilen	Verfügbarkeit Spediteure	20	100	50.000	500	12.500	125	625
Auftrag fakturieren	Auftragstypen	40	100	150.000	1.500	37.500	375	1.875
Summen			900	800.000		200.000		

Errechnung des Kostensatzes lmn

Teilprozesse lmn	Kostentreiber lmn	Anzahl Kostentreiber	Kosten lmn	Kosten lmi	Kostensatz pro € lmi
Führungstätigkeiten	Anzahl Projekte ...	20	100.000		
Administration	Anzahl Regelungen ...	80	100.000		
Summe			200.000	800.000	0,25
Anmerkung: lmi lmn	leistungsmengen-induziert leistungsmengen-neutral				

Abb. 1 Prozesskostenrechnung in der Elektroindustrie (Beispiel)

Kernfragen der Prozesskostenrechnung

1. Entspricht die dargestellte Prozesslogik der geschäftlichen Realität? Werden die Haupt- und Teilprozesse an der geschäftlichen Wirklichkeit ausgerichtet?
2. Passt die »Flughöhe« der Prozesse und Teilprozesse? Muss ein Teilprozess tiefer gegliedert oder können Teilprozesse zusammengefasst werden?
3. Stimmt die Ist- mit der Soll-Kalkulation überein? Wenn nicht: Welche Maßnahmen müssen ergriffen werden?
4. Wie verändert sich das Kalkulationsschema bei Veränderungen in den Kostentreibern?
5. Können Szenarien mit der Prozesskostenrechnung durchgeführt werden? Dienen diese der Simulation und der aktiven Entscheidungshilfe?
6. Sind genügend Ressourcen in Zukunft vorhanden, um den Prozess sicherzustellen? Wer entscheidet über die Ressourcen?
7. Wo liegen Engpässe bei den Ressourcen? In welchem Prozess können diese Engpässe erfolgskritisch sein? Wie kann gegengesteuert werden?
8. Können Benchmarks mit der Prozesskostenrechnung durchgeführt werden?
9. Wird die Prozesskostenrechnung verwendet, um aktiv Prozesse und Produktivitäten zu steuern? Ist dies Teil im Managementkreislauf, etwa in Zielvereinbarungen?
10. Ist die Prozesskostenrechnung kein Werkzeug von Spezialisten, sondern ein von allen Führungskräften beherrschtes und angewendetes Instrument?

Die *Ergebnisse der Prozesskostenrechnung* können in die Kostenträgerrechnung und in die Gemeinkostenrechnung eingebaut werden. Der Vorteil liegt darin, dass die Prozesse die organisatorische »Wahrheit« meistens viel eher wiedergeben als abstrakte und aus der Vergangenheit stammende Verrechnungssätze. Zentral ist die Gesamtkostenbetrachtung.

Die Prozesskostenrechnung ist keine isolierte Algebra und sollte pragmatisch gehandhabt werden. In den meisten Fällen genügt es, dieses Instrument zwei- bis dreimal pro Jahr einzusetzen und mit »Daumenpeilungen« zu arbeiten, anstatt wochenlang Kommastellen zu optimieren. Das Wichtigste sind nicht die Zahlen, sondern die Schlussfolgerungen bzw. Handlungsempfehlungen, die daraus abgeleitet werden. Die Prozesskostenrechnung ist ein *Führungsinstrument* und liefert wichtige Inputs für Zielvereinbarungen, Budgets und Produktivitätsprogramme.

Anwendung und Nutzen

1. Prozesskostenrechnung als Verbindung von Prozess, Produktivität und Resultat
2. Analyse der Leistungsfähigkeit und der Kostentreiber eines Prozesses
3. Ermittlung solider Produktivitätsziele für einen Prozess
4. Planungs-, Kontroll- und Entscheidungshilfen für das Management

Kontinuierliches Verbesserungsprogramm

Qualitäts- und Produktivitätspotenziale heben

Roman Stöger

Bei einem kontinuierlichen Verbesserungsprogramm (KVP) geht es nicht um die »große Revolution«, sondern um eine Haltung, die eine permanente Optimierung der Unternehmensprozesse zum Ziel hat.

Von den Ursprüngen des KVP ...

Nach dem Zweiten Weltkrieg liegt die japanische Wirtschaft darnieder. Das Land hat zwar seit der Öffnung im 19. Jahrhundert deutliche Fortschritte auf technischem, ökonomischem und nicht zuletzt militärischem Gebiet gemacht. Nach der Niederlage droht aber die Gefahr, in der Entwicklung wieder Jahrzehnte zurückgeworfen zu werden. In dieser Situation besinnen sich Regierung und Unternehmen auf zwei Eigenschaften, die immer schon zu den Stärken japanischer Organisationen gehören: alles, was getan wird, als kontinuierliche Entwicklung zu sehen und sich auf stetige Verbesserung zu konzentrieren. Bereits vorhandene, vor allem aber kopierte Technologien werden innerhalb kurzer Zeit perfektioniert.

Im ersten Schritt führt dies dazu, dass japanische Unternehmen für den eigenen Markt produzieren und so die Importquote substanziell senken. Der zweite Schritt ist die Durchdringung der Weltmärkte mit Leistungen, die praktisch zu 100 % im Westen erfunden wurden: zum Beispiel Automobil, Unterhaltungselektronik, Digitaltechnik. Namen wie Toyota, Sony oder Yamaha stehen für eine Entwicklung, die lange Zeit vom Westen unterschätzt wurde. Beispielhaft steht eine Beurteilung der Business Week aus dem Jahr 1958: »Nachdem wir schon über 50 ausländische Automarken hier auf dem US-Markt haben, wird sich die japanische Autoindustrie sicher keine große Scheibe mehr aus dem Kuchen des US-Automarkts schneiden können.« Was danach passierte, ist bekannt.

... zur Wirkung

Das japanische Wirtschaftswunder beruhte also zu einem wesentlichen Teil auf dem Grundsatz der permanenten Perfektionierung: gemeint ist die professionelle Weiterentwicklung des Geschäftes und der Organisation im Gegensatz zur »großen« Revolution. »Kaizen« oder »Toyota-Prinzip« sind die ostasiatischen Begriffe. Im Westen haben sich KVP (kontinuierliches Verbesserungsprogramm) bzw. CIP (continuous improvement process) durchgesetzt. Zur Erlangung der DIN EN ISO 9001 ist beispielsweise KVP zwingend vorgesehen.

Wesentliche Wirkungen von KVP sind:
1. Fokussierung auf Kundennutzen
2. Fokussierung auf die eigenen Stärken und Weiterentwicklung der Wettbewerbsfähigkeit
3. permanentes Verbessern von Produktivität bzw. Kostenposition
4. Sicherstellen einer Kultur der Selbststeuerung
5. Steigerung von Verantwortung, Leistung und Engagement

Zeit- und Kostenfallen	
1. Rückfragen, Unklarheiten	11. mangelnde Arbeitsmethodik
2. Warteschleifen	12. lange Rüst- und Vorbereitungszeiten
3. viele Schnittstellen (Matrix)	13. Vielfacheingabe von Daten
4. viele Berichts- und Genehmigungsstufen	14. ungeeignete Informationssysteme
5. nicht akkordierte Kapazitäten	15. mangelhaft ausgebildetes Personal
6. vorgehaltene Kapazitäten	16. unklare Aufgaben, Kompetenzen und Verantwortlichkeiten
7. lange Suchzeiten	17. komplizierte Organisationen
8. viele Sitzungen mit vielen Leuten	18. selbstgefällige Personalvertretungen
9. schlechtes Sitzungsmanagement	19. viele Koordinatoren und Controller
10. entscheidungsschwache Manager	20. mangelhafte schriftliche Reports

Abb. 1 Überblick über Zeit- und Kostenfallen

Zeit- bzw. Kostenfallen beseitigen und Qualität steigern

Pragmatisch zusammengefasst stehen drei Faktoren im Vordergrund: Zeit, Kosten, Qualität. In jeder Organisation werden Ressourcen und Zeit investiert. Die Beseitigung von Zeit- und Kostenfallen gehört zum Standardrepertoire in jedem KVP. Es geht darum, alle Faktoren im Griff zu haben, die Zeit und Kosten verschwenden. Dies beginnt bei der Analyse von Selbstbeschäftigung und Überproduktion in Prozessen. So banal es auch klingen mag, diese Symptome sind sehr verbreitet. Beispiele sind etwa eine Leistungserstellung auf Vorrat, Sicherheitsbestände, Sicherheitszeiten oder ein überbordendes Berichtswesen. Alleine eine »Ausmistaktion« in einer öffentlichen Gesundheitskasse hat eine Reduktion der Formulare um über 20 % bei gleichem Informationsgehalt gebracht. Die Kostenwirkung in den betroffenen Prozessen – da Erfassung, Prüfung, Weitergabe, Gegenzeichnung etc. wegfielen – war erheblich. Fehler und ungesteuerte Kreativität in der Kultur einer Organisation zuzulassen, birgt ebenso enorme Zeit- und Kostenfallen. Der alte Grundsatz des »first pass yield« setzt an diesem Punkt an. Pro Prozess wird geprüft, wie viele Aktivitäten und Leistungen beim ersten Mal richtig durchgeführt werden. Jeder erneute Versuch erhöht Kosten und Zeit erfahrungsgemäß um 50 bis 100 %.

Die Zeit- und Kostenfallen lassen sich sehr einfach beseitigen. Eine Organisation wird zunächst in die wichtigsten Prozesse aufgeteilt. Anschließend werden die einzelnen Schritte grob quantifiziert und bezüglich Situation und Probleme bewertet. Zum Schluss sind noch konkrete Ansätze zur Verbesserung zu erarbeiten und die daraus abgeleiteten Zeit- und Kostenpotenziale zu bestimmen. Wichtig bei diesem Verfahren ist, ein klares Ziel zur Verkürzung der Durchlaufzeiten zu finden. Ein solches Ziel muss herausfordernd, also »groß« sein, weil nur so entsprechende Ansätze zur Verbesserung kommen. Bei einer Forderung nach Verkürzung um 10 % werden nur kosmetische Korrekturen vorgenommen. Erst wenn deutliche Verkürzungsziele vorhanden sind, liegt ein Antrieb für echtes Infragestellen und Verbessern vor.

Lange Durchlaufzeiten entstehen automatisch: Wenn ein Prozess läuft, schleichen sich Zeitkomponenten ein, die in Summe einen Prozess ausufern und nicht mehr wettbewerbsfähig sein lassen. Solche Treiber von Durchlaufzeiten können technischer, organisatorischer oder psychologischer Natur sein. Management bedeutet daher, diesem Automatismus entgegenzuwirken und permanent auf Zeit- und Kosteneffizienz zu achten.

Die Steigerung von Qualität, d. h. Kundennutzen, funktioniert analog. Pro Marktleistung, Kunden oder Prozess wird herausgearbeitet, wo Hebel für die Qualitätssteigerung liegen. Es geht um alles, was Kundennutzen stiftet, d. h. um das, wofür der Kunde eine Rechnung bezahlt. Beispielsweise bekommt eine große Versicherung regelmäßig die entscheidenden Inputs zur Produktgestaltung aus KVP-Zirkeln der Schadensabwicklung.

Beispiel Energieversorger	
\multicolumn{2}{l}{Ein lokaler Energieversorger erstellt jährliche Wasser-, Gas-, Fernwärme- und Stromabrechnungen für die Kunden. Nachdem die Gemeinde als Eigentümer sich zu Energiesparzielen bekannt hat, wurde mit Mitarbeitern und ausgewählten Kunden ein KVP-Zirkel gegründet. Ein konkreter Vorschlag sieht wie folgt aus:}	
KVP-Vorschlag	Transparenz und Benchmarking in der Wasser-, Gas-, Fernwärme- und Stromabrechnung
Vorschlag durch	P. Berger
Organisationseinheit	Kundenservice
Leiter Organisationseinheit	A. Gebauer
betroffene Organisationseinheiten	• Kundenservice • Abrechnung/Inkasso
Datum	17.02.201x
Ziel	Eine Sensibilisierung für Einsparungen bei den Endkunden wird durch transparente Abrechnungen mit einem einfachen Benchmarking hergestellt (Mehrjahresvergleich, Quervergleich mit strukturgleichen Haushalten oder Unternehmen, konkrete Spartipps etc.).
Ausgangslage	• Die aktuellen Abrechnungen sind kundenunfreundlich – sowohl bezüglich ihrer Verständlichkeit als auch bezüglich einer Sensibilisierung für Energiesparen.
Mittel	• Programmierung der neuen Rechnungsformate in allen Systemen und Anwendungen: 5.000 Euro • PR-Kampagne in Regionalzeitungen etc.: 2.000 Euro
Maßnahmen	• Umstellung der aktuellen Rechnungsformate: Aufnahme von Mehrjahresvergleichen des eigenen Verbrauchs bzw. eines »best practice« mit strukturgleichen Haushalten/Unternehmen • Errechnung eines automatischen Sparziels aufgrund der genannten Inputs • Controlling der effektiven Einsparungen
Termin	• Umsetzung der neuen Formate: bis 10.04. • erstmalige Ausgabe (Halbjahresabrechnungen): 30.06. • abgeschlossene PR-Kampagne: 31.07. • Controlling der effektiven Einsparungen: 31.12.
Umsetzungsverantwortung	P. Berger
Entscheidung	Die Maßnahme wird wie vorgeschlagen unverzüglich umgesetzt. Die Geschäftsleitung bekennt sich zu diesen Maßnahmen und unterstützt die Umsetzung wo immer notwendig.
Begründung	• klarer Beitrag des Unternehmens zu den Umweltzielen • positive PR-Wirkung für das Unternehmen/positive Wirkung auf das Image (Sparen, Bürgerfreundlichkeit etc.) • insgesamt: überschaubarer Aufwand bei großer Wirkung
Auftraggeber der Umsetzung	W. Fellinger, kfm. Geschäftsführer
Umsetzungsmeldung an/bis	Bericht an die Geschäftsführung bei folgenden GL-Sitzungen (durch P. Berger): • 04.07.: Umsetzung/erste Resultate • 21.12.: Controlling der Einsparungen, Resümee bezüglich PR und Image

KVP durch Selbststeuerung

KVP gelingt am besten in Form der Selbststeuerung. Die Grundidee liegt darin, dass autonome Teams voll für die Erfüllung ihrer Ziele hinsichtlich der Prozesse verantwortlich sind. Die Überprüfung und Kontrolle der entsprechenden Leistungen werden subsidiär von diesen Teams übernommen. Dies setzt selbstverständlich eine klare Strategie und eine Kultur des Vertrauens voraus sowie Führungskräfte bzw. Mitarbeiter, die mit der Selbstkontrolle umgehen können und wollen. Beispielsweise wurde die Angebots- bzw. Vertragsprüfung eines Maschinenbauers aufgegeben und in die Hände der verantwortlichen Einheiten übertragen. Flankierend wurde dies mit einer Prämienregelung auf Umsätze und mit einer niedrigen Reklamationsquote verbunden.

Die Vorteile dieses Ansatzes sind leicht nachvollziehbar. Erstens braucht es keine übergeordneten Instanzen, Stabstellen oder Externe, um die Verbesserungen anzustoßen. Damit liegt eine direkte, positive Kostenwirkung vor. Zweitens wird der Führungskreislauf in den autonomen Einheiten geschlossen, es entsteht Selbstorganisation. Die permanente Verbesserung in den Prozessen obliegt der Führung dieser Teams. Es sind die Produktivitäts- und die Qualitätsanforderungen selbst, die das Team steuern, und nicht andere Instanzen.

Die Anwendung

Die Vorschläge im KVP können sich auf alles beziehen, was eine Organisation und seine Leistungen wettbewerbsfähig macht: Produkte, Dienstleistungen, Abläufe, Ressourcen etc. Aber auch die Führungsprozesse selbst können Gegenstand von KVP sein, etwa Sitzungen oder Zielvereinbarungen. Im KVP-Vorschlag werden aufgenommen: Titel, Ideengeber, Vorgesetzter und die von dem Vorschlag betroffenen Organisationseinheiten. Anschließend werden Ziel, Ausgangslage, Mittel, Maßnahmen, Termine und Verantwortlichkeiten spezifiziert. Dies dient der Vorbereitung der Entscheidung (mit entsprechender Begründung). Für den Umsetzungsprozess wichtig sind noch das Nominieren eines Auftraggebers für die Umsetzung und regelmäßige Umsetzungsmeldungen. Aufnahme des Vorschlages, Entscheidung und Umsetzung laufen idealerweise im selben Zirkel.

Es gibt viele Organisationen, die positive Erfahrungen mit KVP gemacht haben. Wahrscheinlich existieren aber noch mehr Unternehmen, bei denen KVP in einer Berichtsbürokratie versunken oder eingeschlafen ist. Wenn dieses Instrument eingeführt wird, so muss dies von den Führungskräften getrieben sein und in Form von Selbststeuerung laufen. Koppelungen an Entlohnung oder Karriereplanung mögen sinnvoll scheinen, führt in der Praxis aber meist zu Pseudo-Vorschlägen, um eine gewisse Quote zu erreichen. Gelingt es, KVP in die bestehenden Führungsprozesse bzw. in die Teams einzubauen und im Sinn kleiner Workshops regelmäßig durchzuführen, entsteht ein wirksamer Hebel für Qualität, Zeit und Kosten. Der noch viel entscheidendere Effekt ist aber etwas anderes – und in diesem Sinn eine andere Übersetzung von KVP: eine **K**ultur der **V**erantwortung und der **P**rofessionalität.

Führung

Risikomanagement

Die Lebensfähigkeit des Unternehmens sicherstellen

Roman Stöger

Jede unternehmerische Tätigkeit ist mit Risiken behaftet. Diese liegen im Geschäft als solchem, im Umfeld, in der Organisation usw. Professionelles Risikomanagement gehört zum Werkzeug jeder Führungskraft und leistet einen entscheidenden Beitrag zur langfristigen Lebensfähigkeit eines Unternehmens.

Der Begriff »*Risiko*« ist für viele Menschen automatisch mit der Botschaft »Vermeidung« verknüpft. Das mag an sich richtig sein, geht allerdings an der unternehmerischen Praxis vorbei. Viele Risiken liegen in der Natur eines Geschäftes – oder noch extremer: Oft gehört es dazu, ein Risiko einzugehen, d. h., dass man es sich nicht leisten kann, ein Risiko nicht einzugehen. Es ist daher klar zu unterscheiden, ob vermeidbare Risiken vorliegen oder solche, die zwar nicht vermieden, sehr wohl aber gesteuert werden können. So bringt beispielsweise ein großes Change-Programm mit der Einführung neuer Betriebstypen für ein Handelsunternehmen Risiken mit sich: Risiken der zumindest anfangs noch nicht beherrschten Prozesse in der Warenwirtschaft, aber auch Risiken der fehlenden Kundenakzeptanz oder der unrealistischen Planung der Deckungsbeiträge. Ein Risiko kann aber auch dann vorliegen, wenn dieses Handelsunternehmen nicht den neuen Betriebstyp einführt. Die Nutzung veränderten Kundenverhaltens, eine höhere interne Produktivität durch schnellere Waren- und Serviceflüsse oder ein noch vorhandener Vorsprung zur Konkurrenz können verspielt werden, wenn das Management nichts unternimmt.

Aktives Risikomanagement besteht aus vier Schritten:

1. Als Erstes sind die Risiken zu identifizieren. Dies betrifft alle Arten von Führungsprozessen bzw. Planungsaktivitäten, wie etwa Strategie oder Schlüsselprojekte. Spätestens bei der Festlegung der Ziele, Mittel und Maßnahmen sollten die Risiken klar sein.
2. Der zweite Schritt ist die Bewertung der Risiken nach ihrer Wirkung. Es gibt keine mathematischen Verfahren, nach denen eine solche Bewertung automatisiert werden kann. Die einzelnen Risiken sind zu diskutieren und nach bestem Wissen und Gewissen einzuschätzen. Die jeweilige Führungskraft muss am Schluss eine Meinung haben und diese auch verantworten. Am Ende liegt eine Liste mit Prioritäten vor, die im Risikocontrolling überwacht wird. Risiken sind – ebenso wie die Ziele – präzise zu formulieren und zu bewerten. Gefährlich sind »Allerweltsrisiken«, die zwar einleuchten, aber nicht weiter konkretisiert sind, wie etwa das Risiko »Motivationsschwund bei Mitarbeitern«.
3. Drittens sind konkrete Maßnahmen zur Risikovermeidung bzw. zur Begrenzung möglicher Schäden zu erarbeiten. Maßnahmen setzen an

---

Anwendung und Nutzen

- Identifikation und Klarheit über die Risiken unterschiedlicher Dimensionen
- gemeinsame Sicht auf Risiken und damit eine gemeinsame Perspektive
- Grundlage für Risikomanagement und Risikocontrolling
- Risiko-Radar als Fixpunkt in jeder Veränderungsstrategie

Risikoarten	Kernthemen
1. Risiken im Umfeld	• Veränderung der Wettbewerbsstruktur (Kunden, Lieferanten usw.) • unsichere politisch-soziale Verhältnisse • unklare oder sich häufig ändernde gesetzliche Bestimmungen • fehlender Zugang zu neuen bzw. produktiveren Ressourcen
2. Risiken bezüglich Strategie	• fehlende Konkretisierung der Strategie • keine ambitionierten Ziele • unzureichende Darstellung der funktionalen Konsequenzen • fehlende Ressourcen bzw. Maßnahmen zur Umsetzung
3. Risiken bezüglich Struktur	• unzureichende Anpassung der Aufbauorganisation • unzureichende Anpassung der Ablauforganisation • unklare Aufgaben, Kompetenzen und Verantwortlichkeiten • unzulängliche Steuerung über Zahlen
4. Risiken bezüglich Kultur und Führung	• fehlende Vertrauenskultur • mangelhafte Kommunikation in den Führungsprozessen • fehlende Führungskompetenz • Zulassen von »Netzwerk statt Leistung«, Intrigantentum usw.

Abb. 1 Risikoarten

den Risikoursachen an oder versuchen, die Auswirkungen zu lindern.
4. Der vierte Schritt ist die Risikoüberwachung. Dies betrifft die Umsetzung der Maßnahmen, die erzielte Wirkung und die Aufnahme von neuen Maßnahmen aufgrund sich verändernder Umstände.

Das Identifizieren und Steuern von Risiken kann in allen Phasen von Führungsprozessen erfolgen. Es beginnt bereits relativ früh mit der Klärung, inwieweit ein neues Thema besetzt werden soll oder nicht. Egal wie entschieden wird – für jede Entscheidung liegen Risiken vor. Klarerweise muss eine Risikoabwägung und -abgrenzung bei der Planung und insbesondere in der Umsetzung geschehen. Aber selbst bei der besten Systematik und bei gewissenhaftem Risikomanagement werden Risiken übrig bleiben, die nicht bewältigt werden können. Zumindest ist dann aber bekannt, wo keine Gegensteuerung erfolgen kann. Risiken sind mit dieser Methode klar, eingrenzbar und der Überraschungseffekt ist minimiert.

Die konsequente Identifikation und Überwachung von Risiken ist eine Schlüsselaufgabe im Management. Als Werkzeug kann ein einfaches Risiko-Radar verwendet werden:

1. Darin werden als Erstes die Risiken identifiziert. Dies sollte in gemeinsamer Diskussion erfolgen, damit möglichst viele Perspektiven vertreten sind.
2. Zweitens wird die Wirkung beurteilt. Hier genügen in der Praxis einfache Einschätzungen. Eine Quasi-Genauigkeit mit mathematischen Modellen ist meistens nicht erforderlich.
3. Der dritte Schritt besteht darin, pro Risiko eine oder mehrere Maßnahmen mit konkretem Termin und Verantwortlichem zu entwickeln. Dieser Maßnahmenkatalog ist als Wiedervorlage in den entsprechenden Führungsprozessen einzubauen.

Wenn beispielsweise ein Versicherungsunternehmen eine neue Strategie umsetzt, dann gehört das Risiko-Radar zum fixen Bestandteil aller Steuerungsmeetings.

Risikomanagement ist an sich keine schwierige Methodik. Wie überall im Management gibt es auch hier unnötige Verkomplizierungen. Das Grundgerüst eines wirksamen Risiko-Radars ist denkbar einfach und genügt in den meisten Fällen.

Ein internationaler Hersteller für Tiernahrung führt ein weltweites Ergebnisprogramm mit acht Schlüsselprojekten durch. Alle Standorte und alle Prozesse sind involviert. Pro Schlüsselprojekt wird ein Risiko-Radar erarbeitet, um mögliche Hindernisse zu identifizieren und frühzeitig anzugehen.
Für das Projekt »Prozess-Effizienz« sieht das Risiko-Radar wie folgt aus:

Schlüsselthema		Prozess-Effizienz		
Nr./Datum		Nr. 4/21.02.201x		
Verantwortlich		Denning		
Risiko	Wirkung	Maßnahme	Termin	Verantw.
1. Verzögerung bei der Vereinheitlichung der Systemlandschaften	sehr hoch	Umstellen des Umsetzungsberichts von quartalsweise auf wöchentlich	ab 02.03.	Müller
		monatlicher Integrations-Workshop mit dem Topmanagement	ab 02.03.	Schmidt
		Einführung verbindlicher Abschalt-Termine für alte Systemwelten	3004.	Sapper
2. neue gesetzliche Anforderungen, vor allem bezüglich Produktion, Qualität und Zölle	hoch	halbjährlicher Bericht der Stabsabteilung »Recht« und »Unternehmensentwicklung« (inklusive Vorschläge)	31.03./30.09	Kohn
3. fehlende Bereitschaft bzw. Ernsthaftigkeit der dezentralen Einheiten zur Umsetzung der neuen Prozesse	sehr hoch	Festhalten der Prozessziele in den Zielvereinbarungen des jeweiligen Managements	30.06.	Sahl
		Einführung unregelmäßiger Prozess- und Wirkungs-Audits	30.06.	Sahl
4. ...				

Abb. 2 Risiko-Radar in der Tiernahrungsindustrie (Beispiel)

Kulturentwicklung

Wie Führungskräfte die Unternehmenskultur prägen können

Caspar Fröhlich

Die Kultur eines Unternehmens lässt sich nur in kleinen Schritten ändern. Zentral ist, dass die Unternehmensleitung mit gutem Beispiel vorangeht. Das Tool gibt Tipps, wie Führungskräfte eine solche Veränderung am besten anpacken.

Wenn Manager nicht erreichen, was sie wollen, und sich das Unternehmen trotz Reorganisationen, strategischen Initiativen (Must-Win-Battles), Lean-, Sigma- und Kontinuierlichen Verbesserungsprozessprojekten und mehrfach ausgewechseltem Schlüsselpersonal nicht wunschgemäß entwickelt, wird zumeist die Unternehmenskultur[1] als Ursache ausgemacht. Es heißt dann: »Wir müssen nicht nur andere Dinge machen, sondern wir müssen grundsätzlich anders an die Dinge rangehen. Wir müssen das Problem an der Wurzel packen und die Unternehmenskultur, die DNA der Organisation, ändern«.

Weil das nicht so einfach ist, wird vielfach ein Beraterteam engagiert, nicht McKinsey, sondern eines, das auf die »weichen« Themen spezialisiert ist. Die meisten dieser Berater beginnen natürlich mit einer Diagnose des Ist-Zustandes. Dann wird definiert, was der Ziel- oder Soll-Zustand sein soll, und anschließend geplant, wie man dahingelangen soll. Wenn man schlussendlich für die Umsetzung bereit ist, dann helfen einem die Berater, die komplexen Arbeitspakete umzusetzen: Reorganisation, Prozessveränderung, Kommunikationspläne und Trainings.[2]

Typischerweise sind Aufwand, Zeiteinsatz und Kosten recht hoch. Doch solche großflächigen Anstrengungen verändern kaum die tieferen Muster und Aspekte der Unternehmenskultur, welche zu Beginn zu Frustrationen geführt haben.

Verfahren

Eine ganze Unternehmenskultur auf einen Schlag zu verändern führt meist zu Enttäuschungen. Bessere Resultate erreicht man, indem man mit einem Aspekt der Unternehmenskultur in einem überschaubaren Bereich beginnt. Am besten arbeiten ein paar Freiwillige an Ideen, Vorschlägen oder Pilot-Ansätzen für einen abgegrenzten Bereich. Im Falle des Krankenhauses (siehe dazu das Beispiel Gesundheitswesen) könnte das eine Abteilung sein, beim Medienunternehmen ein Ressort. Dann werden Arbeitsgruppen gebildet, die sich periodisch treffen, um möglichst konkrete Maßnahmen zu erarbeiten. In solchen operativ orientierten Arbeitstreffen werden sogenannte reflexive Schleifen oder Lernschlaufen eingebaut, d.h. in den Arbeitstreffen wird jeweils fragt, welche Änderungen in der Zusammenarbeit notwendig sind, damit man mit den Ideen auch Erfolg hat. Das führt automatisch zu einem Lernprozess in der Gruppe und die Mitglieder werden sich bewusst, dass sie selbst einen Beitrag leisten können. Dabei ist immer zu beachten, was funktioniert und was eher nicht. Die für realisierbar erachteten Punkte werden dann in die folgenden Schritte eingebaut, also beim breiteren Roll-out.

Aus Unternehmenssicht besteht der Vorteil dieses Vorgehens darin, dass keine Ressourcen in Culture-Change-Programmen verschwendet werden. Wenn man sich auf die operationalen Aspekte konzentriert, mit Hartnäckigkeit immer wieder solche

> **Beispiel Medienbranche**
>
> Ein Medienunternehmen hat beschlossen, die ehemals getrennt agierenden Print- und Online-Bereiche organisatorisch zusammenzufassen. Die neuen Arbeitsabläufe werden nun von Teams, in denen beide Bereiche vertreten sind, definiert. Bald zeigt sich, dass die alten Kulturprägungen der Leute eine Zusammenarbeit schwierig machen. Die Leitung realisiert, dass es um mehr geht als um bloße organisatorische Fragestellungen. Nämlich um die Frage »Wie arbeiten wir zusammen, damit wir schnell zu greifbaren Resultaten kommen und die Arbeitsatmosphäre einigermaßen motivierend bleibt?« Also eine klassische Frage der Unternehmenskultur. Nur: Eine neue, andere Kultur kann man nicht einfach veranlassen, wie man andere Projekte durchziehen kann.

> **Beispiel Gesundheitswesen**
>
> Der Präsident des Aufsichtsrates eines Krankenhauses hat eine strategische Analyse veranlasst. Eine Vielzahl von strategischen Initiativen wurde bereits eingeleitet. Trotzdem bestehen Zweifel, ob die Umsetzung erfolgreich sein wird. Im Aufsichtsgremium glaubt man, dass man nicht nur neue Behandlungsmodelle, neue Einrichtungen und Prozessabläufe etablieren muss, sondern, dass »grundsätzlich die Art und Weise, wie wir miteinander arbeiten und die Patienten behandeln und mit ihnen interagieren«, verändert werden muss. Auch hier geht es weniger um die Aufsetzung eines weiteren Projektes als um die Veränderung von individuellen Verhaltensweisen in den Interaktionen mit Patienten und auch mit Mitarbeitenden. Um eine Veränderung der Kultur eben.

Lernschlaufen durchführt und daraus kleine Veränderungsschritte ableitet, so erwacht man schließlich plötzlich in der erwünschten Unternehmenskultur.[3]

Empfehlungen für Manager

Das Thema »Culture Change« kann auf sehr unterschiedliche Arten angegangen werden. Für die Konzeptionierung einer passenden Herangehensweise können die folgenden Ideen und Anregungen eine Unterstützung sein:

1. Sprechen Sie nicht von »Kulturveränderung«[4] Auch wenn Sie persönlich denken, dass es eine Kulturveränderung braucht, sprechen Sie lieber von der »Art der Zusammenarbeit«, die es zu optimieren gilt. Weshalb? a) Der Begriff ist abstrakt und schwierig zu fassen, b) für eine Organisation und ihre Mitglieder ist die Kultur etwas Resultierendes und nicht etwas aktiv Geschaffenes, c) das Wort »Kultur« kann auf rational orientierte Führungskräfte abschreckend wirken.
2. Verpflichten Sie sich und praktizieren Sie die Veränderung an der Spitze   Bevor Sie überhaupt beginnen, etwas im Unternehmen zu ändern, definieren Sie für sich, wie die Veränderung aus Ihrer Sicht aussehen soll. Wenn Sie z. B. möchten, dass die Atmosphäre zwar professionell ist, aber trotzdem etwas lockerer, so üben Sie sich, mehr Lockerheit in die Interaktionen mit Mitarbeitenden einzubringen. Erzählen Sie den Mitarbeitenden, dass Sie sich zu dieser neuen Verhaltensweise verpflichten. Fragen Sie Personen in ihrer Arbeitsumgebung nach einem Testmonat, wie sie Ihre Lockerheit auf einer Skala von 1 bis 10 wahrnehmen und was sie noch tun können, um weiter Richtung 10 zu kommen. Setzen Sie davon das um, was zu Ihnen passt.
3. Kein Rundumschlag und Totalumbau   Fokussieren Sie die Diskussion auf ein bis zwei Aspekte, welche Sie weiterentwickeln wollen. Im Beispiel des Krankenhauses könnte das »Patientenorientierung erhöhen« sein. Es macht keinen Sinn, viele Dimensionen gleichzeitig zu betrachten. Vermeiden Sie umfassende Diagnosen, welche von externen Beratern erstellt werden. Weshalb? Die Definition der Kultur ist eine narrative Konstruktion der Betrachter. Sie dient typischer-

weise vor allem zur Legitimation für geplante Maßnahmen. Gehen Sie deshalb nach einer gemeinsamen Definition des Handlungsbedarfes direkt zu den nächsten Schritten über und überwachen Sie die Umsetzung.
4. **Neue Verhaltensweisen konkret definieren** Diskutieren Sie mit den Mitarbeitenden, welche neuen Verhaltensweisen in die Routinen des Alltags übernommen werden sollen. Zetteln Sie eine Diskussion darüber an, wie die Mitarbeitenden das zu entwickelnde Thema, z. B. die »Patientenorientierung«, im Alltag wahrnehmen. Es besteht keine Notwendigkeit, dass alle völlig einheitlich handeln. Wichtiger ist, dass alle etwas beitragen und in Aktion treten.
5. **Machen Sie positive Geschichten bekannt** Gehen Sie auf Entdeckungsreise und identifizieren Sie positive Beispiele und Momente, in denen die erwünschten Verhaltensweisen bereits heute gelebt werden. Gratulieren Sie den beteiligten Personen, machen Sie die Storys bekannt. Erzählen Sie bei Treffen und anderen sozialen Anlässen innerhalb Ihrer Organisation von diesen konkreten positiven Beispielen. Lassen Sie Kurzinterviews mit den beteiligten Mitarbeitenden machen, stellen Sie diese ins Intranet. Nutzen Sie alle möglichen Kommunikationskanäle wie Intranet, Hauszeitungen, Blogs, Interviews in lokalen Zeitungen, um diese Storys zu verbreiten.
6. **Aktionen mit Spaß und spielerischer Leichtigkeit durchführen** Schaffen Sie Begeisterung für das Thema, indem Sie das Ganze aktionsorientiert und mit einer spielerischen Leichtigkeit angehen. Planen Sie die ersten Schritte mit einem kleinen Kreis von Freiwilligen. So stellen Sie sicher, dass die Leute sich inspiriert fühlen und das Thema weitertragen. Geeignet sind auch kleinere Aktionen, welche symbolischen Charakter haben: z. B. die Verteilung von bedruckten Post-it-Zetteln, die Installation von Wandtafeln, auf denen alle Mitarbeitenden sich zum Thema äußern können, oder die Diskussion im Intranet und in Social Media.
7. **Räume für den Austausch über das Thema schaffen** Seien Sie sich Ihrer Rolle als Führungskraft bewusst. Es geht nicht darum, dass Sie als Manager vorgeben, welche konkreten Schritte als Nächstes gemacht werden sollen. Ihre Rolle ist es eher, Räume und Gelegenheiten für den Austausch unter den Mitarbeitenden und allenfalls unter wichtigen Stakeholder zu schaffen. In solchen Dialogen wird das Bewusstsein für das Thema und dessen Dringlichkeit unter den Anwesenden geschärft. Daraus kann sich eine Eigendynamik entwickeln.
8. **Visualisieren Sie Ihre Botschaften** Vermeiden Sie die Nutzung von abstrakten, analytischen Darstellungsweisen, wenn es darum geht, viele Leute für ein Thema zu begeistern. Nutzen Sie Bilder und Erzählungen. Beispielsweise persönliche Erzählungen, in denen Sie schildern, weshalb Sie sich für ein Thema einsetzen. Gehen Sie wertschätzend mit anderen, potenziell gegensätzlichen Sichtweisen um.

Mögliche Schwierigkeiten

Obwohl die Tipps und Ideen methodisch leicht umzusetzen sind, sollten Sie bei der Durchführung auf diese möglichen Fallstricke achten:
- Beginnen Sie mit sich – nicht mit den anderen.[5] Und erzählen Sie den anderen, was Sie selbst beabsichtigen, konkret anders zu tun.
- Vermeiden Sie den Big Bang und lösen Sie sich von der Vorstellung, dass eine Unternehmenskultur wie ein traditionelles Projekt geplant, angeordnet, gesteuert und umgesetzt werden kann. Damit sich in einer bestimmten Gruppe etwas verändert, muss eine kritische Zahl von Leuten ihr Verhalten ändern. Das werden sie tun, wenn es sich für sie lohnt. Vorher nicht. Und bedenken Sie: Am Anfang jeder wichtigen Entwicklung stehen einige Verrückte, die an eine Idee glauben.
- Lassen Sie verschiedene Leute und Arbeitsgruppen parallel arbeiten. Wenn nicht alle Aktionen synchronisiert sind, macht das nichts. Besser das Momentum nutzen, als einzelne Begeisterte zu stoppen und die Freude und Energie zu verlieren.

- Wahren Sie eine gute Distanz zum Thema, indem Sie immer wieder Leichtigkeit, Humor und eine spielerische Freude in die Sache bringen.

Anmerkungen
1 Zum Begriff der Unternehmenskultur vgl. Schein, E. H.: Organisationskultur – The Ed Schein Corporate Culture Survival Guide, 3. Aufl., Bergisch Gladbach 2010.
2 Vgl. Schaffer, R. H.: To Change the Culture, Stop Trying to »Change the Culture«, Blog des Harvard Business Review, Dezember 2012, http://blogs.hbr.org/2012/12/to-change-the-culture-stop-try/
3 Vgl. Schaffer, R. H.: a. a. O.
4 Vgl. Schaffer, R. H.: a. a. O.
5 Goldsmith, M.: To Help Others Develop, Start With Yourself. In: Fast Company Magazine, März 2004, http://www.fastcompany.com/48377/help-others-develop-start-yourself

Beratungsprozess

Beratung verstehen und gezielt einsetzen

Achim Weiand

In Organisationen werden immer mehr Beratungsunternehmen zur Unterstützung bei großen wie kleinen Projekten eingesetzt. Deshalb ist ein fundiertes Wissen zum Ablauf eines Beratungsprozesses auf Kundenseite unerlässlich, um gute Berater identifizieren zu können und eine systematische und erfolgreiche Beratung sicherzustellen. Für den Berater selbst gehört die genaue Kenntnis des Beratungsprozesses zum unerlässlichen Handwerkszeug.

Eine der bekanntesten Definitionen von Beratung im Umfeld von Veränderungsprojekten kommt von Gordon und Ronald Lippitt, die den Begriff sehr weit fassen, da sie unter Beratung sowohl professionelle Berater als auch Amateurhelfer fassen, also sowohl Organisationsentwickler als auch Sozialhelfer, Psychologen oder Rechtsanwälte. »Beratung hat zwei Seiten – ein Prozess, in dem Hilfe gesucht und gegeben wird. Ziel der Beratung ist es, einer Person, Gruppe, Organisation oder einem größeren System zu helfen, die für die Auseinandersetzung mit Problemen und Veränderungsbemühungen erforderlichen inneren und äußeren Kräfte zu mobilisieren.«[1]

Wichtige Kennzeichen von Beratung

Außerdem sind folgende Charakteristika für Beratungsleistungen relevant:[2]
- der Entgeltcharakter der Beratung,
- die zeitliche Begrenztheit von Beratung,
- die hohe Zielorientierung von Beratung über einen bereits im Vorfeld abgeschlossenen Kontrakt,
- die Unabhängigkeit des Beraters gegenüber dem Klienten sowie seine fehlende Weisungsbefugnis gegenüber Organisationsmitgliedern des Klienten,
- die hohe Qualifikation des Beraters in Bezug auf mehrere, sehr unterschiedliche Kompetenzbereiche (Fachkompetenz, Methodenkompetenz, soziale Kompetenz etc.) und seine Bereitschaft zum Wissenstransfer,
- seine ethische Verantwortung gegenüber dem Klienten und den von der Beratung betroffenen Mitarbeitern.

Beratungsdienstleistungen sind durch ihre Immaterialität gekennzeichnet. Für den Klienten bedeutet das beispielsweise, dass ein Umtausch der erbrachten Beratungsleistung problematisch ist (wie bei einer Steuererklärung oder bei einer Organisationsberatung) und dass es eine hohe qualitative Schwankungsbreite der Beratung gibt, da die Dienstleistung individuell erstellt wird. Die Immaterialität seiner Produkte stellt den Berater vor das Problem, dass seine Dienstleistungen nicht lagerbar sind, sodass eigene personelle Überkapazitäten verloren gehen und nicht fakturiert werden können. Zudem entsteht ein Beratungsprodukt oft erst in der Interaktion zwischen Berater und Klient, sodass der Kunde als Mit-Produzent – bewusst oder unbewusst – entscheidenden Einfluss auf die Güte der Beratung nimmt. Dies stellt für den Berater ein hohes Risiko bei der Produkterstellung dar, da er nicht alle Einflussfaktoren selbst beherrschen kann. Zudem sind viele Beratungsleistungen einmalig, deshalb aufwendig und damit auch mit einem Risiko des Scheiterns versehen. Ein Kunde

Erster Kontakt und Vertragsabschluss	• Das Problem/das Projekt wird dem Berater vom Auftraggeber vorgestellt. • Abchecken von Erwartungen, Leistungsangeboten und der gegenseitigen »Chemie« • Formeller Vertragsabschluss (Kontrakt) mit einer Definition der Ziele der Beratung
Datensammlung und -auswertung	• Erste konkrete Eingrenzung des Problems durch den Berater und den Klienten; Frage nach der Beteiligung weiterer Personen bei der Problemdefinition; erster Kontakt des Beraters mit den beteiligten Personen • Formulierung von Hypothesen über Problem und Ursachen durch Berater, Klienten und weitere Personen; Diskussion dieser Hypothesen • Frage nach der Art der benötigten Daten zur exakten Problembeschreibung und Ursachenanalyse und der Methode zur Datensammlung • Erhebung der Daten und Auswertung der Daten durch den Berater; Schlussfolgerungen ziehen; einen Veränderungsplan entwickeln
Feedback und Handlungsentscheidungen	• Feedback der Daten und der Schlussfolgerungen durch den Berater an den Klienten (und möglicherweise weitere Personen) • Erstellen von Endzielen und Maßnahmeplänen (Interventionsplanung) zusammen mit dem Klienten
Durchführung	• Umsetzung der Maßnahmen inklusive Vorbereitung, Unterstützung und Nacharbeit • Überwachung der Maßnahmeumsetzung (Monitoring) und regelmäßige Berichterstattung an den Auftraggeber (Reporting)
Ausweitung, Neubeginn oder Beendigung	• Bewertung der Umsetzung (Evaluation) • Entscheidung über die Fortführung des Projekts oder seine Beendigung

Abb. 1 Phasenmodell einer Beratung nach Block

wird sich aber den Bestrebungen des Beraters nach standardisierten und damit risikoarmen Dienstleistungen widersetzen, um eine für ihn und auf seine spezifische Ausgangssituation angepasste Lösung zu erhalten.

Motive für den Einsatz von Beratern

Christoph Lauterburg listet folgende unterschiedliche Motive für den Einsatz von Beratern bei Veränderungsprojekten auf:[3]

- »Fachwissen: Sie benötigen spezifisches, im eigenen Unternehmen nicht vorhandenes Fachwissen.
- Management-Methoden: Sie benötigen breites Management-Know-how, um Strategien, Strukturen oder Prozesse zu überprüfen.
- Kapazität: Das notwendige Wissen und Können wäre in Ihrem Haus vorhanden, aber Sie benötigen vorübergehend zusätzliche Kapazitäten, um bestimmte Aufgaben innerhalb einer bestimmten Zeit erfüllen zu können.
- Neutralität: Sie legen Wert darauf, jemanden dabei zu haben, der eine neutrale Sicht auf Ihr Haus sowie auf ein bestimmtes Veränderungsprojekt hat – jemand, der nicht betriebsblind ist und keine eigenen ›Aktien‹ in Ihrem Geschäft hat.
- Klingender Name: Sie wissen, dass schmerzhafte Veränderungen ins Haus stehen. Sie wissen im Wesentlichen sogar welche. Sie glauben aber, dass einzelne oder mehrere Stakeholder leichter zu überzeugen sind, wenn der Name einer bekannten Beratungsfirma dahintersteht.«

Ein Klient sollte sich bereits vor der Auftragserteilung Klarheit über seine Motive verschaffen, um dann zielgerichtet den passenden Berater auswählen zu können.

Phasen eines Beratungsprozesses

Die Beratung als eine Arbeitsbeziehung zwischen Klient und Berater läuft in unterschiedlichen Phasen ab, die von der Auftragsvergabe bis zur Beendigung der Beratung gehen. Peter Block schlägt hierzu ein Modell mit fünf idealtypischen Beratungsphasen vor. Dieses Modell soll einem Auftraggeber helfen, in jeder Beratungsphase die wichtigen Auf-

1. Der Einkauf von Informationen oder das Expertenmodell: Telling and Selling	
• Der Klient weiß, was das Problem ist, welche Lösung benötigt wird, woher die Lösung kommen kann. • Der Berater beschafft die benötigten Informationen und erarbeitet die Lösung.	Grundannahmen und Voraussetzungen (... dass es funktioniert): 1. Der Klient hat das Problem richtig diagnostiziert. 2. Der Klient hat die Professionalität bzw. das Spezialistentum des Beraters richtig beurteilt. 3. Der Klient hat das Problem und welche Art von Lösung benötigt wird, richtig kommuniziert. 4. Der Klient hat die Konsequenzen der Informationsbeschaffung bzw. der verlangten Lösung durchdacht und akzeptiert.
2. Das Arzt-Patient-Modell	
• Der Klient spürt bzw. leidet unter bestimmten Unzulänglichkeiten oder Problemen, deren Ursachen sowie mögliche Lösungsansätze ihm aber unbekannt sind. • Der Berater übernimmt die Verantwortung für eine richtige Diagnose (Erfassung) des Problems und dessen angemessene Lösung. • Der Klient ist abhängig vom Beratungsprozess bis zur Lösungsfindung.	Grundannahmen und Voraussetzungen (... dass es funktioniert): 1. Der Diagnoseprozess selbst wird als nützlich und hilfreich angesehen. 2. Der Klient hat die Symptome (Indikatoren) richtig interpretiert und den Bereich, in welchem as Problem auftritt, richtig lokalisiert. 3. Der indizierte Problembereich (Person oder Gruppe) gibt die notwendigen Informationen für eine zutreffende Diagnose; er manipuliert nicht, sondern ist kooperativ. 4. Der Klient versteht die Diagnose und den Lösungsvorschlag des Beraters richtig und ist bereit, ihn anzuwenden. 5. Der Klient kann nach der Beraterintervention allein wunschgemäß weiter funktionieren.
3. Das Prozessberatungsmodell (Process Consultation)	
• Der Klient hat das Problem und behält während des ganzen Beratungsprozesses die volle Verantwortung dafür. Der Berater hilft dem Klienten, die prozesshaften Ereignisse seiner Umwelt wahrzunehmen, richtig zu interpretieren, zu verstehen und ihnen angemessen zu begegnen. • Stärkstes Involvement (Betroffen- und Beteiligtsein) des Klienten, sich selbst zu helfen.	Grundannahmen und Voraussetzungen (... dass es funktioniert): 1. Der Klient verspürt den Wunsch nach Veränderung (Problembewusstsein), hat aber das Problem nicht im Griff (Ursache, Lösung). 2. Der Klient kennt die Lösungsmöglichkeiten nicht oder nur unzureichend, auch bezüglich der Frage, wer ihm helfen könnte, weiß er nicht weiter. 3. Das Problem ist so beschaffen, dass der Klient nicht nur jemanden braucht, der die Problemursachen und -lösungen herausfindet, sondern der Klient sollte durch seine aktive Teilnahme am Diagnoseprozess selbst davon profitieren. 4. Der Klient hat »konstruktive« Absichten, er ist durch Ziele und Werte motiviert, die der Berater akzeptieren kann, und er ist in der Lage, eine sogenannte helfende Beziehung einzugehen. 5. Der Klient ist letztlich der Einzige, der wirklich weiß, welche Interventionsform für ihn jetzt hilfreich ist. Er kontrolliert also die Situation. 6. Der Klient ist fähig zu lernen, wie er seine Organisationsprobleme erkennen und lösen kann.

Abb. 2 Mögliche Beziehungen zwischen Berater und Klient nach Schein

gaben zu erledigen, sodass er Beratung erfolgreich in seiner Organisation anwendet. Es soll andererseits Beratern helfen, beispielsweise einen erfolgreichen Kontakt zum Klienten zu etablieren und sich die wichtigen Informationen zu beschaffen, die sie zur Beratung benötigten. Block weist nachdrücklich darauf hin, dass bei jeder Beratung diese fünf Phasen vorkommen und dass keine Phase übersprungen werden darf.[4]

Ist der Erstkontakt zwischen Auftraggeber und Klient erfolgreich verlaufen sein, dann sollte ein Vertrag (auch Auftrag oder Kontrakt genannt) erstellt werden, der die Kernpunkte der Zusammenarbeit definiert. Beide Parteien bekommen so Handlungssicherheit während der Projektlaufzeit (vgl. das Toolkit 16 »Projektauftrag«).

Drei grundlegende Beziehungen zwischen Beratern und Klienten

In der Literatur werden unterschiedliche Beziehungen zwischen Beratern und Klienten thematisiert. Diese jeder Beratung – bewusst oder unbewusst – zugrunde liegenden Modelle von Beratung bestimmen folgende Aspekte:

- Wie weitgehend der Auftrag definiert wird und welche Leistungen durch den Berater erbracht werden sollen. Enthält der Auftrag ausschließlich die Umsetzung bestimmter Verfahrensweisen oder enthält er neben der Problemdefinition auch eine Diagnose mit dem Erarbeiten von Lösungen sowie die Umsetzung dieser Lösungen?
- Welche Informationen der Berater vom Klienten über das Problem, die Organisation und die beteiligten Personen erhält. Von wem erhält der Berater diese Informationen? Erhält der Berater auch sensible oder vertrauliche Informationen? Welche Informationen darf der Berater innerhalb der Organisation wem gegenüber erwähnen?
- Welche Vollmachten der Berater erhält und wer von Klient und Berater für einzelne Veränderungsschritte verantwortlich ist. Mit welchen Aufgaben, Verantwortlichkeiten und Kompetenzen wird der Berater in das Veränderungsprojekt eingebunden? Was darf der Berater den Organisationsmitgliedern gegenüber? Kann der Berater im Auftrag des Auftraggebers Handlungen im Unternehmen veranlassen?
- Welche Instrumente eingesetzt werden. Welche Arten von Maßnahmen (Interventionen) sind konkret erwünscht und auch in der Organisation umsetzbar?
- Welche Rollen der Berater übernimmt. Ist er Advokat aller Betroffenen, Experte, Trainer, Mitarbeiter an Problemlösungen etc.?

Edgar Schein hat drei mögliche Grundtypen von Beziehungen zwischen Berater und Klient herausgearbeitet (s. Abb. 2).[5]

Bei Veränderungsprozessen geht es allerdings nicht nur um technische Probleme, bei denen der fachliche Sachverstand eines Beraters benötigt wird. Veränderungsprojekte greifen in der Regel tief in Strukturen, Prozesse und Arbeitsabläufe einer Organisation ein und werden deshalb die Interessen vieler Mitarbeiter tangieren. Widerstand gegen die Veränderung ist deshalb sehr wahrscheinlich. Bei Veränderungsprozessen wird deshalb mit Sicherheit fachbezogenes Know-how etwa zu neuen Steuerungsinstrumenten oder neuen Entgeltmodellen benötigt – wichtig ist aber auch das Wissen

Abb. 3 Einfache Arbeitsbeziehung zwischen Auftraggeber/Klient und Berater

darüber, wie Veränderungsprozesse gesteuert werden können. Dazu benötigt der Klient in der Regel einen Berater, der ihm dabei hilft, die Dynamiken in seiner Organisation zu entschlüsseln und adäquat zu agieren. Schein betont deshalb die Bedeutung einer Prozessberatung gegenüber einer reinen Fachberatung, gerade bei Veränderungsprojekten. Er definiert Prozessberatung wie folgt: »Prozessberatung ist der Aufbau einer Beziehung mit dem Klienten, die es diesem erlaubt, die in seinem internen und externem Umfeld auftretenden Prozessereignisse wahrzunehmen, zu verstehen und darauf zu reagieren, um die Situation, so wie er sie definiert, zu verbessern.«[6]

Konkrete Arbeitsbeziehungen zwischen Klient und Berater – und mögliche Fallstricke

Eine der für beide Seiten einfachsten Arbeitsbeziehungen zwischen Klient und Berater ist in Abbildung 3 dargestellt: Hier hat ein Klient ein Problem, zu dessen Lösung er sich (externe oder interne) Hilfe durch einen Berater besorgt. Der Klient hat gleichzeitig ein Budget zur Bezahlung des Beraters zur Verfügung und kann autonom über dessen Verwendung entscheiden. Klient und Berater definieren zusammen das Problem und entscheiden gemeinsam, welche Interventionen eingesetzt werden sollen.

Schwieriger wird es bei der zweiten Konstellation (vgl. Abb. 4): Ein Berater erhält von einem Auftrag-

Abb. 4 Komplexe Arbeitsbeziehung zwischen Auftraggeber, Klienten und Berater

Abb. 5 Ein Vierervertrag in der Beratung

geber einen Auftrag zur Unterstützung von Führungskräften – beispielsweise bei einem Veränderungsprozess zur Verbesserung ihrer Führungsfähigkeiten. Der Auftraggeber ist in diesem Fall aber nicht gleichzeitig der Klient. Fraglich ist bei dieser Konstellation, ob die Klienten überhaupt von diesem Auftrag an den Berater wissen, ob sie die gleiche Problemdiagnose treffen wie ihr Vorgesetzter und ob sie mit der Intervention durch den Berater einverstanden sind. Es könnte auch sein, dass die Führungskräfte die Diagnose ihres Vorgesetzten nicht teilen (»Schlechte Führungsfähigkeiten bei den Führungskräften, die durch ein Training aufgebaut werden müssen«), sondern einhellig der Meinung sind, dass die augenscheinlichen Probleme durch ihren Vorgesetzten selbst verursacht werden. Für den Berater stellt sich hier das Problem, dass er eine indirekte Klientenbeziehung mit viel Abstimmungsbedarf »zwischen den Fronten« hat. Block nennt dies einen Dreiervertrag.[7]

Es gibt zudem noch komplexere Formen wie den Vierervertrag (vgl. Abb. 5) oder sogar Fünfervertrag.

Arten von Klienten

Edgar Schein führt eine sinnvolle Unterscheidung des vagen Begriffs des »Klienten« ein, um in diesen sehr häufig anzutreffenden Situationen eine hinreichende Trennschärfe zu erhalten:[8]

- Kontaktklienten: Die Person(en), die den Kontakt zu dem Berater aufnimmt (aufnehmen), sich mit einer Bitte, einer Frage oder einem Thema an ihn zu wendet(n).
- Mittelbare Klienten: Die Person(en), die im weiteren Projektverlauf in diverse Interviews, Meetings oder andere Maßnahmen mit einbezogen wird (werden).
- Primäre Klienten: Die Person(en), der (denen) letztlich das Problem oder das Thema gehört, das Arbeitsgegenstand ist; normalerweise ist (sind) diese identisch mit der (den) Person(en), aus deren Budget der Berater bezahlt wird.
- Ahnungslose Klienten: Über-, unter- oder gleichrangig zu den primären Klienten angesiedelte Mitglieder der Organisation oder des Klientensystems, die von den Interventionen beeinflusst werden, sich aber dessen nicht bewusst sind.
- Ultimative Klienten: Die Gemeinschaft, gesamte Organisation, Beschäftigungsgruppe bzw. jede Gruppe, derer sich der Berater annimmt und deren Wohl es bei jeder Intervention des Beraters zu beachten gilt.

> **Fundstelle**
>
> Ein Auto muss im ländlichen Umfeld auf der Straße warten, weil eine Schafherde die Straße überquert. Der Autofahrer kommt mit dem Schäfer ins Gespräch und fragt ihn, ob er umsonst ein Schaf von ihm erhält, wenn er ihm sagen kann, wie viele Tiere die Herde hat. Der Schäfer willigt ein.
> Der Autofahrer nimmt seinen Laptop, loggt sich per Handy in eine Datenbank über die durchschnittlichen Schafbestände in Mitteleuropa ein, vergleicht diese mit den ausgezahlten Fördermitteln pro Region und einigen anderen statistischen Angaben und kommt nach zwei Stunden zu dem Ergebnis, dass es 248 Schafe sein müssten. Der Schäfer sagt, dass dies richtig sei. Der Autofahrer nimmt sich daraufhin ein Schaf. Daraufhin fragt der Schäfer, ob er das Schaf zurückbekomme, wenn er im Gegenzug den Beruf des Fremden errät. Der willigt ein. Der Schäfer sagt: »Sie sind Unternehmensberater«. Woher er denn das wüsste, fragt der Fremde. Der Schäfer antwortet:
> 1. »Ich habe Sie nicht um Hilfe gefragt, sie kamen trotzdem.
> 2. Sie haben mir nur das gesagt, was ich bereits weiß.
> 3. Sie haben sich den Hund ausgesucht.«

- Involvierte ›Nicht-Klienten‹: Schließlich gilt es zu beachten, dass es bei jedem Versuch, etwas zu verändern, Personen oder Gruppen geben wird, denen klar ist, was vor sich geht, auf die keine der oben dargestellten Klientenkategorien zutrifft und die daran interessiert sein können, den Prozess des Helfens zu verlangsamen oder zu stoppen. In jedem Gesellschafts- oder Organisationsumfeld gibt es politische Gegebenheiten, Machtspiele, verborgene Interessen und gegensätzliche Ziele, über die sich der Helfer bei der Planung und Durchführung seiner verschiedenen Interventionen im Klaren sein muss.«

Damit der Berater in komplexen Situationen wie z. B. bei einem Dreiervertrag (vgl. Abb. 4) nicht in die Bredouille gerät, muss er diesen für ihn schwierigen, ja sogar undurchführbaren Kontrakt mit all seinen Auswirkungen mit dem Auftraggeber besprechen und die Widersprüchlichkeiten auflösen. Gefährlich sind zudem »verdeckte« Aufträge, die der Berater den Betroffenen gegenüber nicht offenlegen soll; dies wird meist früher oder später ans Tageslicht kommen, einen massiven Vertrauensverlust zur Folge haben und dazu führen, dass die Betroffenen die Zusammenarbeit aufkündigen. Roswita Königswieser und Martin Hillebrand gehen auf diese Problematik ein und bezeichnen die prinzipielle Offenheit des Beraters im Kontakt mit allen betroffenen Personen und Personengruppen als einen wichtigen Grundsatz, der die Beziehungen des Beraters zum Klienten und zu sich selbst bestimmten sollte: »Wir arbeiten nicht nur mit den mächtigen Personen, sondern auch mit den verschiedenen Interessengruppen bzw. Hierarchieebenen. Wir nennen das Allparteilichkeit. Wir sind der Anwalt der Ambivalenz.«[9] Legt der Berater diesen Beratungsansatz von vornherein im Kontraktgespräch dar, dann werden verdeckte Aufträge erst gar nicht erteilt und es kommt bei einem komplexen Dreiervertrag relativ schnell zu einer Einigung, wie der Betroffene einbezogen werden kann. Auf der anderen Seite besteht das Risiko, dass ein Auftraggeber bei einer derartigen Beratungshaltung den Auftrag nicht erteilt – und sich einen anderen Berater sucht.

Hilfsmittel für den Klienten

Auch der Klient sollte grundlegende Kenntnisse zu Beratung und Beratungsprozess haben. Checklisten zu Kontrakten finden sich etwa bei Peter Block, Gerhard Fatzer sowie Barbara Langmaack/Michael Braune-Krickau.[10] Theo Sommerlatte bietet eine Checkliste für die Vorbereitung und Durchführung von Beratungsprojekten und orientiert sich dabei an den Phasen Problemerkennung, Angebotsphase,

Beraterauswahl, Beratungsvorbereitung, Beratungsdurchführung, Reflexion und Präsentation der Ergebnisse.[11]

Anmerkungen

1 Lippitt, G./Lippitt, R.: Beratung als Prozess: Was Berater und ihre Kunden wissen sollten, 4. Aufl., Leonberg 2006, S. 3; zum Beratungsmarkt vgl. etwa Fink, D. (Hrsg.): Management Consulting Fieldbook: Die Ansätze der großen Unternehmensberater, 2. Aufl., München 2004.
2 Vgl. Schwan, K./Seipel, K. G.: Erfolgreich beraten. Grundlagen der Unternehmensberatung, 2. Aufl., München 2002, S. 11.
3 Lauterburg, C.: Drum prüfe, wer sich ewig bindet. Auswahl, Einsatz und Steuerung externer Berater. In: Organisationsentwicklung, 23. Jg., 2004, H. 2, S. 23.
4 Nachfolg. Zusammenfassung wurde vom Autor ergänzt und beruht auf Block, P.: Erfolgreiches Consulting. Das Berater-Handbuch, Frankfurt a. M./New York 1997, S. 16–19; vgl. auch die Einteilung des Beratungsprozesses in sechs Phasen bei Lippitt, G./Lippitt, R.: a. a. O., S. 18.
5 Vgl. Schein, E. H.: Prozessberatung für die Organisation der Zukunft, Köln 2000, S. 21–41; sowie Eck, C. D.: Rollencoaching als Supervision. In: Fatzer, G. (Hrsg.): Supervision und Beratung, Köln 1993, S. 246.
6 Schein, E. H.: a. a. O., S. 39.
7 Block, P.: a. a. O., S. 137.
8 Schein, E. H.: a. a. O., S. 92.
9 Königswieser, R./Hillebrand, M.: Einführung in die systemische Organisationsberatung, Heidelberg 2004, S. 41.
10 Vgl. Block, P.: a. a. O., S. 105; Fatzer, G. (Hrsg.): Supervision und Beratung, Köln 1993, S. 68–71; sowie Langmaack, B./Braune-Krickau, M.: Wie die Gruppe laufen lernt, 7. Aufl., Weinheim 2000, S. 15–43.
11 Sommerlatte, T./Mirow, M./Niedereichholz, C./von Windau, P. G. (Hrsg.): Handbuch der Unternehmensberatung. Ergänzbares Informationswerk für Unternehmen und Organisationen der Wirtschaft, für Berater und Beraterverbände, Loseblattausgabe, Berlin 2004, 5110, S. 17–19.

Flexibilitätsmatrix

Teams entwickeln und ihre Effizienz steigern

Mario Situm

Will man die Flexibilität eines Teams prüfen, ist der Einsatz einer Flexibilitätsmatrix hilfreich. Auf Basis der Resultate dieses Tools können entsprechende Schulungsmaßnahmen für die Effizienzsteigerung von Teams in Organisationen implementiert werden. Das Instrument ist sowohl für Führungskräfte in Unternehmen als auch für Personalabteilungen ein hilfreiches Personalführungs- und -entwicklungsinstrument.

Flexibilität ist inzwischen ein wichtiger strategischer Erfolgsfaktor, dem in Zukunft noch mehr Bedeutung beizumessen sein wird. Sie beschreibt die Änderungs- und Anpassungsfähigkeit eines Unternehmens im Hinblick auf unterschiedliche Bedingungen, die sich im Lauf der Zeit ständig verändern können.[1] Um nachhaltig erfolgreich zu sein, müssen Unternehmen – um genau zu sein: deren Teams oder Mitarbeiter – einen entsprechend hohen Grad an Flexibilität vorweisen können und Führungskräfte sollten unbedingt wissen, wie flexibel ihre Mitarbeiter tatsächlich sind.

Um Teams zu optimieren, ist es erforderlich, die betreffenden Mitarbeiter gemäß ihren Stärken und Möglichkeiten richtig einzusetzen sowie entsprechende Ausbildungsmaßnahmen einzuleiten. Zudem muss die Funktionsfähigkeit eines Teams immer in gleichbleibender Qualität gewährleistet bleiben, auch in Situationen, in denen bestimmte Mitarbeiter des Teams nicht anwesend sind (aufgrund von Urlaub, Krankenstand etc.). Aufgabe der Führungskraft ist es außerdem, potenzielle leistungshemmende oder -beeinflussende Risiken zu erkennen und entsprechende Maßnahmen zur Elimination dieser zu ergreifen.

In der Praxis helfen folgende Fragen bei der Ermittlung von Risiken weiter:
- Welcher Mitarbeiter im Team ist für welche Aufgaben zuständig?
- Welcher Mitarbeiter trägt für welche Aufgaben die Hauptverantwortung?
- Welcher Mitarbeiter beherrscht welche Aufgaben in welchem Ausmaß?
- Wie sieht die Stellvertretungsregelung im Falle von Abwesenheiten aus?

Ausgehend von den Antworten zu diesen Fragestellungen ist es für die Führungskraft möglich, entsprechende Maßnahmen zur Festigung der Leistungsfähigkeit eines Teams einzuleiten. Die bloße schriftliche Zusammenstellung der Antworten scheint in der betriebswirtschaftlichen Praxis nicht ausreichend hilfreich zu sein, um zu einer umfassenden Bewertung der aktuellen Situation in einem Team zu gelangen. Mit dem Instrument Flexibilitätsmatrix erhält man dagegen schnell einen klar strukturierten Überblick auf visueller Basis, um die oben dargestellten Fragestellungen beantworten zu können.[2] Zudem ist die Matrix ein personalwirtschaftliches Steuerungsinstrument, das laufend auf die von den Teammitgliedern neu erlernten Fähigkeiten adaptiert werden kann.[3]

Abb. 1 Prozess zur Umsetzung einer Flexibilitätsmatrix

Prozess der Entwicklung einer Flexibilitätsmatrix

In der betriebswirtschaftlichen Praxis kommt die Flexibilitätsmatrix nicht besonders häufig zum Einsatz. Auch in der Literatur wird dieses effiziente Instrument selten umfassend dargestellt und erklärt. Von Unternehmensberatern wird sie bei Projekten aber gern zur Effizienzsteigerung eingesetzt, denn damit erhält man den aktuellen Status der Flexibilität sämtlicher Mitarbeiter im Unternehmen.[4] Ausgehend von einem Effizienzsteigerungsprojekt in einem Team, das für die Produktentwicklung und -wartung sowie den direkten Vertrieb bei Kunden tätig ist, wird später beispielhaft eine Flexibilitätsmatrix aufgesetzt, deren wesentliche Aspekte in weiterer Folge näher dargestellt werden. Abbildung 1 stellt den Prozess dar, den man in der Praxis einhalten sollte, damit diese Matrix lückenlos und effizient erstellt werden kann.

Schritt 1: Analyse der Tätigkeiten im Team

Ausgehend von den Stellenbeschreibungen und einem Brainstorming mit Mitarbeitern im Team können die wichtigsten Aufgabenfelder (Tätigkeiten) des Teams zusammengestellt werden. In der Praxis hat sich vor allem das Brainstorming als ein wertvolles Managementinstrument erwiesen, da durch die Interaktionen im Team die Wahrscheinlichkeit einer lückenlosen Erfassung der relevanten Tätigkeiten erhöht wird. Bei Unternehmen, die über eine Prozesslandkarte verfügen bzw. die Prozesse im Unternehmen aufgezeichnet haben, können die entsprechenden Unterlagen unterstützend eingesetzt werden, sodass dieser Prozessschritt noch effizienter und schneller abgearbeitet werden kann.

Schritt 2: Erstellung eines Erstentwurfs

Die Führungskraft muss nun ausgehend von den gesammelten Informationen und den zur Verfügung stehenden Unterlagen versuchen relevante Aufgabenfelder zu definieren, die dann in einer Matrix zusammengefasst werden. Ein Beispiel hierfür ist in Abbildung 2 dargestellt. In diesem Zusammenhang ist es hilfreich, Haupttätigkeiten zu definieren (z. B. Kundenbetreuung), unter die dann Teiltätigkeiten subsumiert werden können.

Schritt 3: Kritische Durchsicht

Der Erstentwurf ist für die weitere Vorgehensweise wesentlich. Im nächsten Schritt sollte man aber nochmals eine kritische Reflexion im Team veranlassen, indem man den Erstentwurf an die Mitar-

	Mitarbeiter 1	Mitarbeiter 2	Mitarbeiter 3	Mitarbeiter 4	Mitarbeiter 5	Mitarbeiter 6	Mitarbeiter 7	Mitarbeiter 8
Kundenbetreuung								
Kundenbesuche und -telefonate								
Produktauskunft								
Analysen								
Consulting								
Akquisition								
Kontakte zu externen Partnern								
Angebotserstellungen								
Kundenveranstaltungen								
Betreuung Niederlassungen								
Unterstützung Vertriebsmitarbeiter								
Konditionengenehmigung								
Aufbau und Betreuung Intra- und Internet								
Auswertungen								
Produktentwicklung/Verkaufsansätze								
Erarbeitung von Konzepten								
Aufgreifen von Produktideen								
Produktinnovation								
Produktpflege								
Produktkalkulation								
Produkt- und Preiswartung im System								
Erstellung von Verkaufsargumentarien								
Marktbeobachtung								
Entwicklung und Pflege von Vertriebsinstrumenten								

Abb. 2 Entwurf einer leeren Flexibilitätsmatrix

beiter im Team weiterleitet. So können eventuell nicht erfasste Tätigkeiten identifiziert und die vorgenommene Aufteilung hinsichtlich ihrer Sinnhaftigkeit evaluiert werden. Denn möglicherweise ist es sinnvoll, bestimmte Tätigkeiten zusammenzufassen oder weiter zu unterteilen. Die Aufteilung der Tätigkeiten sollte so definiert sein, dass die Führungskraft die Flexibilität des Teams möglichst genau bewerten kann und darauf aufbauend entsprechende Optimierungsmaßnahmen getroffen werden können.

Schritt 4: Adaption Erstentwurf

Nach dem dritten Schritt werden in der Regel Rückmeldungen eingehen, die man einbauen kann, nachdem sie diskutiert und reflektiert wurden. In der Regel erhöht das die Qualität der Flexibilitätsmatrix.

Schritt 5: Befüllung der Matrix

Zunächst muss eine Legende erstellt werden, auf deren Basis man folgende Punkte erkennen kann:

	Mitarbeiter 1	Mitarbeiter 2	Mitarbeiter 3	Mitarbeiter 4	Mitarbeiter 5	Mitarbeiter 6	Mitarbeiter 7	Mitarbeiter 8
Kundenbetreuung								
Kundenbesuche und -telefonate	T	T	T	T	T	T	A	T
Produktauskunft	T	T	T	T	T	T	A	T
Analysen	T	T	T	T	V	V	A	V
Consulting	T	T	T	T	T	T	N	N
Akquisition	T	T	N	N	N	N	N	N
Kontakte zu externen Partnern	T	T	T	N	N	N	N	N
Angebotserstellungen	T	T	T	T	V	V	V	N
Kundenveranstaltungen	T	T	V	V	N	N	N	N
Betreuung Niederlassungen								
Unterstützung Vertriebsmitarbeiter	T	T	T	T	T	T	A	A
Konditionengenehmigung	T	T	T	T	A	A	N	N
Aufbau und Betreuung Intra- und Internet	V	T	Ü	V	T	Ü	N	Ü
Auswertungen	T	T	T	T	T	T	A	T
Produktentwicklung/Verkaufsansätze								
Erarbeitung von Konzepten	T	T	A	T	N	N	N	N
Aufgreifen von Produktideen	T	T	T	T	T	T	N	N
Produktinnovation	T	T	T	T	N	N	N	N
Produktpflege	V	T	T	T	T	T	A	T
Produktkalkulation	T	T	V	T	N	N	N	N
Produkt- und Preiswartung im System	Ü	T	N	N	N	N	N	N
Erstellung von Verkaufsargumentarien	T	T	T	T	N	N	A	N
Marktbeobachtung	T	T	T	T	T	T	A	T
Entwicklung und Pflege von Vertriebsinstrumenten	V	T	V	V	N	N	N	N

T	Tätigkeit wird ausgeübt		A	in Ausbildung	
V	Vertretung		N	kurzfristig nichtübernehmbar (> 3 Wochen)	
Ü	kurzfristig übernehmbar (< 3 Wochen)				

Abb. 3 Beispiel einer Flexibilitätsmatrix für ein Team

1. Welche Rolle spielt der Mitarbeiter bei der betreffenden Tätigkeit?
2. Ist der Mitarbeiter bei der betreffenden Tätigkeit in Ausbildung?
3. Wie schnell kann der Mitarbeiter die betreffende Tätigkeit erlernen?

Dann sollte man basierend auf Einzelgesprächen sowie auf der definierten Legende die Felder je Mitarbeiter befüllen. Natürlich wäre es möglich, dass man dies als Führungskraft selbst vornimmt. In der betriebswirtschaftlichen Praxis erweist sich das Gespräch jedoch als wertvoll, da man in diesem Zusammenhang zusätzliche Informationen erhält, die für die anstehenden Handlungsableitungen nützlich sind (z. B. Ausbildungslücken, die man bisher nicht erkannt hat, oder auch operationelle Risiken).

Schritt 6: Handlungsableitungen

Ausgehend von den eingetragenen Ergebnissen können dann von Seiten der Führungskraft bestimmte Schlüsse gezogen und die vorher dargestellten Fragestellungen beantwortet werden. Man erhält eine klare Entscheidungsgrundlage, anhand der man zielgerichtete und effiziente Handlungen einleiten kann.

Ableitungen aus der Flexibilitätsmatrix

In Abbildung 3 wird ein Teilausschnitt aus der erarbeiteten Flexibilitätsmatrix dargestellt. Das betreffende Team besteht aus acht Mitgliedern inklusive der Führungskraft. Die einzelnen Tätigkeiten sind in die Hauptkategorien »Kundenbetreuung«, »Betreuung Niederlassungen« und »Produktentwicklung/Verkaufsansätze« unterteilt. Darunter stehen jeweils die dazugehörigen Hauptprozesse. Ausgehend von der definierten Legende und einer entsprechenden farblichen Unterlegung der Felder ist es relativ schnell möglich, Risiken und Engpässe zu erkennen. Grundsätzlich ist das betreffende Team gut aufgestellt, sodass das operationelle Risiko als gering eingestuft werden kann.

Folgendes fällt bei der Betrachtung auf:
- In der Hauptkategorie »Kundenbetreuung« bei der Tätigkeit »Akquisition« sind nur zwei Mitarbeiter tätig. Von den anderen Teammitgliedern kann diese Tätigkeit nicht kurzfristig übernommen werden. Wenn einer der beiden Mitarbeiter den Betrieb verlassen würde, wäre diese Aufgabe nur noch auf einen Mitarbeiter konzentriert. Dies stellt ein operationelles Risiko dar. Es wäre sinnvoll, einen dritten Mitarbeiter aus dem Team an dieses Thema heranzuführen. Dies kann durch Verkaufsschulungen oder auch durch Begleitung bei zukünftigen Akquisitionsterminen erfolgen. Zumindest sollte erreicht werden, dass ein weiterer Mitarbeiter von »N« (kann die Aufgabe kurzfristig nicht übernehmen) auf »Ü« (kann die Aufgabe kurzfristig übernehmen) entwickelt wird.
- Bei der Hauptkategorie »Produktentwicklung/Verkaufsansätze« unter der Tätigkeit »Produkt- und Preiswartung im System« gibt es eine Person, die diese Tätigkeit hauptverantwortlich ausübt. Ein anderer Mitarbeiter könnte diese Aufgabe kurzfristig übernehmen. Auch hier wäre es günstig, wenn man noch einen Mitarbeiter in Richtung »Ü« (kann die Aufgabe kurzfristig übernehmen) entwickelt, damit ein operationelles Risiko eliminiert werden kann. Gleichzeitig sollte das Teammitglied, das bei diesem Prozess mit »Ü« gekennzeichnet ist, in Richtung »V« (Vertretung) entwickelt werden.

Erkenntnisse und Anwendungen für die betriebswirtschaftliche Praxis

In der Praxis hat sich gezeigt, dass die Entwicklung einer Flexibilitätsmatrix im Team ohne nennenswerte Widerstände umgesetzt werden kann. Üblicherweise sind die Mitarbeiter sehr engagiert, da die Flexibilitätsmatrix auf einem einzigen Blatt ein »Bild« des Teams darstellt und somit auch bewusst wird, welche Leistungen die einzelnen Mitglieder im Kollektiv innerhalb der Organisation vollbringen. Sie ist somit auch ein Instrument, das die Solidarität im Team stärken kann. Zudem liefert die Matrix der Führungskraft wichtige Informationen, die für die Umsetzung von bestimmten Maßnahmen (wie zusätzliche Schulungen, Jobrotation etc.) verwendet werden können.[5] Wichtig ist aber auch, dass die Flexibilitätsmatrix nicht als statisches Instrument gesehen wird, sondern dass sie weiterentwickelt wird, weil sich im Lauf der Zeit verschiedene Veränderungen ergeben können (Kündigungen, Neueinstellungen, Prozessveränderungen etc.). Wenn die Flexibilitätsmatrix einmal eingeführt ist, können Adaptionen relativ schnell und einfach vorgenommen werden.

Der wesentliche Prozessschritt für eine gute Implementierung der Flexibilitätsliste ist die Analyse der Tätigkeiten im Team. Hierfür sollte ausreichend Zeit eingeplant, unterstützende Unterlagen gesammelt und mit den Mitarbeitern eingehend diskutiert werden. Die Komplexität dieses Prozessschritts ist bei fehlenden Prozessbeschreibungen höher. Es ist hilfreich, die Tätigkeiten im Brainstorming zu erfassen und dann ähnliche Tätigkeiten zu clustern. So kann rasch eine gute Systematik erarbeitet werden, welche die Grundlage für die weiterführende Diskussion darstellt.

Die Flexibilitätsmatrix ist zur übersichtlichen Darstellung der Tätigkeiten eines Teams hilfreich[6] und ermöglicht es, jedem Mitarbeiter im Team für jede Tätigkeit einen Status zuzuordnen (»aktive Ausübung«, »Stellvertretung«, »Nicht-Ausübung« oder »in Ausbildung«).

Die Vorteile einer Flexibilitätsmatrix können wie folgt zusammengefasst werden:
- schneller Prozess zur Entwicklung bzw. Einführung im Team
- strukturierter Überblick über die im Team abgebildeten Tätigkeiten auf einem einzigen Blatt
- solide Basis für die Weiterentwicklung von Teams in Sinne von Stellvertretungsregelungen, Risikomanagement als auch für die Implementierung von Weiterbildungsmaßnahmen
- Basis für die Weiterentwicklung eines prozessorientierten Managementsystems im Unternehmen
- Basis zur Steuerung eines Teilbereiches des operationellen Risikos
- Wartung und Weiterentwicklung mit relativ geringem Aufwand

Sie dient als
- Ausgangsbasis für die Entwicklung von Schulungsplänen
- Werkzeug zur Identifikation von Tätigkeiten mit operationellem Risiko
- Instrument für die Vereinbarung von Mitarbeiterzielen

- Möglichkeit zur Weiterentwicklung durch Einbezug weiterer relevanter Daten wie Arbeitszeiten, Kosten etc.

Die Flexibilitätsmatrix ist somit ein wichtiges Basisinstrument für die Führung und Steuerung von Teams. Nach der Einführung sollte sie laufend genutzt und adaptiert werden, da sie eine wichtige Entscheidungsgrundlage darstellen kann und die Komplexität von Aufgaben im Gruppen und Teams in komprimierter Form ermöglicht.

Anmerkungen
1 Vgl. Kaluza, B./Blecker, T.: Flexibilität – State of the art und Entwicklungstrends. In: Kaluza, B./Blecker, T. (Hrsg.): Erfolgsfaktor Flexibilität – Strategien und Konzepte für wandlungsfähige Unternehmen, Berlin 2005, S. 2 und S. 8; Horstmann, J.: Operationalisierung der Unternehmensflexibilität: Entwicklung einer umwelt- und unternehmensbezogenen Flexibilitätsanalyse, Wiesbaden 2007, S. 12.
2 Vgl. Haman, M. K.: Rollen und Verantwortlichkeiten in der Produktion: Produktionsmanagement für Führungskräfte, Norderstedt 2013, S. 169.
3 Vgl. Böhmisch, W. R./Stummer, H.: Wertorientierte Führung an einem Universitätsinstitut: Eine kritische Betrachtung des Konzeptes und seiner Implementierung. In: Auinger, F./Böhmisch, W. R./Stummer, H. (Hrsg.): Unternehmensführung durch Werte: Konzepte – Methoden – Anwendungen, Wiesbaden 2005, S. 113; Schröer, C.: Die Einführung von Total Productive Maintenance: Ausnutzung von Synergien in Verbindung mit Gruppenarbeit, Norderstedt 2001, S. 49.
4 Vgl. Schatz, F./Situm, M.: Prozessoptimierung zur Steigerung der Effizienz und Effektivität. In: Exler, Markus W. (Hrsg.): Restrukturierungs- und Turnaround-Management: Strategie – Erfolgsfaktoren – Best Practice, Berlin 2013, S. 125.
5 Vgl. Schröer, C., a. a. O., S. 49.
6 Vgl. Böhmisch, W. R./Stummer, H., a. a. O., S. 113; Haman, M. K., a. a. O., S. 46.

Sitzungsmanagement

Mit wirksamen Sitzungen zu Ergebnissen

Roman Stöger

Gut geführte Sitzungen sind ein entscheidender Hebel, um Organisationen wirksam werden zu lassen. Völlig zu Recht beklagen aber viele Mitarbeiter und Führungskräfte, dass sie zu viel Zeit in zu vielen unwirksamen Sitzungen verbringen. Jeder Aufwand auf Kostenstellen, in Projekten oder auf Reisen wird kalkuliert – die Effektivität von Sitzungen wird hingegen praktisch nie hinterfragt.

Der beste Zugang zum Thema Sitzungsmanagement ist die Orientierung am Gegenteil von Sitzung und Team: an der *Nicht-Sitzung* und an der einzelnen Person. Warum organisieren sich Menschen? Aus ökonomischer Sicht deswegen, weil sie gemeinsam ihre Ziele besser erreichen können. In der Praxis entsteht aber häufig der Eindruck, dass Organisationen nicht wegen ihrer guten Zusammenarbeit funktionieren, sondern weil einzelne Personen eine überdurchschnittliche Leistung bringen. Die einzelne Person hat klare Vorteile gegenüber einem Team. Es muss nichts abgestimmt, koordiniert und kommuniziert werden. Obwohl in der heutigen Zeit viel über das Team romantisiert wird, sind erfahrene Führungskräfte eher sparsam mit dem Einsatz von Teams: Sie sehen Abstimmungsrunden, Arbeitskreise, Kommissionen nicht als Zeichen von Fortschritt, sondern als Hindernis für Umsetzungsstärke. Der Einzelne braucht mit sich selbst keine Sitzung. Diese wird erst notwendig, wenn viele Menschen zusammenarbeiten.

Hintergrund

Gerade für Führungskräfte sind Sitzungen zu einem Dauerthema geworden. Grob gesagt gilt die sogenannte *70er-Regel:* 70 % der Führungskräfte sagen, dass sie 70 % ihrer Zeit in Sitzungen verbringen und 70 % dieser Zeit als nicht produktiv empfinden. Es geht hier nicht um die Prozentzahl, sondern um die Botschaft: Sitzungen müssen professionell gemanagt werden, damit erstens das Team besser funktioniert als Einzelarbeit und zweitens der Zeitverlust durch die Sitzungen wieder aufgeholt werden kann. Die Sitzung während eines Formel-1-Rennens ist der Boxenstopp. Dort wird ein Grand Prix gewonnen oder verloren. Mag dieser Vergleich auch überzogen sein, so sollte diese Analogie einmal selbstkritisch herangezogen werden: Wie professionell laufen unsere Sitzungen und wie lange dauert bei uns ein »Boxenstopp«?

Es existieren viele Bezeichnungen für die Sitzung: Workshop, Meeting, Besprechung, Konferenz, Abstimmungsrunde, Koordinationstermin, Gremium, Arbeitskreis, Projektgruppe etc. Ziele, Ausprägungen und Formalisierungsgrad können unterschiedlich sein, aber es gibt einen gemeinsamen Kern: Die Sitzung ist der wichtigste Versammlungs-, Kommunikations-, Informations- und Entscheidungsort, den es in arbeitsteiligen Organisationen gibt. Es gibt weniges, an dem die *Leistungsfähigkeit* von Organisationen und Führungskräften so deutlich ersichtlich wird. In, durch und mit Sitzungen wird Unternehmenskultur entscheidend geprägt.

Grundsätze und Best Practice im Sitzungsmanagement: Checkliste

1. Die beste Sitzung ist diejenige, die nicht stattfinden muss, weil die Inhalte klar sind und sich alle auf ihre Aufgaben konzentrieren können. Daher lautet der erste und wichtigste Grundsatz im Sitzungsmanagement frei nach Peter Drucker: »**Don't meet**«. Dies ist auch ein Qualitätszeichen für das Organisieren. Es bedeutet, dass eine Organisation mit wenigen Sitzungen auskommt.
2. Sitzungen sind so zu gestalten und zu führen, dass **keine Nachfolgesitzungen** entstehen. »Multiplikative« Sitzungen sind Zeichen von unprofessionellem Management und grenzenloser Verzettelung.
3. Es gibt nur ein Kriterium, ob eine Sitzung wirksam ist oder nicht: nämlich die **Ergebnisse**. Gute Sitzungsleiter steuern darauf hin, dass Beschlüsse gefasst werden und allen klar ist, wer nach der Sitzung welche Aufgabe bis wann zu erledigen hat. Die Resultate der Sitzung sind in ihrer Struktur vorwegzunehmen. Das bedeutet, dass das zu erreichende Ergebnis mittels Arbeitsunterlage bzw. Template vorstrukturiert wird und als Dokumentationsplattform dient.
4. Sitzungsleiter halten sich im Zweifel mit inhaltlichen Beiträgen zurück, weil sie die Sitzung steuern müssen: Wortmeldungen erteilen, den »Fahrplan« einhalten, auf die Zeit sehen und Umsetzungslisten erstellen. Sie delegieren so viel wie möglich (z. B. Berichte, Präsentationen), weil sie genug mit der **Steuerung der Sitzung** zu tun haben.
5. Häufig fällt der größte Arbeitsaufwand nicht bei einer Sitzung an, sondern in der Vorbereitung und in der Nacharbeit. Wirksame Sitzungsleiter reservieren Zeit zur **Vor- und Nachbereitung**.
6. Als Grundsatz der **Protokollierung** gilt, dass nur Entscheidungen und Maßnahmen dargestellt werden. Berichte und inhaltliche Ausführungen werden separat abgelegt. Mit einem übersichtlichen Aufbau und Hervorhebungen ist sichergestellt, dass innerhalb von einer Minute Klarheit über das Sitzungsergebnis herrscht. Idealerweise wird »live« mitprotokolliert (z. B. über Beamer). Dadurch entfällt nachträgliches Gegenlesen und das Protokoll kann unmittelbar nach Sitzungsende versendet werden.
7. Die Sitzung muss **pünktlich** anfangen. Das gilt besonders dann, wenn nicht alle Teilnehmer pünktlich sind. Die Sitzung soll formell begonnen und abgeschlossen werden. Vor der Sitzung ist zu prüfen, ob alles vorbereitet ist (Medien). Die Sitzung muss im Zeitplan sein. Deshalb ist nicht nur der Beginn einer Sitzung mit einem Zeitpunkt zu versehen, sondern auch jeder Tagesordnungspunkt und das Ende der Sitzung.
8. Soll eine Sitzung produktiv sein, muss sie mit **Disziplin** geführt werden. Eine gute Sitzung bedeutet harte Arbeit. Vor der Sitzung ist zu überlegen, wie Leistungsdruck erzeugt werden kann. Der Sitzungsleiter muss die Aufmerksamkeit aller einfordern. Er ist dafür verantwortlich, dass die Sitzung mit Ergebnissen schließt.
9. Die **Wortmeldung** wird vom Sitzungsleiter erteilt. An diesen geht das Wort auch wieder zurück. Es redet immer nur eine Person. Vielredner sind einzubremsen, inaktive Teilnehmer zur Wortmeldung aufzufordern. Dies bedeutet in der Praxis, dass lange Redebeiträge und ausufernde Darstellungen konsequent abzukürzen sind. Basisfragen jedes Sitzungsleiters sind: »Was heißt das jetzt?«, »Werden wir durch Vertiefung schlauer als vorher?«, »Werden die Schlussfolgerungen andere – dadurch, dass wir abtauchen?«.
10. Den **Erfolg einer Sitzung** reklamiert ein Sitzungsleiter niemals für sich, sondern immer für alle. Vor, während und nach der Sitzung ist immer wieder der eigentliche, übergeordnete Zweck, der Beitrag der Sitzung für das Ganze herauszustreichen. Erst dieser Beitrag definiert den Erfolg.

Was ist zu beachten?

Bei der *Anzahl der notwendigen Sitzungen* ist von einer möglichst geringen Anzahl auszugehen. Es gibt Führungskräfte mit der Neigung, alle wichtigen Fragen an ein Kollektiv zu delegieren. Niemand ist dann in solchen Konstellationen verantwortlich, die Themen werden in Endlosschleifen diskutiert und die Leute von der Arbeit abgehalten. Eine überschaubare Anzahl von Sitzungen ist Zeichen von professioneller Organisation und von Effektivität. Wenn nur 10 % der Aufmerksamkeit für eine funktionierende IT der Professionalität von Sitzungen geschenkt werden würden, dann gäbe es viele Probleme nicht: unstrukturierte Themen, Verzettelung, Entscheidungsschwäche, ineffiziente Projekte etc.

Frei nach Peter Drucker lautet der erste und wichtigste Grundsatz im Sitzungsmanagement: Don't meet.

Es sind im Prinzip zwei Werkzeuge, die ein professioneller Sitzungsleiter im Griff haben muss: *Tagesordnung und Protokoll*. Alle Führungskräfte nicken, wenn sie das hören und fast alle glauben, dass dies selbstverständlich und einfach sei. Die Praxis sieht allerdings anders aus: mangelhafte Vorbereitung, unprofessionelle Sitzungsleitung, unzulängliches Zeitmanagement und ausufernde, schlecht geschriebene Protokolle (die nicht selten viel zu spät gesendet werden). Mit der präzisen Gestaltung von Tagesordnungen und wasserdichten Protokollen erhöht sich die Verbindlichkeit und ganz generell die Wirksamkeit einer Sitzung.

In Tagesordnungen sind aufzunehmen: Titel der Sitzung, Zeit, Dauer, Ort, eingeladener Personenkreis, Autor der Tagesordnung, Tagesordnungspunkte mit dem angepeilten Resultat, Verantwortliche für die einzelnen Tagesordnungspunkte, Verweis auf das Protokoll. Durch eine Tagesordnung wird Orientierung gegeben und Druck zur sorgfältigen Vorbereitung aufgebaut. Gute Tagesordnungen konzentrieren sich auf wenige, dafür wichtige Punkte. Überladene Tagesordnungen sind nicht nur Beweis einer schlechten Sitzungskultur, sondern auch ein Zeichen unwirksamer Organisation. Bei jedem Punkt muss klar sein, welcher Zweck erreicht werden soll. Eine genaue zeitliche Angabe und eine konkrete Person als Verantwortlicher sollten zugewiesen sein.

Das Protokoll ist der Abschluss einer Sitzung und in diesem Sinn der eigentlich letzte Tagesordnungspunkt. Ohne Protokoll bleibt jede Besprechung offen, ohne Ergebnis und interpretationsbedürftig. Ein vollständiges Protokoll beinhaltet: Verweis auf die Sitzung (Titel, Zeit, Teilnehmer), Entscheidungen, Maßnahmen und nächste Schritte. Krönender Abschluss eines Protokolls ist die Feststellung, dass alle Sitzungsziele erreicht sind und keine nachfolgende Sitzung notwendig ist.

Professionelles Gremien-Management

Der größte Anteil an Sitzungen findet heute nicht mehr in Ausnahmefällen oder Sondersituationen statt. Regelmäßige Sitzungen sind Teil von Managementprozessen und damit wichtiges *Organisationselement*: Geschäftsleitungsbesprechung, Key-Account-Meeting, Entwickler-Runde, IT-Sitzung, Projektmonitoring etc. Gerade die Arbeitsteiligkeit in den heutigen Organisationen bringt es mit sich, dass nur noch über diese permanenten, getakteten Gremien gemeinsame Ergebnisse hergestellt werden können. Damit erhöht sich der Professionalisierungsdruck auf Sitzungen. Es gibt Unternehmungen, die mit Sitzungs-Wirksamkeits-Uhren arbeiten. Dort wird eingestellt: Teilnehmer der Sitzung mal Zeit mal Stundensatz von Führungskräften. Nach der Sitzung quantifiziert diese Uhr die Kosten der Sitzung. Bezeichnenderweise gibt es in keiner Kostenrechnung dieser Welt die Kostenart »Sitzung«. Am Ende sind zwei selbstkritische Fragen zu stellen: erstens »Wie viel Umsatz müssen wir machen, um diese Sitzung zu bezahlen?« und zweitens »Was würden die Kunden sagen, wenn sie diese Sitzung mitverfolgt hätten?«.

Dem professionellen *Gremien-Management* kommt entscheidende Bedeutung zu, damit Organisationen funktionsfähig bleiben. Heute dominieren nicht mehr Organigramme, sondern Führungsprozesse und Gremien – und diese laufen nicht selten quer zur offiziellen Aufbauorganisation. Bei der Gremiengestaltung sind im ersten Schritt die Gremien und die jeweiligen Leiter festzulegen. Dies orientiert sich an den wichtigsten geschäftlichen Erfordernissen, d. h. vom Markt bestimmt. Meistens sind dies sogenannte Querschnittsthemen, die nur horizontal von mehreren Leuten bewältigt werden können. In der Resultatsliste für Gremien sind daher Sitzung, Leitung, Termin, Dauer, Resultate als Tagesordnungspunkte, Teilnehmer und Protokollant aufzunehmen. Diese Liste wird so zu einem integralen Bestandteil jedes Organisations-, Führungs- und Qualitätshandbuchs.

Resultatsliste für Gremien: Werkzeug und Beispiel Automotive					
Ein Automobilzulieferunternehmen hat seine Führungsprozesse und seine Gremienlandschaft umgestellt. Sitzungen werden jetzt durch zu erreichende Resultate definiert (und nicht umgekehrt).				
Sitzung/Leitung	Termin/Dauer	Resultate (und zugleich Tagesordnung und Protokollstruktur)	Teilnehmer	Protokoll
Geschäftsleitungssitzung	zwei-wöchentl., Fr. 8–12	aktueller Auftragseingang 3-5 wichtigste Kundenprojekte Liquiditätssteuerung ggf. Personelles Protokoll	GL (plus Gäste)	Sekr. GL-Sprecher
Vertriebs-Sitzung	wöchentl., Mo. 8–12	aktueller Status Offerten aktueller Auftragseingang Status Schlüsselprojekte Status Key Accounts ggf. Personelles Protokoll	GL-V, VL´s, KAM´s, Leiter Schlüssel-Proj.	Sekr. GL-V
Technik-Sitzung	monatl., Mo. 13–17	aktuelle Entwicklungsprojekte Status Technikprojekte Konkurrenz-Screening Schnittstellen Vertrieb-Technik ggf. Personelles Protokoll	GL-T, GL-V, CC-L, abwechselnd VL´s, Leiter Schlüssel-Proj.	Sekr. GL-T
…	…			

Das Erreichen eines Sitzungs-Handicaps als »organisatorische Platzreife«

Es gibt nur ein Kriterium, ob eine Sitzung wirksam ist oder nicht, nämlich die Ergebnisse. Die Sitzung kann maximal ein Katalysator sein, das Entscheidende passiert aber erst nachher – die *Umsetzung*. Gute Sitzungsleiter stellen sicher, dass bei jeder Sitzung eine Umsetzungsliste angefertigt wird. Damit wird die beste Voraussetzung für eine wirksame Sitzung geschaffen. Nur so bleibt eine Organisation auch produktiv.

Erstaunlich viele Führungskräfte spielen Golf und betreiben diesen Sport mit Engagement und Disziplin. Das permanente Verbessern des Handicaps ist dabei eine Daueraufgabe und ohne hartes Trainieren nicht zu erreichen. Erstaunlich ist aber auch, dass Führungskräfte viel zu wenig an ihrem *Sitzungshandicap* arbeiten. Ein Ziel kann etwa darin bestehen, die Wirksamkeit permanent zu erhöhen und die durchschnittliche Sitzungszeit jährlich um 30 % zu verkürzen. Diese Art von »organisatorischer Platzreife« sollte für alle Führungskräfte einer Organisation gelten. Jeder Sitzungsteilnehmer hat Anspruch auf eine professionelle Sitzung.

Systematische Müllabfuhr

Sich von Überflüssigem und Überkommenen verabschieden

Roman Stöger

Spätestens, wenn die Produktivität nicht mehr stimmt, ist es Zeit für eine »systematische Müllabfuhr«. Sie stellt alles auf den Prüfstand und sorgt dafür, das Überflüssiges und Überkommenes entfernt werden.

Jedes Unternehmen kann als Organismus mit Stoffwechsel aufgefasst werden. Gemeint sind Austauschbeziehungen mit Lieferanten, Kunden, neue Entwicklungen, aber auch interne Ressourcen- und Informationstransfers. Genauso wie ein Organismus kann auch ein Unternehmen »ansetzen«, d. h. langsam, umständlich und träge werden. Dies sind die Momente, in denen festgestellt wird, dass Kosten unverhältnismäßig sind oder Produktivitäten nicht mehr stimmen. In solchen Fällen ist eine »systematische Müllabfuhr« notwendig.

Die »Entschlackung« einer Organisation beginnt bei Effektivität und Effizienz

Die grundlegenden Arbeiten und Erkenntnisse gehen auf Peter Drucker und Fredmund Malik zurück, die festgestellt haben, dass es einen »*Entschlackungsmechanismus*« braucht, damit die Ressourcen dort eingesetzt werden können, wo Wirkung am Markt sowie Produktivität entstehen. Lange Zeit, insbesondere in Boom-Phasen, war die Müllabfuhr kein Thema, weil die Märkte alles aufnahmen und Fehler verziehen. Dies hat sich mittlerweile geändert. Konzentration, Tempo bzw. Umsetzungsfähigkeit sind entscheidend und hängen direkt mit der Fähigkeit zur systematischen Müllabfuhr zusammen. Die Ansatzpunkte liegen bei der Effektivität und Effizienz.

Effektivität

Die Effektivität stellt die Frage nach der Notwendigkeit von Tätigkeiten. All das steht zur Disposition, was abgebaut werden kann, ohne den Gesamtnutzen für den Kunden und die eigene Organisation zu verringern. So basieren beispielsweise Discounting-Geschäftsmodelle auf diesem Konzept. Sie senken die Anzahl von Aufgaben, Ausprägungen und Varianten – ohne den wahren *Kundennutzen* zu gefährden. Damit schaffen sie die Voraussetzung für eine ausgezeichnete Kostenposition und geben das über Preise weiter. Aber auch erfolgreiche, hochspezifizierte oder Premium-Geschäfte hinterfragen immer wieder alles, was sie tun und anbieten, damit sie noch präziser auf den Kunden eingehen, dort ihre Stärken ausbauen und Wettbewerbsvorteile schaffen.

Ein Prinzip ist der *Abbau von Leistungen oder Aufgaben*. Die Ansätze reichen vom kompletten Wegfall einer Leistung über die Senkung der Frequenz bis zum Abbau von Qualität oder zur Reduzierung des Umfanges. Die zweite Revolution bei Apple Ende der 1990er-Jahre gehört in diese Kategorie: das Aufgeben von Produktgruppen bis hin zur Streichung des Selbstverständnisses als PC-Hersteller. Dies war die Voraussetzung für die »neue Welt« bei Apple mit »i«, »smart« usw.

Eine radikale Variante der Hinterfragung der Effektivität ist der *Ausstieg*. Bezugspunkte sind Märkte, d.h. Kunden oder Kundengruppen, Regionen, Branchen, Leistungen, Ressourcen oder das Anlage- bzw. Umlaufvermögen. Zusätzlich stehen natür-

Effektivität: Abbau von Leistungen	Effizienz: produktivere Leistungserbringung
• Wegfall einer Leistung (z. B. Produkt, Dienstleistung, Reports, Kontrollen) • Wegfall von Kunden (z. B. nach Demografie, Region, Umsatzanteil) • Senkung der Frequenz (z. B. Besuche, Berichtsrhythmus, Sitzungen) • Abbau von Qualität (z. B. 12- statt 24-Stunden-Service, Wegfall von Beratung) • Senkung des Umfangs (z. B. Stichproben statt Totalerfassung) • zeitliche Verlangsamung (z. B. Verlängerung von Liefer- und Servicerhythmen)	• Standardisierung und Straffung der Prozesse (z. B. pauschale Spesen, Angebotsvorlagen) • Delegation auf andere Stellen (z. B. Reklamationsbearbeitung durch Produktion, Angebotserstellung durch Abwickler) • Outsourcing (z. B. Logistikdienste) • Optimierung der Kapazitäten (z. B. Flexibilisierung von Arbeitszeit) • Entscheidungs- und Informationsoptimierung (z. B. kompatible IT, Sitzungsmanagement)

Abb. 1 Effektivität und Effizienz in der systematischen Müllabfuhr – Ansatzpunkte

lich alle internen Prozesse oder Organisationseinheiten zur Disposition. Der Ausstieg muss nicht zwangsläufig das völlige Aufgeben bedeuten, sondern kann auch eine *selektive Streichung* betreffen. Beispiele für den Ausstieg sind etwa der Verzicht auf einen Teil der Produktgruppen eines Gewürzherstellers, die Zusammenlegung der Vertriebsverantwortung für Banken und Versicherungen eines Softwarehauses oder der Verkauf des Pharmageschäftes eines Konzerns an einen Konkurrenten. Der Ausstieg wird in der Praxis normalerweise nicht als systematische Müllabfuhr bezeichnet, weil es hier um nachhaltige Konsequenzen geht. Vom Prinzip her bestehen aber keine wesentlichen Unterschiede.

Effizienz

Wenn die Frage der Effektivität beantwortet ist, erfolgt der nächste Produktivitätsschritt. Die Effizienz setzt genau bei denjenigen Leistungen und Aktivitäten an, die nicht gestrichen werden. Die Fragestellung lautet »Wie kann das Leistungsniveau bei geringerem Aufwand gleich belassen bzw. wie kann bei gleichem Aufwand mehr Leistung erzielt werden?«. Gemeint ist das *ökonomische Prinzip*, d. h. die Optimierung der eingesetzten Ressourcen von Kapital, Arbeit, Wissen und Zeit. Die systematische Müllabfuhr kann sich auf diese Produktivitätsarten beziehen: von der Standardisierung von Prozessen über die Delegation auf andere Stellen, das Outsourcing, die Optimierung der Kapazitäten bis hin zur Entscheidungs- und Informationsverbesserung. Der Hebel für Effizienzsteigerung sind die Prozesse.

Produktivitätspotenziale heben

Die Methodik der systematischen Müllabfuhr ist stark prozessorientiert und setzt beim Kundennutzen und bei der Wertschöpfungskette an:

- Als Erstes werden die relevanten Prozesse festgelegt und die Ist-Situation quantifiziert.
- Schritt zwei bedeutet, die Prozesse bzw. Leistungen zu prüfen und Optionen mit entsprechenden Potenzialen zu entwickeln.

Die erarbeiteten Vorschläge sind von Beginn an möglichst konkret zu quantifizieren und in Maßnahmen zu übersetzen. Quantifizierung bedeutet hier nicht eine lange Diskussion über Kommastellen, sondern die Angabe von Bandbreiten bzw. eine Daumenpeilung. Durch die gemeinsame Erarbeitung entsteht auch ein *Produktivitätsverständnis* bei allen – ein wichtiger Beitrag in der Produktivitätskultur im Sinne einer gemeinsamen Sprache.

In vielen Fällen hat sich eine *anspruchsvolle Zielsetzung* bewährt, etwa »Worauf verzichten wir, wenn der Marktpreis auf 70 % sinkt?«, »Was tun wir nicht mehr, wenn 30 % der Personalkosten gestrichen werden müssen?« oder »Was wird abgestellt,

1. Steigerung der Produktivität des Kapitals	• Verbesserung der Investmentintensität über Senkung der Kapitalbindung • Senkung der Komplexität in Funktionen bzw. in den Vertriebswegen • Abbau von Sonderentwicklungen, Sonderleistungen und anderen Einmaligkeiten • Senkung der eigenen Wertschöpfung über verstärktes Outsourcing • Nutzung von Größendegression • Vereinfachung der Transaktionswege (Geld-, Waren-, Dienstleistungsverkehr) • Konzentration auf Kernleistungen und Streichung aller anderen Leistungen
2. Steigerung der Produktivität der Arbeit	• Erhöhung der Wertschöpfung oder Transaktionen pro Vollzeitarbeitskraft • Reduktion nicht direkt wertschöpfender Aktivitäten (Wartezeiten, Kontrollen) • konsequenter Abbau typischer Fehler und Fehlerhäufigkeiten • Steigerung der Lerneffekte in den Prozessen • Wegfall einer Leistung (Produkt, Dienstleistung, Reports, Kontrollen) • Abbau von arbeitsgebundener Qualität (Beratung, Service) • Steigerung der Wirksamkeit von Sitzungen/Streichung von Gremien
3. Steigerung der Produktivitäten des Wissens und der Zeit	• Verminderung organisatorischer Schnittstellen • Senkung der Komplexität im Sortiment (Varianten) • Senkung der Komplexität auf Abnehmerseite (Kunden- und Händlermix) • Reduktion der Durchlaufzeiten in der Prozesskette (inkl. kritischer Wege) • zeitliche Verlangsamung • Entscheidungs- und Informationsoptimierung • Parallelisierung oder Zusammenlegung von Prozessschritten

Abb. 2 Systematische Müllabfuhr zur Produktivitätssteigerung – Ansatzpunkte

wenn der Umsatz auf 80 % einbricht?« Nur über eine sportliche Vorgabe entstehen die Bereitschaft und der Druck zur grundsätzlichen Hinterfragung der Aktivitäten und Aufgaben. Typischerweise werden diese Vorgaben in Form von sogenannten *Produktivitätsleitplanken* durch das Topmanagement formuliert. Dies kann vorbereitend auch durch Produktivitätsinterviews mit den verantwortlichen Führungskräften eingesteuert werden. Alle vorgebrachten Ideen werden diskutiert und zur Entscheidung gebracht, nämlich: umsetzen, neuerlich prüfen oder zurückstellen. Wenn die Umsetzung gestartet ist, empfiehlt sich ein regelmäßiger Bericht vor einem kleinen Entscheiderkreis. Dies bringt das nötige Commitment, schafft aber auch den erforderlichen Druck für die Umsetzung.

Anwendungsmöglichkeiten

Über eine *Prozessorientierung* kann das Instrument der systematischen Müllabfuhr am besten eingesetzt werden, weil an dieser Stelle der Schnittpunkt von Kundennutzen, Wertschöpfung und Geschäftslogik liegt. Dabei spielt es keine Rolle, ob die Prozesse am Markt ausgerichtet sind oder interne Aktivitäten bzw. Leistungen im Zentrum stehen. Die Themen der Effektivität und der Effizienz sind in beiden Dimensionen vorhanden und somit immer steuerbar. Die systematische Müllabfuhr ist letztlich eine konkrete Anwendung der *Erfahrungskurve*. Erfahrung bedeutet auch, dass Klarheit besteht, was zwingend im Zentrum stehen muss und was aufgegeben oder vermindert werden kann. Mit steigendem Output und steigender Organisationsgröße sind fast automatisch Ansatzpunkte für die Müllabfuhr gegeben. Umgekehrt ist klar, dass jedes durch die Erfahrungskurve ausgewiesene Kostensenkungspotenzial nur dann gehoben werden kann, wenn Themen der Effektivität und Effizienz auf dem Prüfstand sind.

Die Anwendungsmöglichkeiten der systematischen Müllabfuhr sind sehr vielfältig:

- **Als permanentes »Fitnessprogramm« mindestens einmal jährlich in allen Führungsprozessen**: So wird die »Entschlackung« institutionalisiert, insbesondere wenn sie ein Teil der Zielvereinbarung von Führungskräften ist.
- **Als »Pflichtkapitel« in Strategie, Innovations- bzw. Businessplan**: Damit wird deutlich, wo freie Ressourcen herkommen, die zur Umsetzung der wirklich entscheidenden Themen benötigt werden.
- **Als Kernfrage in der Marktbearbeitung**: Damit entsteht gesunder Druck, sich auf das zu fokussieren, wofür der Kunde eine Rechnung bezahlt.

Beispiel Catering

Ein Catering-Unternehmen führt zweimal jährlich einen Managementworkshop zur systematischen Müllabfuhr durch. Die Methodik ist an den Unternehmensprozessen orientiert und verwendet primär »Personenjahre« (PJ) als Kalkulationsgröße. Die Resultate des Workshops werden anschließend in die Zielvereinbarungen übernommen. Im vorliegenden Fall war die Müllabfuhr besonders wichtig, weil ein Wettbewerber gekauft worden ist und Ressourcen zur Integration notwendig waren.

Prozess	Ist (Personenjahr, PJ)	Konkrete Ansatzpunkte	Wirkung (Personenjahr, PJ)
1. Automaten aufstellen	15 PJ	• künftig nur noch Beschilderung durch Auftraggeber (Werber), nicht mehr durch das eigene Unternehmen	12 PJ
2. Automaten befüllen und Inkasso sicherstellen	27 PJ	• Optimierung durch Auslagerung der Befüllung auf Vertragspartner (vor allem bei Neuverträgen) • Akkordsystem bei Befüllung und Inkasso	5 PJ
3. Geld zählen	11 PJ	• Vereinheitlichung der Geldzählfunktion durch Zusammenlegung der Regionen A und B bzw. C und D	1,5 PJ
4. Automaten warten	14 PJ	• Verbesserung der Rate »Automat pro Techniker« durch Erhöhung in den Zielvereinbarungen um 5 % • Abschaffung des alten Gehaltsystems/Einführung eines neuen Prämiensystems (Basis: gewartete Automaten)	2 PJ
5. Reklamationen bearbeiten	...	• ...	
6. ...			
Summen	187 PJ		26 PJ

- **Als Prinzip in allen Prozessen**: Mit der systematischen Müllabfuhr wird sichergestellt, dass Produktivitäten in allen Prozessen gehoben werden können.

Heute sind praktisch alle Organisationen mit einer steigenden Komplexität und einem enormen Wettbewerbsdruck konfrontiert. Die *systematische Müllabfuhr* stellt alles auf den Prüfstand, damit eine Organisation aufmerksam, aktiv, reaktionsfähig und schnell wird.

Literaturhinweise
Drucker, P.: Management, Oxford 1974.
Malik, F.: Führen, Leisten, Leben, Frankfurt am Main 2006.
Stöger, R.: Prozessmanagement, Stuttgart 2011.

Change Management

Organisationsanalyse

Strukturen regelmäßig überprüfen und anpassen

Benjamin Künzli

Strukturen von Unternehmen und anderen Organisationen, die oft in Organigrammen veranschaulicht werden, waren früher mehr oder weniger in Stein gemeißelt. Das passte gut zu einem Kontext, der in der Regel erheblich stabiler war als heute. In einem Umfeld, das von schnellen, oft abrupten, manchmal auch krisenartigen Veränderungen geprägt ist, müssen Organisationsstrukturen jedoch regelmäßig überprüft und nötigenfalls den neuen Gegebenheiten angepasst werden.

Die Grundzüge der hier zu präsentierenden Methode zum Überprüfen von Organisationsstrukturen[1] finden sich bereits 1946 bei Herbert A. Simon.[2] Das grundlegende Organisationsmodell (vgl. Abb. 1) ist im Wesentlichen der Managementlehre von Steinmann und Schreyögg aus dem Jahr 2005[3] entnommen. Wertvolle Beiträge stammen auch aus dem Buch von Thom und Wenger von 2010.[4] Im Kern besteht die Methode aus einem Soll-Ist-Vergleich, der mit Hilfe einer Nutzwertanalyse durchgeführt wird.

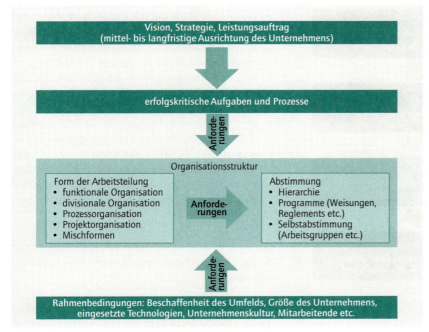

Abb. 1 Anforderungen an die Organisationsstruktur

Verfahren

Das Verfahren, das hier vorgestellt wird (vgl. dazu den Überblick in Abb. 2), kann immer dann eingesetzt werden, wenn die Struktur einer Organisation überprüft werden soll. Anlässe dazu können zum Beispiel eine regelmäßige Überprüfung der bestehenden Struktur, eine neue Strategie oder Anzeichen dafür, dass die Struktur nicht optimal auf das Erfüllen erfolgskritischer Aufgaben oder Prozesse abgestimmt ist, sein. Das Verfahren eignet sich auch dazu, Strukturalternativen mit der schon vorhandenen Struktur zu vergleichen. Damit lässt sich eventuell die Frage klären, ob es sich lohnt, eine Reorganisation in Angriff zu nehmen. Das Verfahren wird gern im Rahmen eines Workshops angewandt. Oft ist es empfehlenswert, im Vorfeld Schlüsselpersonen zu den Anforderungen an die Strukturen (siehe dazu die Erläuterungen weiter unten) zu befragen.

Schritt 1 Um sich nicht in der Komplexität der Aufgabe zu verlieren, muss in einem ersten Schritt der Rahmen der Überprüfung möglichst konkret abgesteckt werden. Dazu werden der genaue Zweck, das Zielpublikum, die konkrete Fragestellung sowie der Fokus (ganze Organisationsstruktur oder Teile davon?) und die Tiefe (bis auf welche Stufe hinunter?) definiert.

Schritt 2 Die Überprüfung basiert auf einem Soll-Ist-Vergleich. Im zweiten Schritt des Verfahrens werden daher die Anforderungen an die Organisationsstruktur, also das Soll, definiert. Da diese Anforderungen von Organisation zu Organisation verschieden sind, müssen sie von den spezifischen Gegebenheiten hergeleitet werden. Anhand von Abbildung 1 kann man sich dabei von folgenden Fragen leiten lassen:

- Welches sind die mit Blick auf unsere mittel- bis langfristigen strategischen Ziele erfolgskritischen Aufgaben und Prozesse? Welche Anforderungen an die Struktur ergeben sich daraus?
- Welche Anforderungen an die Abstimmung ergeben sich aus der zu bewertenden Form der Arbeitsteilung?
- Welche Anforderungen an die Struktur ergeben sich aus unseren Rahmenbedingungen (Komplexität und Dynamik des Umfelds, Größe des Unternehmens, eingesetzte Technologien, Unternehmenskultur, Kompetenz und Motivation der Führungskräfte und der übrigen Mitarbeitenden etc.)?

Die linke und mittlere Spalte von Abbildung 3 zeigt beispielhaft, wie solche Anforderungen aussehen könnten.

Abb. 2 Die sechs Schritte zur Überprüfung einer Organisationsstruktur

Schritt 3 Ist das Soll in Form von Anforderungen an die Struktur festgelegt, geht es anschließend da-

Organisationsanalyse

Formulieren der unternehmensspezifischen Anforderungen an die Organisationsstruktur (= Soll)		Bewerten des Erfüllungsgrads der Anforderungen (= Ist)
Anforderungskategorien (vgl. Abb. 1)	Beispiele von Anforderungen	Beispiele von Bewertungsthemen
Anforderungen an die Organisationsstruktur aus erfolgskritischen Prozessen	Struktur soll das Erfüllen der definierten Leistungskriterien der Prozesse unterstützen	• Vorhandensein einer kompetenten Qualitätsstelle • Anzahl und Komplexität der durch die Struktur hervorgerufenen Schnittstellen in Prozessen • Ermöglichung von Synergien bei der Abwicklung von Kundenprozessen
Anforderungen an die Organisationsstruktur aus erfolgskritischen Aufgaben	Förderung der Innovationskraft und des organisationalen Lernens	• Spezialisierungsgrad auf Stellen- und Abteilungsebene • Ergänzung der Primärstruktur gem. Organigramm durch flexible Sekundärstrukturen (Arbeitsgruppen etc.)
	hohe Unterstützung der Resilienz des Unternehmens (kompetenter Umgang mit Krisensituationen und anderen strategischen Herausforderungen)	• Vorhandensein einer kompetenten Stelle für Markt-/Umfeldbeobachtungen • Entscheidungswege lassen schnelles (Re-)Agieren auf Veränderungen im Umfeld zu • Flexibilität der Organisationsstrukturen
Anforderungen an die Abstimmung aus der Form der Arbeitsteilung	hierarchische Gliederung, die optimale Führungsspanne und -entwicklung sowie kurze Berichtswege zulässt	• Anzahl Führungsebenen • typische Führungsspanne in Abhängigkeit des Führungsbedarfs • Über-/Unterordnungsverhältnisse
	hoher Grad an Selbstabstimmung (horizontale Kooperation)	• Gremien zur horizontalen Kooperation (Ausschüsse, Abteilungsleiterkonferenzen, Integrationsstellen etc.)
	Programme (Weisungen, Reglements u. ä.), die Klärung und Entlastung verschaffen, aber trotzdem noch Freiräume für individuelle Anpassungen gewähren	• Adäquanz der Regelungsdichte • Verwendung eines »Management by Objectives«, das bei der Integration arbeitsteiliger Prozesse hilft
Anforderungen an die Organisationsstruktur aus den Rahmenbedingungen	hohe Übereinstimmung mit der Beschaffenheit des relevanten Umfelds	• Übereinstimmung des Grads der Flexibilität der Organisation mit der Dynamik des Umfelds
	gute Unterstützung der Lern- und Leistungsfähigkeit der Mitarbeitenden	• Grad der Arbeitsteilung (ganzheitliche Bearbeitung von Aufträgen möglich?) • Unterstützung des Austauschs von Wissen durch Kommunikation und durch abteilungsübergreifende Zusammenarbeit
	gute Unterstützung einer Unternehmenskultur, die dem unternehmerischen Denken aller einen hohen Stellenwert beimisst	• Gliederung strategisch bedeutender Einheiten in Geschäftsfelder (Business Units, Profit Centers)

Abb. 3 Beispiele von Anforderungen und Bewertungsthemen[5]

rum, die Bewertung der vorhandenen Struktur (sowie allfälliger erarbeiteter Alternativen dazu) vorzubereiten. Dazu werden im dritten Schritt von den Anforderungen Bewertungsthemen abgeleitet (vgl. dazu die Beispiele in Abb. 3, rechte Spalte). Wenn die zu beurteilende Struktur komplex ist und/oder wenn eine detaillierte Bewertung vorgesehen ist, müssen von den Bewertungsthemen jeweils konkrete Bewertungskriterien abgeleitet werden. Um die Effektivität der Bewertung nicht unnötig zu belasten, ist aber darauf zu achten, dass nur wirklich wesentliche Bewertungsthemen (und -kriterien) berücksichtigt werden.

Schritt 4 Auch wenn kein Vergleich mit Strukturalternativen vorgesehen ist, hat es sich in der Praxis bewährt, die Bewertung mit Hilfe einer Nutzwertanalyse durchzuführen. Dies trägt zur Systematisierung des Vorgehens bei. Im vierten Schritt sollte daher auf jeden Fall eine entsprechende Tabelle vorbereitet werden (vgl. Abb. 3 und 4). Dazu muss man zunächst die Gewichtung der Anforderungen und Themen bestimmen. Dabei ist es hilfreich, das Gesamtgewicht jeweils auf 100 festzulegen. Anschließend definiert man das Gewicht der einzelnen Anforderungskategorien und bestimmt dann das Gewicht der zugehörigen

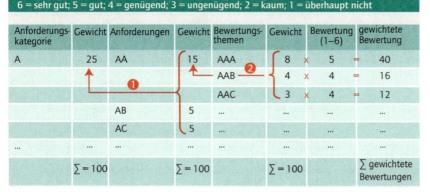

Abb. 4 Soll-Ist-Vergleich mit Hilfe einer Nutzwertanalyse

Anforderungen so, dass die Summe dieser Gewichte dem Gewicht der betreffenden Anforderungskategorie entspricht (Pfeil ❶ in Abb. 4). Ebenso verfährt man mit den Bewertungsthemen (Pfeil ❷ Abb. 4) und (falls vorhanden) mit den Bewertungskriterien (diese sind in Abb. 4 nicht aufgeführt). Schließlich muss noch die Bewertungsskala festgelegt werden (z. B. 1 – 6, vgl. Abb. 4).

Schritt 5 Im fünften Schritt kann dann die eigentliche Bewertung (Soll-Ist-Vergleich) der Struktur respektive der Strukturalternativen mittels Nutzwertanalyse durchgeführt werden. Die Leitfrage ist dabei: »Wie gut erfüllt die zu bewertende Struktur oder Strukturalternative (= Ist) die Anforderungen (= Soll) an ein bestimmtes Bewertungsthema (oder -kriterium)?« Je nach Erfüllungsgrad (sehr gut, gut, genügend, ungenügend usw.) wird ein entsprechender Skalenwert gesetzt, der dann mit dem Gewicht des Themas (oder Kriteriums) multipliziert wird (vgl. Abb. 4, rechte Spalten). Die gewichteten Bewertungen werden anschließend zusammengezählt.

Schritt 6 Im sechsten Schritt werden die nötigen Schlüsse aus der Überprüfung gezogen. Dazu interpretiert man die Ergebnisse der Bewertung. Wie beurteilt man die Gesamtbewertungen? Gibt es klare Favoriten oder unterscheiden sich die Varianten nur unerheblich? Was wäre der wesentliche Nutzen der Einführung einer neuen Struktur im Vergleich zum Status Quo? Lohnt sich der damit verbundene Aufwand? Wie sind die zugehörigen Risiken im Verhältnis zum möglichen Mehrwert zu beurteilen? Welche Alternativen gäbe es zu einer Anpassung der Strukturen? Wäre es zum Beispiel möglich, bestimmte Schwachstellen mit Anpassungen bei der Planung, Kontrolle, Führung oder mit Personalmanagementmaßnahmen zu kompensieren?[6] Aus den Antworten auf diese und weitere Fragen wird dann ein Fazit gezogen und – falls dies mit dem Auftraggeber so vereinbart wurde – eine entsprechende grundsätzliche Handlungsempfehlung ausgesprochen.

Vor- und Nachteile

Richtig angewendet, bietet das hier vorgestellte Verfahren eine ganze Reihe von Vorteilen:
- Die Bewertung basiert auf den konkreten Anforderungen des entsprechenden Unternehmens (und nicht auf abstrakten Erfolgskriterien, die möglicherweise für die zu bewertende Struktur gar nicht zutreffen). Auf diese Weise wird Bezug auf die konkrete strategische Situation genommen. Damit entspricht das Verfahren den Erkenntnissen der heutigen Managementlehre.[7]
- Die Verwendung der Nutzwertanalyse ermöglicht ein systematisches Vorgehen. Das Gewichten der einzelnen Bewertungsthemen (und -kriterien) hilft, Verzerrungen von intuitiven Bewertungen (einzelnen Kriterien wird zu viel oder zu wenig Gewicht beigemessen) entgegenzuwirken. Das trägt auch zu einer gewissen Rationali-

sierung bei und erschwert Bewertungen, die von individuellen Interessen getrieben sind.
- Werden auch Alternativen bewertet, kann beurteilt werden, welche Vor- und Nachteile diese im Vergleich zur bestehenden Struktur bieten. Damit kann besser abgeschätzt werden, ob sich eine Reorganisation überhaupt lohnt.
- Das Aufwand-Nutzen-Verhältnis des Verfahrens ist vorteilhaft. Daher eignet es sich auch zur regelmäßigen Anwendung. Damit wird ein wichtiger Beitrag zur Zukunftsfähigkeit und zur Effektivität des Unternehmens geleistet.

Das Verfahren ist aber auch mit gewissen Nachteilen oder Einschränkungen verbunden:
- Das Verwenden einer Nutzwertanalyse verführt dazu, an die Möglichkeit einer rein rationalen Bewertung zu glauben. Ein verantwortungsbewusster Moderator wird daher auf entsprechende Grenzen dieses Tools hinweisen.
- Zwar hilft das Verfahren, Bewertungen zu entzerren. Trotzdem besteht ein gewisses Risiko, dass versucht wird, dabei Partikularinteressen zu verfolgen. Daher ist die Zusammensetzung der Gruppe von großer Bedeutung. Es muss sichergestellt werden, dass Führungskräfte einbezogen werden, die übergeordnete Interessen verfolgen und die genügend Einfluss haben, um nötigenfalls korrigierend einwirken zu können.
- Werden Strukturalternativen entwickelt, ist es zudem unbedingt empfehlenswert, die Nutzwertanalyse vorgängig vorzubereiten. Sonst besteht das Risiko, dass – bewusst oder unbewusst – versucht wird, das Bewertungsinstrument so zu gestalten, dass die schon im Voraus favorisierte Alternative besonders gut abschneidet.

Perspektive

Wegen des guten Aufwand-Nutzen-Verhältnisses eignet sich das vorgestellte Verfahren dazu, regelmäßig durchgeführt zu werden. Den Rhythmus der Überprüfung sollte man dabei von der Dynamik des Umfelds abhängig machen. Für viele Unternehmen dürfte es sinnvoll sein, ihre Organisationsstruktur oder Teile davon in einem Zweijahres-Rhythmus zu bewerten. Auf diese Weise wird ein wesentlicher Beitrag zur Zukunftsfähigkeit und zur Effektivität des Unternehmens geleistet.

Anmerkungen
1 Steinmann, H./Schreyögg, G./Koch, J.: Management. Grundlagen der Unternehmensführung. Konzepte – Funktionen – Fallstudien, 6. Aufl., Wiesbaden 2005, S. 438 ff.
2 Simon, H. A.: The Proverbs of Administration. In: Public Administration Review 6. Jg., 1946, H. 1, S. 53–67.
3 Steinmann, H. et al., a. a. O.
4 Thom, N./Wenger, A. P.: Die optimale Organisationsform. Grundlagen und Handlungsanleitung. Wiesbaden 2010.
5 Eigene Darstellung auf der Basis von Steinmann, H. et al. a. a. O., S. 435 ff. und Thom, N. et al., a. a. O., S. 143 ff.
6 Vgl. dazu Steinmann, H. et al., a. a. O., S. 149 ff.
7 Vgl. dazu Steinmann, H. et al., a. a. O., S. 68 ff.

Funktionendiagramm

Aufgaben, Kompetenzen und Verantwortlichkeiten klären

Roman Stöger

Organisieren bedeutet, für Orientierung und Klarheit zu sorgen. Im Kern geht es um die Aufgaben, Kompetenzen und Verantwortlichkeiten für Personen und Funktionen. Nur so entstehen Wirkung am Markt, Leistungsfähigkeit und Produktivität.

Beim Thema Organisieren denken die allermeisten Führungskräfte und Mitarbeiter an die bildhafte Darstellung, an die »Befehlskaskade« des Organigramms. Und viele Führungskräfte beginnen die Diskussion gerne mit dem Organigramm. Dies ist hochgefährlich, weil die beteiligten Personen in den falschen Kategorien denken: Macht, Über- bzw. Unterstellung, Einfluss, Prestige, Insignien (Dienstwagen) usw. An erster Stelle muss eine klare Einschätzung über die geschäftlichen Herausforderungen der Zukunft stehen. Das Organisieren richtet sich dann an diesen Herausforderungen aus.

Das Grundprinzip jeden Organisierens ist daher die Ausrichtung an den *Geschäftsfeldern*, an den ergebnisverantwortlichen Einheiten. Nur dort sind Wettbewerb, Kunden und Konkurrenten. Und nur dort liegt der Beurteilungsmaßstab, wie gut eine Organisation funktioniert. In den Geschäftsfeldern muss ein möglichst hoher Grad an *Selbstorganisation* herrschen, damit Verantwortung entsteht. Dies ist auch genau das, was gute Führungskräfte suchen. Alles, was Verantwortung auflöst, delegierbar, »abschiebbar« macht, ist interessant für einen gewissen Typus von Menschen, mit dem aber kein funktionierendes Unternehmen zu machen ist.

Die *Entlastung des Topmanagements von operativen Aufgaben* hingegen ist ein wichtiges Ziel des Organisierens, damit sich die Unternehmensspitze den langfristig wichtigen Themen widmen kann. Es geht um die Entwicklung des Geschäftes und das »Justieren« des Unternehmens. Im Kern ist damit gemeint, »nicht im Unternehmen, sondern am Unternehmen« zu arbeiten.

Eine wesentliche Frage besteht darin, welche Funktionen bzw. Prozesse zentral, d. h. Geschäftsfeld übergreifend organisiert werden müssen. Hier gilt immer das Minimum-Prinzip. Wenn solche *zentralen Funktionen* (»Abteilungen«, »Stäbe«, »Centers« etc.) geschaffen werden, dann gilt es, zweierlei zu beachten:
1. das Herstellen eines klaren Auftrages seitens des Topmanagements und
2. die Erfüllung von Anforderungen der Geschäftsfelder.

Die Geschäftsfelder sind die Kunden der zentralen Funktionen. Dies kann beispielsweise in einer Funktionalstrategie oder in Prozessaufträgen dargestellt werden. In der Frage von Schlüsselthemen (z. B. Internationalisierung, Innovation) gilt der Grundsatz, dass diese – wo immer es geht – innerhalb der Geschäftsfelder laufen müssen. Diese Themen sind Teil der Geschäftsfeldstrategie. Wenn es sich um wichtige Themen handelt, die nicht in die Geschäftsfelder passen, dann sind diese als »marktverantwortliches Schlüsselprojekt« zu verantworten, damit ein gesunder Druck im Hinblick auf einen Markterfolg entsteht. Alles andere führt zur Verzettelung und zu Selbstbeschäftigung. Solche Projekte sind natürlich anders zu behandeln und zu führen; als »Kleinkind« gelten bei ihnen andere Maßstäbe als bei einem »erwachsenen Geschäftsfeld«.

Fokus auf Geschäfte und Selbstorganisation

Die Begründung für eine neue Organisation kommt vorrangig und am besten aus dem Markt, aus den geschäftlichen Notwendigkeiten. Die langfristigen strategischen Ziele aus den Geschäftsfeldern bilden die Begründung für die neue Organisation. Das Zeichnen des Organigramms ist der letzte Schritt, nachdem alles andere klar ist. Das *Organigramm* ist nur eine bildhafte und meistens unvollständige Verdeutlichung der Aufgaben, Kompetenzen und Verantwortlichkeiten (AKV). Selbstverständlich sendet ein Organigramm auch Botschaften aus und ist damit ein Kommunikationsinstrument. Die Optik des Organigramms muss die Logik des Geschäftes widerspiegeln. Es gibt im Übrigen Unternehmen, die sich weigern, Organigramme zu zeichnen, weil sie alles über die AKV und vieles in Form der Selbstorganisation geregelt haben. Es existieren aber auch Unternehmen, die zwar ein auf den ersten Blick schlüssiges Organigramm besitzen, bei den AKV aber sehr wenig geregelt sind und daher keine Wirksamkeit entsteht. Bei der alleinigen Sicht auf das Organigramm gilt das »Eisberg-Prinzip«: ein Fünftel, d. h. das Organigramm, ist über Wasser, vier Fünftel liegen zwar unter Wasser, sorgen aber für Stabilität.

Ein wichtiger Teil der Organisation ist die *Gremienliste*. Dies sind alle notwendigen Sitzungen zur Steuerung des Unternehmens. Darin sind Beteiligte, Leitung, Takt, Protokollierung usw. festgehalten. Die Gremienliste ist ein wichtiges, verbindendes Teil zwischen den Kästchen des Organigramms. Selbstverständlich muss auch hier das Prinzip des Minimums gelten.

Bei jeder Reorganisation ist auch die Frage nach der notwendigen *Personal- und Führungskräfteentwicklung* zu stellen. Inwieweit müssen Menschen entwickelt werden, damit sie die neue Organisation nutzen können bzw. sich an die Spielregeln halten? Es bringt nichts, einen Formel-1-Wagen bereitzustellen, wenn der Fahrer bislang nur Speedway gefahren ist.

Das Funktionendiagramm als Dreh- und Angelpunkt

Grundlage des Organisierens ist die Orientierung an den Geschäften und – daraus abgeleitet – an den Prozessen. Das beste und zugleich sehr einfache Werkzeug zur Klärung der AKV ist das Funktionendiagramm. Es ist die Verbindung von Aufgaben und Personen bzw. Funktionen in ihrer logischen und zeitlichen Abfolge. Die AKV werden so geregelt, dass eine

1. Führt unsere Organisation zu klar verantwortlichen Geschäftsfeldern mit hohem Grad an Autonomie?
2. Werden zentrale Einheiten sparsam gebildet und unter die Steuerung des Topmanagements und der Geschäftsfelder gestellt?
3. Sind wir so organisiert, dass das Geschäft nicht mehr aus unserer Aufmerksamkeit verschwinden kann (d. h. keine Selbstbeschäftigung)?
4. Sind wir so organisiert, dass die Mitarbeiter das tun können, wofür sie bezahlt werden (d. h. möglichst wenig Bürokratie, kein »Aufreiben zwischen Kompetenz-Gerangel« etc.)?
5. Sind wir so organisiert, dass sich unsere Führungskräfte um das Geschäft, um die wirklich wichtigen Themen kümmern können (d. h. möglichst ohne »Machtspiele«, ohne zu viele Sitzungen etc.)?
6. Ist die Organisation robust gegenüber Fehlern und Verfehlungen, die im täglichen Tun passieren können (ohne, dass dauernd eine große Organisationsdiskussion losbricht)?
7. Ist die Organisation so gestaltet, dass Ausreden, das Abschieben von Verantwortung und Mehrdeutigkeiten vermieden werden?
8. Gibt es Kriterien, anhand derer beurteilt werden kann, ob die neue Organisation besser ist als die alte (oder ist eine neue Organisation nur eine »Verschlimmbesserung«)?
9. Müssen Mitarbeiter und Führungskräfte entwickelt werden, damit die neue Organisation wirksam wird?
10. Und schließlich: Würde uns der Kunde für unsere Organisation bezahlen?

Abb. 1 Checkliste für das richtige Organisieren

Aufgabe	Weill	Kolawski	Peters	Müller
Im Industriekundengeschäft einer Großbank wird der Prozess »Angebot erstellen« in Form eines Funktionendiagramms strukturiert. Dies ist die Basis der Organisation.				
01 Kunden analysieren (Branche etc.) und Kundeninteresse aufnehmen	P, E	A		I
02. Leistungsalternativen vorbereiten		A, E		
03. Leistungsalternativen mit Kunden erarbeiten		A, E	I	
04. Finanzierungslösung erstellen		A, E	K	
05. Angebot kalkulieren (inklusive interner Wirtschaftlichkeitsrechnung)	E	A	K	
06 Angebot mit Kunden verhandeln		A, E		
07. bei Akzeptanz: Vertrag bestätigen	K	A	I	I
08. Kundendaten im System aktualisieren	I	E		A
Kürzel für das Funktionendiagramm: P = planen, E = entscheiden, A = ausführen, K = kontrollieren, I=Information an				

Abb. 2 Funktionendiagramm: Beispiel Bank

Organisation wirksam werden kann. Wenn diese fundamentalen Fragen nicht geklärt sind, treten permanent Abstimmungsschwierigkeiten und Missverständnisse auf. Die Menschen in einer Organisation sind zwar beschäftigt, bleiben aber unproduktiv.

Bei der *Erarbeitung eines Funktionendiagramms* besteht der erste Schritt darin, die wichtigsten Prozesse aus den Geschäften abzuleiten. Diese sind meistens nicht identisch mit schon bestehenden organisatorischen »Kästchen« und müssen neu definiert werden. Wenn Aufgaben auf Basis einer bestehenden Organisation definiert werden, kann kein großer Fortschritt gelingen. Im zweiten Schritt werden diese Aufgaben in das Funktionendiagramm zeilenweise übertragen. Als Drittes sind spaltenweise konkrete Personen (»Maier«) oder Funktionen (»Außendienstmitarbeiter«) aufgeführt. Ob konkrete Personen oder Funktionen genannt werden, hängt sehr stark vom konkreten Fall und von der Organisationsgröße ab. Wenn es gleichartige Aufgaben für mehrere Personen gibt, so kann auch eine Personengruppe in das Diagramm eingetragen werden (etwa »Servicetechniker« in einem Instandhaltungsprozess). Viertens werden die Aufgaben nun von oben nach unten zeilenweise durchgegangen. Pro Spalte wird der Beitrag festgelegt (ausführen, planen, entscheiden, kontrollieren, informieren – mit den jeweiligen Kürzeln). Im Minimum muss für jede Tätigkeit ein »E« (für entscheiden) und ein »A« (für ausführen) stehen. Damit liegen die AKV vor.

Vorteile und Einsatzmöglichkeiten

Die Vorteile und Einsatzmöglichkeiten des Funktionendiagramms sind vielfältig. Es zwingt dazu, sich mit der Tiefenstruktur einer Organisation auseinanderzusetzen und nicht nur eine oberflächliche Powerpoint-Präsentation zu veranstalten. Durch das systematische Vorgehen und durch die Schriftlichkeit entsteht ein hohes Maß an Sachlichkeit und Verbindlichkeit. Die große Bandbreite der Anwendungsmöglichkeiten belegt zudem, dass das Funktionendiagramm ein echtes General-Management-Werkzeug ist.

1. Die AKV werden geregelt, der *Kern jeder Organisation*. Dadurch erst kann ein Organigramm Wirkung entfalten. Horizontal gelesen verdeutlicht es die Aufgabenverteilung zwischen den Personen bzw. Funktionen und zeigt die wichtigsten Schnittstellen auf. Das gilt insbesondere dann, wenn mehrere Personen bei der Planung, Entscheidung oder Ausführung einbezogen sind. Genau hier sind Gremien notwendig. Wenn das Diagramm spaltenweise betrachtet wird, so liegt eine komplette Stellenbeschreibung vor. Alle wissen, wo zu planen, zu entscheiden, auszuführen, zu kontrollieren und zu informieren ist.

2. Durch das Funktionendiagramm wird eine *Prozessorientierung* erreicht. AKV können erst dann erarbeitet werden, wenn die geschäftliche Wirklichkeit in Prozessen dargestellt ist. Im Zweifel ist es wichtiger, die Prozesse und AKV sauber zu erarbeiten

und konsequent umzusetzen, als Organigramme zu zeichnen.
3. Das Funktionendiagramm kann für *Innovationen und Schlüsselprojekte* verwendet werden. Gerade hier braucht es eine saubere Strukturierung, weil auf keine Routinen und Erfahrungswerte zurückgegriffen werden kann. Überraschungen, Mehrdeutigkeiten, breite Interpretationsspielräume und Verantwortungslosigkeit werden so vermieden.
4. Das Funktionendiagramm ist ein Beitrag zur *Unternehmenskultur*. Es sorgt dauerhaft und logisch schlüssig für Verantwortlichkeit, Klarheit, Transparenz und Sachlichkeit. Dies sind wesentliche Einflussgrößen auf eine robuste und glaubhafte Kultur.

Nachteile

Werkzeuge richtig einzusetzen, bedeutet auch, sich der Nachteile bewusst zu sein und frühzeitig gegenzusteuern. Das Funktionendiagramm muss in regelmäßigen Abständen überprüft werden, etwa, ob sich die geschäftliche Wirklichkeit verändert hat. Wird dies nicht gemacht, erstarren die AKV und führen so an den Notwendigkeiten des Marktes vorbei. Auch ist darauf zu achten, dass das Funktionendiagramm umgesetzt wird und nicht zur bloßen Schablone verkommt. Dies kann am einfachsten dadurch erreicht werden, dass es die Grundlage für Stellenbeschreibungen bildet und bei Jahresgesprächen geprüft und weiterentwickelt wird.

Fazit

Seit einiger Zeit wird viel über modernistische Konzepte wie die virtuelle, die sphärische oder die neuronale Organisation gesprochen. Das ist spannend und bietet für akademische Diskussionen viel Raum. Gleichzeitig können diese Modelle in der Praxis nur dann wirksam sein, wenn die grundlegenden Fragen der AKV beantwortet sind. Ansonsten werden nur Chassis gebaut, aber niemand kümmert sich um Motor und Antrieb. Erst dann kann eine Organisation die »PS auf die Straße bringen«.

Jedes Organisationskonzept und jede Organisationsgrafik braucht ein Funktionendiagramm. Das Umgekehrte gilt nicht. Mit dem Funktionendiagramm wird die Grundlage jedes Organisierens geschaffen und damit die Basis für Wirkung am Markt, Leistungsfähigkeit und Produktivität.

Interventionsarchitektur und -design

Den Rahmen für Veränderungsprojekte effektiv gestalten

Achim Weiand

In einem Projekt müssen fachliche ebenso wie organisatorische Entscheidungen getroffen werden, die Produkte, Dienstleistungen und auch die Projektarbeit sowie eventuell sogar das Unternehmen verändern werden. Wegen dieser großen Auswirkungen müssen die notwendigen Interventionen sorgfältig geplant werden.

Bei Projekten werden viele fachliche Entscheidungen getroffen, beispielsweise zur besten Implementierung eines IT-Systems, zum Aufbau eines Vertriebsnetzes in einer neuen Zielregion, zur Konstruktion eines neuen Produkts oder zur Anpassung einer Produktionslinie an die Anforderungen der Kunden. Neben diese fachlichen Beschlüsse treten im Projekt aber auch Entscheidungen, die die Koordination der Arbeit und die Kommunikation zwischen den Beteiligten betreffen: So wird beispielsweise ein Projektauftrag definiert, die Arbeit von Steuerkreis und Projektteam wird organisiert und die Ergebnisse des Projekts werden in einer adäquaten Form an die Betroffenen kommuniziert. Oft scheitert die Umsetzung von Projekten nicht an einer fachlich inadäquaten Lösung, sondern an der mangelhaften Organisation der genannten Punkte. Denn große Projekte haben immer auch Auswirkungen auf Prozesse, Strukturen und Verantwortlichkeiten. Dies bedeutet für die Betroffenen, dass sie sich in ihrem gewohnten Arbeitskontext anders verhalten müssen, dass sie beispielsweise mehr oder weniger Verantwortung erhalten. Und diese Maßnahmen (Interventionen) zur Steuerung von Kooperation und Kommunikation müssen systematisch eingesetzt werden, wenn sie ihre Ziele erreichen sollen.

Interventionen als zielgerichtete Eingriffe

Unter Intervention wird im Folgenden verstanden:
- Eine intendierte und zielgerichtete Maßnahme (und nicht etwa ein Zufallsprodukt),
- die von einer natürlichen Person ausgeübt wird (wie z. B. einem externen Berater, einem internen Berater oder einem anderen Mitglied der Organisation – und nicht von einem technischen System),
- gegenüber einem Klienten oder einem Klientensystem (wie Individuum, Gruppen, Organisation), und zwar
- mit dem Ziel, die Leistungsfähigkeit der Organisation oder eines Projekts zu verbessern.

Interventionen sind in der Regel kommunikative Akte (mündliche oder schriftliche Kommunikation, z. B. mit einem diagnostischen Feedback an den Auftraggeber) oder das Veranlassen von Aktionen (z. B. die Neuausrichtung des finanziellen Anreizsystems der Organisation oder eine Neustrukturierung von Abteilungen und deren Aufgaben).

Architektur des Hauses und seine Inneneinrichtung

In der Prozessberatung wird unterschieden zwischen der Interventionsarchitektur und dem Interventionsdesign. Roswitha Königswieser und Alexander Exner beschreiben diese wie folgt:

»*Interventionsarchitektur* – so wie ein Architekt die Umgebung, den Baugrund und die Bedürfnisse des Bauherrn als Basis seiner Entwürfe berücksichtigen muss und die Planung immer wieder überarbeitet, gestaltet der Berater seine Interventionsplanung abhängig von der Organisation des Klientensystems und schafft Strukturen, die die erwünschten Kommunikationsabläufe erleichtern und Blockaden verhindern. So wie der Architekt Räume gestaltet, muss das Beratersystem den Gesamtablauf eines Beratungsprojekts planen und gemeinsam mit dem KS (Klientensystem, Anm. des Autors) gestalten. Er muss sich überlegen, an welchen manifesten und latenten Inhalten gearbeitet werden soll und in welcher Abfolge, in welchen Rhythmen soziale Strukturen aufgebaut werden sollen. (...) Interventionsdesign lässt sich mit der Arbeit eines Innenarchitekten vergleichen. So wie der Innenarchitekt die vom Architekten vorgegebenen Räume mit Einrichtung und Leben füllt, gilt es – im Rahmen der Metaentscheidung der sozialen Architektur – soziale Räume weiterzugestalten, die der Erreichung der Zielsetzungen des Beratungsprozesses hilfreich sind.«[1]

Die *Interventionsarchitektur* entscheidet also, dass etwas stattfindet und was stattfindet (z. B. ein Treffen der Steuergruppe/des Lenkungskreises in Abhängigkeit von anderen Kommunikationsforen wie etwa Treffen von Arbeitsgruppen, Präsentationen von Arbeitsergebnissen auf einem Marktplatz oder offenen Veranstaltungen wie Townhall-Meetings), und das Interventionsdesign entscheidet, wie etwas stattfindet (z. B. eine Großgruppenveranstaltung in Form einer Zukunftskonferenz oder einer Open Space Technology). Interventionsarchitektur und -design (als Architektur des Hauses und dessen Inneneinrichtung) sind miteinander verbunden und beeinflussen sich gegenseitig.[2]

Interventionsarchitektur

Königswieser und Exner definieren zentrale Architekturelemente aus der Sicht eines externen Beraters am Beispiel von Veränderungsprojekten:[3]
1. Klare und eindeutige Kontrakte, klare Projektrollen (z. B. Auftraggeber, Projektleiter), definierte Projektdauer
2. Diagnose des Unternehmens (zu Produkten, Dienstleistungen, Struktur, Unternehmenskultur, Problemen) als Orientierung für den Berater

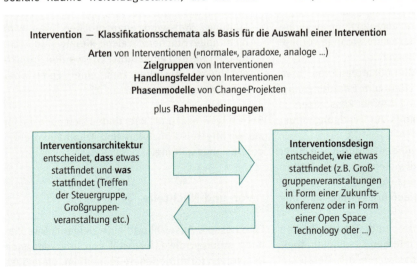

Abb. 1 Intervention, Interventionsarchitektur und Interventionsdesign

und zum Aufbau von persönlichen Beziehungen
3. Rückspiegelungsworkshop, in dem die erhobenen Daten an die Auftraggeber/das Klientensystem rückgespiegelt werden; Diskussion dieser Ergebnisse und Schaffen von gemeinsamen Entscheidungen über das weitere Vorgehen
4. Installation einer Steuergruppe als wichtigstem Bestandteil der Projektorganisation; geklärt werden müssen z. B. Funktion, Zusammensetzung und Arbeitsweise der Steuergruppe
5. Einteilung und Start von Subprojekten mit Teil-Projektaufträgen
6. Installation von Dialoggruppen zwischen Steuergruppe, Auftraggebern, Betriebs- oder Personalräten und anderen Stakeholdern zur gegenseitigen Abstimmung zentraler Akteure und zum wechselseitigen Informations- und Kommunikationsaustausch
7. Installation eines Sounding-Boards (eines »Resonanzkörpers«), der Rückmeldung zum Projekt an die Steuergruppe geben soll und sie so beratend unterstützt
8. Planung von Großveranstaltungen, über die Ergebnisse und Botschaften transportiert werden und über die ein Dialog mit den Betroffenen aufgebaut werden kann
9. Kontinuierliche Arbeit mit der unternehmensinternen Projektleitung
10. Arbeit mit der Geschäftsleitung an ihren eigenen Aufgaben und ihrer eigenen Rolle im Veränderungsprojekt, da diese eine wichtige Vorbildfunktion im Unternehmen hat
11. Organisation von Multiplikatorenforen bzw. Schlüsselpersonentreffen zum Erfahrungsaustausch und zur Nutzung interner Ressourcen
12. Anbieten von Coachings zur Festigung neuer Verhaltensweisen
13. Start von »Train the trainer«-Modulen, um in der Umsetzungsphase mit vielen geschulten Mitarbeitern schneller voranzukommen
14. Evaluierung als fortlaufende Erfolgskontrolle des Projekts
15. Moderierte Abteilungs- und Teamgespräche über die Qualität der internen Zusammenarbeit
16. Staffarbeit im Beratungssystem, d. h. Beraterarbeit in Paaren oder in Teams zur fortwährenden Reflexion des Beratungsprozesses

Interventionsdesigns

Beim Interventionsdesign geht es um die konkrete Ausgestaltung der angedachten Architekturelemente bzw. Interventionen im Veränderungsprojekt. Dabei müssen immer fünf Dimensionen einer Intervention in Veränderungsprozessen gestaltet werden:[4]

- inhaltliche Dimension: Was soll bearbeitet werden? Wann geht es um Information, wann geht es um Entscheidungen oder wann geht es um Innovationen? Soll das Thema vertieft werden oder soll man das Thema öffnen und ausweiten?
- soziale Dimension: In welchen Zusammensetzungen wird gearbeitet werden und wie sehen die Wechsel zwischen verschiedenen Arbeitsformen (Plenum, Teilgruppe, Kleingruppe, Paar, Einzelarbeit) aus?
- zeitliche Dimension: Dauer der Arbeitseinheiten, Pausenregelungen, Abendeinheiten etc.
- räumliche Dimension: Auswahl des (Tagungs-) Ortes mit seinen Arbeitsmöglichkeiten, Anzahl und Größe der Räume, Gestaltung der Räume mit Sitzordnung (Kreis oder Sitzreihen), Möglichkeiten für Outdoor-Aktivitäten etc.
- symbolische Dimension: Wer eröffnet die Veranstaltung? Was wird angesprochen, was wird nicht angesprochen? Welche Rituale sind wichtig oder werden eingeführt? Wie werden Projektabschlüsse gestaltet (mit einer Feier oder schlichtweg vergessen)?

Bei Königswieser und Exner finden sich noch die für sie wichtigsten Prinzipien und Qualitätskriterien der Designgestaltung.[5]

Vor- und Nachteile

Eine bessere Auswahl und eine zielgerichtete Planung erhöhen die Effektivität von Interventionen und sorgen für zufriedenere Teilnehmer, ohne dass

Geld, Zeit und Energie verschwendet werden. Dies ist nur mit einer adäquaten Interventionsarchitektur und einem passenden Interventionsdesign möglich. Bei diesem Instrument gibt es keine Nachteile.

Relevante Rahmenbedingungen

Der firmeninterne oder externe Berater sollte über eine ausreichende Qualifikation verfügen, d. h. er muss die Systematik von Interventionsarchitektur und -design kennen und anwenden können. Zudem sollte das Klientensystem, insbesondere der Auftraggeber, offen sein für diesen zeitaufwendigen, aber im Endeffekt effektiven Zwischenschritt der Interventionsplanung. Die Begrifflichkeiten müssen dem Auftraggeber unter Umständen angemessen vermittelt werden.

Eine umfangreiche Interventionsarchitektur und ein detailliertes Interventionsdesign lohnen sich meist nur bei größeren Projekten. Wichtige Teilaspekte (wie z. B. klare Kontrakte, klare Projektrollen, definierte Projektdauer, Diagnose des Unternehmens mit Rückspiegelungsworkshop, Installation einer Steuergruppe) sollten aber auch für kleinere Projekte übernommen werden.

Für die Planung von Interventionsarchitektur und -design werden keine instrumentellen Hilfsmittel benötigt. Man braucht aber umfangreiche Informationen über die Organisation und ihre Mitglieder sowie umfassende Kenntnisse und Erfahrung in der Interventionsplanung.

Anmerkungen

1 Königswieser, R./Exner, A.: Systemische Intervention, Stuttgart 2008, S. 29–31; vgl. auch Kral, E.: Interventionsarchitektur bei Veränderungsprozessen. Spannungsfelder und Lösungen im Change Management, Wiesbaden 2005.
2 Ein Praxisbeispiel findet sich in Vahs, D./Weiand, A.: Workbook Change Management. Methoden und Techniken. Stuttgart 2010, S. 230 ff. oder Haldemann, P./Steller, K./Fischer, H. P. (Hrsg.): Neben die Spur treten – Neues wagen. Wie Führungskräfte, Projektleiter und HR-Businesspartner Change Management über die Hürden des Alltags führen, Zürich 2008, S. 206–211, 215–217.
3 Zusammengefasst nach Königswieser, R./Exner, A.: a. a. O., S. 50 ff.
4 Vgl. Königswieser, R./Exner, A.: a. a. O., S. 151–156.
5 Vgl. Königswieser, R./Exner, A.: a. a. O., S. 156 f.

Auswahl von Interventionen

Die geeigneten Maßnahmen identifizieren

Achim Weiand

Wenn das Problem diagnostiziert ist, gilt es, passgenaue Interventionen auszuwählen. Diese Auswahl kann über den Erfolg eines Change-Projekts entscheiden. Denn viel zu oft versanden Interventionen und Geld und Zeit werden nutzlos investiert. Im schlimmsten Fall können ungeeignete Interventionen sogar das Gegenteil des Erwünschten bewirken.

Um diese »passgenaue Auswahl« treffen zu können, stellen sich aber einige Fragen: Was ist eigentlich eine Intervention? Was bedeutet »passgenau«? Welche Rahmenbedingungen gilt es zu berücksichtigen, damit Interventionen erfolgreich sind?

Was sind Interventionen?

Der Begriff der Intervention wird je nach theoretischem Hintergrund unterschiedlich gefasst. Fast allen Definitionen gemeinsam ist, dass Interventionen betrachtet werden als
- eine intendierte und zielgerichtete Maßnahme (und nicht etwa ein Zufallsprodukt),
- die von einer natürlichen Person ausgeübt wird, wie z. B. einem Vorgesetzten, einem anderen Mitglied der Organisation, einem externen oder einem internen Berater (und nicht von einem technischen System),
- gegenüber einem Mitarbeiter, einem Kollegen, einem Klienten oder einem Klientensystem (also Individuum, Gruppe, Organisation)
- mit dem Ziel, die Leistungsfähigkeit der Mitarbeiter und damit diejenige der Organisation zu verbessern.[1]

Interventionen sind in der Regel kommunikative Akte (eine mündliche oder eine schriftliche Kommunikation z. B. mit einem diagnostischen Feedback des Beraters an den Auftraggeber) oder das Veranlassen von Aktionen (z. B. die Neuausrichtung des finanziellen Anreizsystems der Organisation). Interventionen werden eingesetzt, um den Status quo einer Organisation positiv zu verändern.

Bei einer Intervention müssen immer *fünf Dimensionen* gestaltet werden:[2]
- inhaltliche Dimension: Was soll bearbeitet werden? Wann geht es um Information, wann um Entscheidungen oder wann um Innovationen?
- soziale Dimension: In welchen Zusammensetzungen wird gearbeitet werden und wie sehen die Wechsel zwischen verschiedenen Arbeitsformen aus?
- zeitliche Dimension: Dauer der Arbeitseinheiten, Pausenregelungen, Abendeinheiten etc.
- räumliche Dimension: Auswahl des (Tagungs-) Ortes mit seinen Arbeitsmöglichkeiten, Anzahl und Größe der Räume, Gestaltung der Räume mit Sitzordnung etc.
- symbolische Dimension: Wer eröffnet wie die Veranstaltung? Was wird dort und zu anderen Gelegenheiten angesprochen, was wird nicht angesprochen? Welche Rituale sind wichtig oder werden eingeführt? Wie werden Projektabschlüsse gestaltet?

Was ist eine »passgenaue« Intervention?

Das Wichtigste ist, dass Interventionen immer zielgerichtet eingesetzt werden – in Abhängigkeit von der Diagnose und von dem Problembereich, ansonsten werden sie wahrscheinlich nicht die beabsichtigte Wirkung zeigen. Der erste Schritt ist also die genaue *Diagnose des Problems*. Schwierig ist, dass die Betroffenen die Probleme oft unterschiedlich definieren, so gibt es meist mehrere Sichtweisen. Liegt die schlechte Leistung eines Teams an dessen interner Kooperation, an der schlechten Führungsleistung des Vorgesetzten oder dem Anreizsystem, das den Mitarbeitern keinen Anreiz mehr bietet? Was für den einen ein Problem ist (z. B. für den Vorgesetzten die wachsende Anzahl von Beschwerden der Kunden), mag für den anderen noch halbwegs in Ordnung sein (eventuell für die Mitarbeiter, da sie die Treue der Kunden zum Produkt kennen und deshalb wenig Handlungsdruck empfinden).

Hinzu kommt: Eine Vielzahl von Interventionen wird in der einschlägigen Literatur vorgeschlagen. Angesichts dieser Fülle an möglichen Interventionen stellen Christensen/Marx/Stevenson fest, dass für Manager bei Veränderungsprojekten die *Auswahl der passenden Intervention* eine der größten Schwierigkeiten darstellt: »Eine der seltensten Managementfähigkeiten ist es zu erkennen, welches Instrumentarium in einer bestimmten Situation funktioniert, und keine Energie auf wirkungslose Maßnahmen zu verschwenden, die die eigene Glaubwürdigkeit aufs Spiel setzen.«[3]

Auswahl aus der Sicht der Betroffenen

Die Systemtheorie weist nachdrücklich darauf hin, dass eine Intervention per se wenig bewirkt bzw. dass sie wirkungslos bleibt, falls sie vom Klienten (oder vom Klientensystem) nicht in irgendeiner Weise angenommen und verarbeitet werden. Das Klientensystem und sein »Operationsmodus« – die Art und Weise, wie es funktioniert – entscheiden über die Wirksamkeit einer Intervention. Das bedeutet, dass bei einer Intervention immer im Vorhinein gefragt werden muss, wie die Betroffenen als die eigentlichen Veränderer das Problem und die Interventionen sehen. Willke schreibt hierzu: »Demnach lässt sich die eher selbstverständliche Forderung, daß Interventionsstrategien nicht aus der Sicht des Beobachters, sondern aus der Sicht des Systems entworfen und implementiert werden müssen, dahin konkretisieren, daß es der Operationsmodus der Organisation ist, welcher über den Erfolg von Interventionen entscheidet. Überlegenes Wissen, Erfahrung und Intuition eines Beraters müssen sich mithin auf diese Operationsmodi der behandelten Systeme beziehen, nicht etwa auf eigene Vorstellungen vom Richtigen und Angemessenem, nicht auf systemexterne Maßstäbe, schon gar nicht auf etwas ›Objektives‹. Dies ist keineswegs selbstverständlich.«[4]

Deshalb ist es wichtig, bereits vor der Auswahl einer Intervention ausreichend Informationen über den Operationsmodus des Klientensystems zu haben. Königswieser/Hillebrand stellen einen Fragenkatalog vor, der dabei unterstützt, die wichtigsten Aspekte des Klientensystems zu verstehen.[5]

Anschlussfähigkeit der Intervention

Die Koppelung einer Intervention an einen Klienten muss demnach auf mehreren Ebenen erfolgen. Titschler unterscheidet zwei Ebenen, die die Wirksamkeit einer Intervention (I_w) bestimmen: zum einen die inhaltliche Qualität (Q) und zum anderen die Anschlussqualität (A) einer Intervention. Eine Intervention müsse ihrer Form und ihrem Inhalt nach angemessen sein (inhaltliche Qualität). Die Anschlussqualität sei dann gegeben, wenn die Intervention eine Verbindung zum Klienten herstelle und dort »ankoppele«: Sie bietet Anregungen, sie führt weder zu Unter- noch Überforderung des Klienten und der Klient will mit ihr weiterarbeiten. Seine plakative und deshalb einprägsame Formel dazu lautet:[6]

$$I_w = Q \times A$$

Die multiplikative Verknüpfung von Qualität und Anschlussfähigkeit soll ausdrücken, dass beide Bedingungen gegeben sein müssen und nicht etwa die hervorragende Qualität einer Intervention eine mangelhafte Anschlussfähigkeit kompensieren kann – oder umgekehrt.

Bei der Auswahl von Interventionen müssen zudem die konkreten *Ausgangsbedingungen einer*

Organisation beachtet werden. Ein Beispiel soll dies erläutern: In einem Veränderungsprojekt müssen schnell Informationen kommuniziert werden. Wenn es sich um ein kleines Unternehmen mit einer arbeitstäglichen schnellen Kommunikation zwischen Firmeninhaber und Mitarbeitern handelt, dann machen E-Mails wahrscheinlich wenig Sinn. Hier würde eine elektronische Form statt der gewohnten »kurzen« Wege wahrscheinlich auf Unverständnis stoßen und Misstrauen schaffen. Auch bei einem Unternehmen mit einem großen Anteil an gewerblichen Mitarbeitern ohne Zugang zu einem PC würden E-Mails die Informationsdiskrepanz zwischen Mitarbeitern in den Büros und in den Produktionsstätten eher vertiefen.

Jede Intervention ist also daraufhin zu prüfen, inwieweit sie zu den technischen, organisatorischen und kulturellen Gegebenheiten genau dieser Organisation passt. Neue Wege und »Regelverstöße« sollten nicht zufällig begangen, sondern ihr erwartbares Resultat vorab bewertet werden.

Rahmenbedingungen der Organisation

Jede Organisation und jedes (Veränderungs-)Projekt hat seine Besonderheiten (beispielsweise in Bezug auf die beteiligten Stakeholder), sodass es das »Rezept« für den Einsatz einer Intervention nicht geben kann. Eine der wichtigsten Aufgaben des Projektmanagers ist deshalb, die zugrunde liegenden konkreten Ausgangsbedingungen auf seiner Seite (Arbeitszeit, Akzeptanz, finanzielles Budget etc.) sowie aufseiten der Organisation zu analysieren. Der Projektmanager muss also bereits vorab die möglichen Interventionen im Hinblick auf folgende wichtige Rahmenbedingungen untersuchen:
- den benötigten Ressourceneinsatz für die Intervention (Budget und/oder personelle Ressourcen), die verfügbaren internen wie externen Kapazitäten sowie die im Unternehmen oder beim externen Berater verfügbaren Kompetenzen für den effektiven und zielgerichteten Einsatz dieser Intervention,
- den erwarteten Effekt bei den Mitarbeitern (in den drei Zielbereichen Leistungsfähigkeit, Leistungsbereitschaft und Leistungsmöglichkeit) sowie die Nachhaltigkeit der Effekte dieser Intervention,
- den im Unternehmen vorhandenen Konsens der Beteiligten im Hinblick auf ihre Ziele (Was wollen wir erreichen?) sowie im Hinblick auf den benötigten Einsatz von Mitteln zur Zielerreichung (Wie wollen wir diese Ziele erreichen?),
- die Akzeptanz dieser Intervention bei den Führungskräften sowie den Mitarbeitervertretungen, etwa die bereits gemachten Erfahrungen mit dieser oder einer ähnlichen Intervention (dies bestimmt dann das Ausmaß des zu erwartenden Widerstands),
- die Machtposition der Initiatoren, waren deren Möglichkeiten zur Durchsetzung unpopulärer Interventionen beeinflusst,
- den »Ort«, wo die für das Veränderungsprojekt relevanten Informationen sind und wo die für die Implementierung notwendige Energie vorhanden ist,
- die Stärke der involvierten Interessen sowie die Dringlichkeit der Bearbeitung eines Themas [7],
- die Funktionsweise der Organisation.

Qualitätskriterien für Interventionen

Offen ist aber noch, welchen Qualitätskriterien Interventionen im Rahmen von Veränderungsprozessen genügen müssten. Hierzu liefern French/Bell folgenden Katalog an Merkregeln:[8]
- Die Interventionen sollen so angelegt sein, dass die entscheidenden, d. h. die von einem Problem ursprünglich betroffenen Personen beteiligt sind.
- Interventionen in Veränderungsprozessen sollten problemorientiert sein (im Gegensatz zu einer rein akademischen Übung oder einer Selbstbespiegelung) und den Klienten bei der Lösung ihrer wichtigen Probleme helfen.
- Sowohl die Ziele als auch die Zielverwirklichungsstrategien sollten klar formuliert sein, um den Beteiligten hinreichend Orientierung zu geben.
- Die Interventionen sollen so geplant werden, dass mit einer hohen Wahrscheinlichkeit die

Ziele auch erreicht werden, um individuelles Selbstwertgefühl, Gruppenbewusstsein und Anspruchsniveau zu steigern.
- Die Interventionen sollten sowohl erfahrungsorientiertes als auch kognitiv-theoretisches Wissen umfassen, d. h. Praxis wie Theorie müssen miteinander verschränkt werden.
- Die Betroffenen müssen angeregt und motiviert werden; sie dürfen nicht verängstigt und defensiv reagieren.
- Die Teilnehmer sollen sowohl das konkrete Problem lösen als auch darüber hinaus das Problemlösen lernen, d. h. es müssen regelmäßig Reflexionseinheiten in die Bearbeitung des aktuellen Problems integriert werden.
- Die Teilnehmer sollen sowohl am Inhalt (Woran arbeiten wir?) als auch am Prozess (Wie arbeiten wir?) arbeiten.
- Die Teilnehmer müssen mit ihrer ganzen Persönlichkeit beteiligt werden und nicht nur in einer bestimmten Rolle.

Auswahl anhand von Klassifikationsschemata

Klassifikationsschemata von Interventionen können ebenfalls als Basis für eine systematische Auswahl einer Intervention dienen. Gebräuchliche Klassifikationen unterteilen Interventionen nach:
- Problemfeldern (z. B. Willke oder Christensen/Stevenson/Marx)[9]
- Wirkungsbereichen (z. B. Cummings/Worley)[10]
- anvisierten Zielgruppen (z. B. Doppler/Lauterburg)[11]
- Phasenmodellen von Change-Projekten (z. B. Leao/Hofmann)[12]
- Arten von Interventionen (z. B. Königswieser/Exner).[13]

An dieser Stelle werden exemplarisch zwei Klassifikationsschemata vorgestellt. Willke gliedert Interventionen nach *Problembereichen*. Er untersucht zum einen, welche Zielbereiche von Interventionen als »Stoßrichtungen« möglich sind (Ziele, Prozesse, Rollen etc.), und zum anderen, welcher Grad an

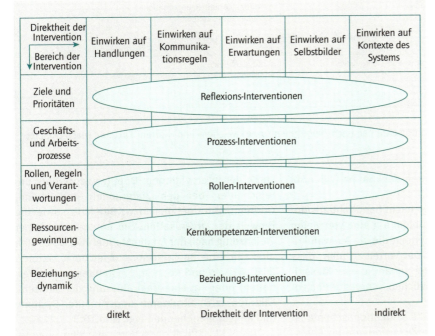

Abb. 1 Klassifikation von Interventionen nach möglichen Problembereichen (nach Willke)

Weiche Faktoren (Einstellungen und Verhalten)	Harte Faktoren (Strukturen, Abläufe, Spielregeln)
Individuum	
• Vermittlung von Managementwissen • Training sozialer Fertigkeiten, z. B. Gesprächsführung, Moderation, Kooperation, Entscheiden, Konfliktlösung • Persönliches Coaching • Sensitivity-Training (Selbsterfahrung), z. B. Gruppendynamik, Transaktionsanalyse • Individuelle Laufbahn- und Lebensplanung und -beratung	• Funktions-/Arbeitsplatzanalyse • Zielvereinbarung und -kontrolle • Mitarbeiterkapital- und Gewinnbeteiligungssysteme • Leistungsanreizsysteme • Personalentwicklungskonzepte • Arbeitsstrukturierung: Job Enlargement, Job Enrichment, Job Rotation • Soziale Modelle des Ab- und Aufstiegs • Gehalts-, Anreiz- und Sozialsysteme • Stellenbeschreibungen • Mitarbeiterbeurteilungs- und -auswahlverfahren, z. B. Assessment Center
Gruppen	
• »Wenn das mein Unternehmen wäre...« – Bereichsanalyse durch die Mitarbeiter • Teaminspektion • Soziogramm • Teamentwicklung • Teamcoaching • »Peergroup« zur Selbsthilfe • Konfrontationstreffen	• Teamstrukturen, z. B. teilautonome Gruppen • Projektorganisation • Qualitätszirkel • Profit-Center-Organisation
Unternehmen bzw. Bereiche	
• Verbindliches Führungsinstrumentarium, z. B. Zielvereinbarung • Corporate Identity • Corporate Culture • Prozessorientierte Leitbildentwicklung • Organisations-/Bereichsdiagnose • Organisations-/Bereichsentwicklung • Regelmäßige Mitarbeiterbefragung	• Total Quality Management • Mitarbeiter-Hearings und -Workshops • »Sensor«-Team • Lean Management • Aufbau-/Ablauf-Reorganisation • Verbindliches Leitbild
Unternehmen und Umwelt	
• Strategiebildung, -kommunikation und -Controlling • Kundenbefragungen • Werbekonzept • Öffentlichkeitsarbeit	• Kundenbeirat • Standardisierter Wettbewerbsvergleich

Abb. 2 Klassifikation von Interventionen nach Zielgruppen sowie »weichen« und »harten« Faktoren (nach Doppler/Lauterburg)

Direktheit einer Intervention denkbar ist (vgl. Abb. 1).[14]

Gegen dieses scheinbar leicht handhabbare Modell spricht, dass das Problem nur eine von vielen Rahmenbedingungen darstellt, die als Auswahlkriterium infrage kommen. Der Vorteil ist aber, dass der Veränderungsmanager anhand dieser Klassifikation die Vielfalt an möglichen Interventionen vor Augen hat.

Ein weiteres gängiges Klassifikationsschema ist die Gliederung nach den *Zielgruppen* oder *Adressaten* der Interventionen. Doppler/Lauterburg unterscheiden bei den Zielgruppen: Individuum, Gruppen, Unternehmen bzw. Bereiche sowie die Umwelt der Organisation. Sie untergliedern aber gleichzeitig nach der Art der Maßnahme: Ob es sich eher um eine Beeinflussung »weicher« Faktoren (z. B. Wissen und Können, Einstellungen und Verhalten) oder um eine Beeinflussung der »harten« Faktoren (z. B. Strukturen und Abläufe, Systeme und Regelungen) handelt (vgl. Abb. 2).[15]

Dieses Klassifikationsschema hat den Charme,

dass neben den »harten« Faktoren auch die eher »weichen« Faktoren ins Zentrum gerückt werden. Aus Sicht der beiden Autoren ist die Bearbeitung beider Faktoren wichtig und muss sich gegenseitig verstärken. Allerdings wird in größeren Organisationen immer eine Mischung von Interventionen in Bezug auf unterschiedliche Adressaten angewendet werden. Aufgabe des Projektmanagers ist es dann, diese Interventionen auf ihre Passung hin zu prüfen, sodass etwa die Wirkung einer Intervention auf der Ebene des Individuums nicht durch eine andere gruppenbezogene Intervention aufgehoben wird.

Anmerkungen

1 Vgl. French, W. L./Bell, C. H. jr.: Organisationsentwicklung, Bern und Stuttgart 1990, S. 124.
2 Vgl. Königswieser, R./Hillebrand, M.: Einführung in die systemische Organisationsberatung, Heidelberg 2004, S. 68–71; Königswieser, R./Exner, A.: Systemische Intervention, Stuttgart 2008, S. 151–156.
3 Christensen, C. M./Stevenson, H. H./Marx, M.: Die richtigen Instrumente für den Wandel. In: Harvard Business Manager, 2006, H. 12, S. 37.
4 Willke, H.: Systemtheorie II: Interventionstheorie. 2. Aufl., Stuttgart 1996, S. 88.
5 Königswieser, R./Hillebrand, M.: a. a. O., S. 53; vgl. weiterhin Willke, H.: a. a. O., S. 90 sowie Schwan, K./Seipel, K. G.: Erfolgreich beraten: Grundlagen der Unternehmensberatung, 2., überarb. und erw. Aufl., München 2002, S. 259 f.
6 Titschler, S.: Professionelle Beratung: Was beide Seiten vorher wissen sollten, Wien 1995, S. 135.
7 Zu den letzten vier Punkten vgl. die vier Schlüsselvariablen zur Bestimmung von Widerstand nach Kotter, J. P./Schlesinger, L. A.: Choosing Strategies for Change. In: Kotter, J. P.: John P. Kotter on What Leaders really do, Boston 1999, S. 46 f.
8 Nach French, W. L./Bell, C. H. jr.: a. a. O., S. 126 ff.
9 Christensen, C. M./Stevenson, H. H/Marx, M.: a. a. O., S. 30.
10 Cummings, T. G./Worley, C. G.: Organization development and change, Mason, Ohio 2005, S. 148.
11 Doppler, K./Lauterburg, C.: Change Management, Frankfurt a. M. 2005, S. 218; vgl. auch Lippitt, G./Lippitt, R.: Beratung als Prozess: Was Berater und ihre Kunden wissen sollten, 4. Aufl., Leonberg 2006, S. 60 ff.
12 Vgl. Leao, A./Hofmann, M. (Hrsg.): Fit for Change, Bonn 2007 sowie Leao, A./Hofmann, M. (Hrsg.): Fit for Change II, Bonn 2009.
13 Königswieser, R./Exner, A./Pelikan, J.: Systemische Intervention in der Beratung. In: Organisationsentwicklung, 1995, H. 2, S. 52–65.
14 Vgl. auch die Darstellung bei Boos, F./Mitterer, G.: Einführung in das systemische Management, Heidelberg 2014, S. 40 f.
15 Doppler, K./Lauterburg, C.: a. a. O.

Gemeinsames Problembewusstsein

Veränderungsgründe für alle nachvollziehbar machen

Achim Weiand

Bei einem großen Projekt werden Aufgaben und Verantwortlichkeiten, Strukturen und Abläufe dramatisch verändert. Der Grund für diese tiefgreifenden Veränderungen ist oft nicht für alle Beteiligten ersichtlich, sodass möglicherweise Widerstand entsteht, was die effiziente Umsetzung des Projekts behindert. Ein gemeinsames Problembewusstsein zu schaffen, ist deshalb eine der ersten Aufgaben für ein gutes Projektmanagement.

Siegfried Schmidt formuliert prägnant diese wichtigste Voraussetzung für erfolgreiche (Veränderungs-)Projekte, wenn er schreibt: »Ohne Krise kein Wandel.«[1] Allerdings muss dieser zwingende Grund für die Veränderung auch allen betroffenen Mitarbeitern bekannt und für sie einsichtig sein.

»Ohne Krise kein Wandel«

Kurt Lewin ging in seinem Kraftfeld-Ansatz davon aus, dass es bei allen Veränderungen in Organisationen zwei Arten von Kräften gibt, die sich zuerst in einem stabilen Gleichgewichtszustand befinden: Kräfte, die den Wandel vorantreiben (driving forces), und Kräfte, die den Wandel behindern (restraining forces). In der ersten Phase von Veränderungen (unfreezing) gehe es dann darum, diejenigen Kräfte zur fördern, die den Wandel vorantreiben – es müsse eine Bereitschaft zur Veränderung bei den Betroffenen erzeugt werden, erst dann habe der Wandel eine realistische Chance, auch erfolgreich vollzogen zu werden.[2]

Auch *John P. Kotter*, einer der bekanntesten Autoren zu Change Management, hebt in seinen acht Stufen eines erfolgreichen Veränderungsmanagements diesen Aspekt hervor, wenn er als ersten und wichtigsten Schritt benennt: »Das Gefühl der Dringlichkeit wecken. Ein Unternehmen, das gewinnen will, sorgt zuerst dafür, dass möglichst viele seiner Mitarbeiter ein ausreichendes Gefühl für Dringlichkeit empfinden, um aktiv nach Chancen und Problemen Ausschau halten und sofort entsprechend handeln zu können.«[3] Allerdings stehen Selbstgefälligkeit und ein falsch verstandenes Gefühl von Dringlichkeit diesem entgegen (vgl. Abb. 1).

Keine Maßnahmen ohne vorherige Diagnose

Eine wichtige Aufgabe für Projektmanager wie Auftraggeber ist es demnach, den Ausgangszustand ihrer Organisation im Hinblick auf das bei den Betroffenen vorhandene Problembewusstsein zu diagnostizieren. *Dan S. Cohen* bietet einen Fragebogen an, über den systematisch das Problembewusstsein eingeschätzt werden kann.[4] Das Ergebnis ist dann allerdings eine Einschätzung von Projektleiter und Auftraggeber – stehen diese nicht in einem regelmäßigen und guten Kontakt zu den Betroffenen, dann wird dieses Ergebnis nicht die empfundene Realität aus Sicht der Mitarbeiter widerspiegeln.[5]

Es muss also ein gemeinsames Problembewusstsein in Bezug auf die Ausgangslage geschaffen werden, um Veränderungen herbeizuführen. Dieses Problembewusstsein kann allerdings nicht alleine über den Verstand erzeugt werden. *Hans Glatz* und *Friedrich Graf-Götz* formulieren dies folgender-

	Selbstgefälligkeit	Falsch verstandenes Gefühl für Dringlichkeit	Wahres Gefühl für Dringlichkeit
	Ihr Ausbreitungsgrad wird stark unterschätzt. Ein heimtückischer Gegner, der für die Betroffenen oft nicht sichtbar ist.	Ebenfalls weit verbreitet und heimtückisch. Extreme Verwechslungsgefahr mit dem wahren Gefühl für Dringlichkeit.	Selten und von unschätzbarem Wert in einer vom Wandel geprägten Welt.
Entstehung	Aus Erfolg: tatsächliche oder eingebildete Siege, die üblicherweise über einen längeren Zeitraum errungen werden.	Aus Misserfolg: aktuelle Probleme, kurzfristige Ziele zu erreichen, oder stetige, kleinere Verluste über einen längeren Zeitraum.	Aus Führungsstärke: Führungspersönlichkeiten aus allen Hierarchieebenen wecken ein echtes Gefühl für Dringlichkeit, das sich bei Bedarf aufs Neue wieder beleben lässt.
Was die Mitarbeiter denken	»Ich weiß, was zu tun ist, und genau das tue ich auch.«	»Was für ein Chaos!«	»Überall Chancen und Gefahren, die es zu ergreifen bzw. zu vermeiden gilt.«
Was die Mitarbeiter empfinden	Zufriedenheit mit dem Status quo (und vielleicht Angst vor Neuem)	Angst, Wut und Frustration	Einen starken Drang, sich aktiv für den Sieg einzusetzen – jetzt!
Wie sich die Mitarbeiter verhalten	Wie immer: Neue Chancen und Gefahren werden ignoriert und wirken sich in keiner Weise auf die Verhaltensweisen aus. Der Blick ist ausschließlich auf betriebsinterne Abläufe gerichtet, man hält sich an althergebrachte Regeln (viele oder keine Sitzungen, Arbeitsbeginn um acht oder neun Uhr, Feierabend entsprechend um 17 oder 18 Uhr).	Hektisch: Eine Sitzung jagt die nächste, ein Bericht folgt dem nächsten, man rennt von A nach B, plant Projekt nach Projekt, bildet eine Arbeitsgruppe nach der anderen und entwirft Präsentationen ohne Ende. Alle sind nur noch gestresst und am Ende ihrer Kräfte.	Dringlich: Wachsam, schnell und konzentriert werden externe Ereignisse beobachtet und wichtige Angelegenheiten angepackt. Gleichzeitig wird Unwichtiges aus dem Terminkalender gestrichen, damit man sich den dringenden Dingen widmen kann, anstatt sich an Belanglosigkeiten aufzureiben.

Abb. 1 Selbstgefälligkeit, falsch verstandenes und wahres Gefühl für Dringlichkeit (nach Kotter)[6]

maßen: »Veränderung geschieht über das Schaffen neuer Realitäten. Das Mittel zur Veränderung ist nicht die kognitive Einsicht, sondern das Erleben des Neuen in Form neuer Strukturen, Beziehungen, Verantwortlichkeiten.«[7] Die Betroffenen müssen also wissen und spüren, warum eine Veränderung unabdingbar ist.

Das Problem muss »erlebt« werden

Fakten alleine werden nicht ausreichen, um die Betroffenen zu überzeugen. Deshalb müssen neben Informationen auch emotionale Botschaften treten, um »Herz« wie »Verstand« zu erreichen (vgl. Abb. 2).

Aufgabe eines Projektleiters wäre es demnach, dieses Problembewusstsein zu schaffen – am besten verbunden mit einer Vision des Neuen, d. h. mit einer für alle Organisationsmitglieder attraktiven Zielsetzung. Allerdings gilt es dabei, einen Punkt zu beachten. In der klassischen Therapie beispielsweise kommt ein Klient zu seinem Therapeuten und hat selbst das Gefühl, dass er etwas verändern muss. In großen Organisationen hingegen kann es sein, dass bei vielen Mitgliedern kein Gefühl für die anstehende Veränderung vorhanden ist, sodass der Projektleiter dafür sorgen muss, dass rationale Einsicht sowie emotionale Betroffenheit entstehen. Wie kann das erreicht werden?

Vier Taktiken

Kotter schlägt vier Taktiken zur Schaffung von Dringlichkeit vor:

»**1. Die Konfrontation mit der Realität** Verknüpfen Sie die innerbetriebliche Realität mit den Chancen und Gefahren der Außenwelt. Importieren Sie externe Daten, laden Sie externe Besucher ein, zeigen Sie Videos. Machen Sie sich die emotionale Überzeugungskraft von audiovisuellen Eindrücken zunutze.

2. Handeln Sie immer mit der gebotenen Dringlichkeit Treten Sie nie selbstgefällig, ängstlich oder wütend in Erscheinung.

3. Erkennen Sie die in einer Krise innewohnenden Chancen Eine Krise muss nicht unbedingt ein Fluch sein. Überlegen Sie sich sorgfältig, ob sie sich nicht vielleicht als Segen erweist und Ihnen dabei hilft, der Selbstgefälligkeit Herr zu bleiben. Gehen Sie mit Bedacht und höchster Aufmerksamkeit vor. Eine zu blauäugig gehandhabte Krise kann sich als tödlich erweisen.

4. Knöpfen Sie sich die ewigen Neinsager vor Von den unverbesserlichen Gegnern der Dringlichkeit muss man sich trennen. Ich rede hier von den ewigen Neinsagern, die der Selbstgefälligkeit unermüdlich in die Hände spielen und nicht einmal vor destruktiven Sabotageakten zurückschrecken. (Vorsicht: Verwechseln Sie sie nicht mit den harmlosen Skeptikern.).«[8] Kotter führt diese Taktiken im Einzelnen weiter aus.[9]

Welches Instrument passt für welche Situation?

Weitere Instrumente finden sich im mittlerweile umfangreichen Handwerkskoffer der (systemischen) Beratung.[10] An dieser Stelle seien exemplarisch genannt:
- Instrumente zur Analyse und Entwicklung der Strategie (z. B. SWOT-Analyse, gemeinsame Visions- oder Strategiearbeit über Großgruppen-Interventionen wie Zukunftskonferenz, Open Space, Benchmarking, Balanced Scorecard als Instrument zur Bestimmung des Soll-Zustands sowie zur Bestimmung der Ausgangssituation)
- Instrumente zur Analyse und Entwicklung des kulturellen Systems (z. B. »Gerüchteküche«, Sketch-Diagnose, Kraftfeld-Analyse, Kulturdiagnose über einen »Steckbrief«, eine Diskrepanz-Analyse, Stakeholder-Analyse, Akteurs-Analyse, soziale Netzwerk-Analyse)
- Instrumente zur Analyse und Entwicklung des technisch-organisatorischen Systems (z. B. Prozessanalyse, Arbeitsanalyse, Aufgabenanalyse)

Angesichts der Fülle an möglichen Interventionen stellt die Auswahl der passenden Intervention eine der größten Schwierigkeiten für Manager bei Veränderungsprojekten dar. *Clayton M. Christensen*, *Matt Marx* und *Howard H. Stevenson* schreiben dazu: »Eine der seltensten Managementfähigkeiten ist es zu erkennen, welches Instrumentarium in ei-

---

Ausführlich und umfassend informieren
Gut recherchierte, wichtige Informationen, die auf fundierten und logisch nachvollziehbaren Fakten beruhen und neue Anforderungen und (vermutlich ehrgeizige) neue Ziele definieren.

Können den Verstand überzeugen, selten aber auch das Herz, weshalb der Mangel an Gefühl für Dringlichkeit nicht vollständig behoben wird (und das ist der Normalfall).

Herz und Verstand gewinnen
Ein logisch vorgetragener Business Case, der Teil einer emotional überzeugenden Gesamterfahrung ist, in der neue Anforderungen emotional definiert werden, sodass die neuen Ziele nicht nur als ehrgeizig betrachtet werden, sondern tatsächlich den Ehrgeiz wecken, sie unbedingt erreichen zu wollen.

Überzeugt den Verstand und gewinnt das Herz, wodurch das notwendige Gefühl für Dringlichkeit geschaffen wird.

Abb. 2 Strategien, um das Gefühl für Dringlichkeit zu erhöhen (nach Kotter)[11]

ner bestimmten Situation funktioniert, und keine Energie auf wirkungslose Maßnahmen zu verschwenden, die die eigene Glaubwürdigkeit aufs Spiel setzen.«[12]

Vor- und Nachteile

Projekte laufen besser und erfolgsversprechender, wenn ein gemeinsames Problembewusstsein bei den Betroffenen vorhanden ist. Ist dies nicht der Fall, dann sollte man vor dem Start des Veränderungsprojekts zunächst dieses Problembewusstsein erzeugen. Es gibt keine Nachteile, es sei denn, dieses Problembewusstsein soll durch falsche Daten erzeugt werden. Wenn die Mitarbeiter dieses Täuschungsmanöver durchschauen, dann wird wertvolles Vertrauen auf Jahre hinaus zerstört.

Relevante Rahmenbedingungen

Das Topmanagement muss verstehen, wie wichtig ein Problembewusstsein bei den Mitarbeitern für den erfolgreichen Start des Veränderungsprojekts ist. Zudem sollten Projektleiter, das Topmanagement und die Berater gut im Unternehmen vernetzt sein, um Anzeichen von Selbstgefälligkeit oder von einem falsch verstandenen Gefühl für Dringlichkeit bei den Mitarbeitern, bei den Führungskräften oder bei sich selbst zu entdecken. Zudem sollte eine Stakeholder-Analyse zur Identifikation der wichtigsten Stakeholder und ihrer Interessen durchgeführt werden, um abschätzen zu können, ob das Projekt viel Gegenwind oder viel Rückenwind von den zentralen Stakeholdern zu erwarten hat.[13]

Anmerkungen

1 Schmidt, S. J.: Unternehmenskultur, 2. Aufl., Weilerswist 2005, S. 213.
2 Vgl. Vahs, D.: Organisation, 8. Aufl., Stuttgart 2012, S. 388 f.
3 Kotter, J. P.: Das Prinzip Dringlichkeit. Schnell und konsequent handeln im Management, Frankfurt a. M. 2009, S. 28; vgl. auch Kotter, J. P.: Leading Change, Boston 1996, S. 67–85.
4 Vgl. Cohen, D. S.: The Heart of Change Field Guide – Tools and Tactics for Leading Change in Your Organization, Boston 2005, S. 25 f.
5 Zu anderen Diagnoseformen wie Mitarbeiterbefragung oder Stakeholder-Dialog vgl. Vahs, D./Weiand, A.: Workbook Change Management. Methoden und Techniken, 2. Aufl., Stuttgart 2013 oder Roehl, H./Winkler, B./Eppler, M. J./Fröhlich, C. (Hrsg.): Werkzeuge des Wandels. Die 30 wirksamsten Tools des Change Managements, Stuttgart 2012.
6 Vgl. Kotter, J. P.: a. a. O., S. 23 f. – Abbildung wörtliches Zitat.
7 Glatz, H./Graf-Götz, F.: Handbuch Organisation gestalten, 2. Aufl., Weinheim/Basel 2011, S. 292.
8 Kotter, J. P.: a. a. O., S. 71.
9 Vgl. Kotter, J. P.: a. a. O., S. 104, 125, 151 f., 177.
10 Vgl. etwa Vahs, D./Weiand, A.: a. a. O.; Königswieser, R./Exner, A.: Systemische Intervention, Stuttgart 2008; Königswieser, R./Hillebrand, M.: Einführung in die systemische Organisationsberatung, Heidelberg 2004; Leao, A./Hofmann, M. (Hrsg.): Fit for Change, Bonn 2007; Leao, A./Hofmann, M. (Hrsg.): Fit for Change II, Bonn 2009; Rohm, A. (Hrsg.): Change-Tools, Bonn 2006.
11 Vgl. Kotter, J. P.: a. a. O., S. 68 – Abbildung wörtliches Zitat.
12 Vgl. Christensen, C. M./Stevenson, H. H./Marx, M.: Die richtigen Instrumente für den Wandel. In: Harvard Business Manager, 2006, H. 12, S. 37.
13 Vgl. das Beispiel bei Vahs, D./Weiand, A.: a. a. O.

Umgang mit Widerstand

Die Ursachen für Widerstand erkennen und bearbeiten

Achim Weiand

Bei allen Veränderungsprojekten sollen die betroffenen Mitarbeiter ihr Verhalten ändern: Das führt automatisch zu Widerstand. Daher ist der Umgang mit Widerstand eines der wichtigsten Instrumente im Change Management.

Die entscheidende Frage ist, wie man mit Widerstand umgeht und ob man ihn für das Veränderungsprojekt auch positiv nutzen kann. Zunächst sollte eine Diagnose der beteiligten Personen oder Gruppen mit Widerstandsverhalten sowie der Gründe des Widerstands erfolgen. Erst dann können systematisch Gegenmaßnahmen eingeleitet werden, die auch Aussicht auf Erfolg haben.

Was ist Widerstand?

Klaus Doppler und Christoph Lauterburg versuchen, Widerstand zu definieren: »Von Widerstand kann immer dann gesprochen werden, wenn vorgesehene Entscheidungen oder getroffene Maßnahmen, die auch bei sorgfältiger Prüfung als sinnvoll, ›logisch‹ oder sogar dringend erscheinen, aus zunächst nicht ersichtlichen Gründen bei einzelnen Individuen, bei einzelnen Gruppen oder bei der ganzen Belegschaft auf diffuse Ablehnung stoßen, nicht unmittelbar nachvollziehbare Bedenken erzeugen oder durch passives Verhalten unterlaufen werden.«[1] Sie nennen außerdem unterschiedliche Formen von Widerstand (vgl. Abb. 1) und zeigen, dass es oftmals schwierig ist, Widerstand als solchen zu erkennen. Besonders kompliziert ist dies bei verdecktem Widerstand, der von den Betroffenen nicht geäußert wird.

Quellen für Widerstand

Es gibt mehrere Quellen für Widerstand, die beim Individuum oder bei der Organisation liegen können. *Individuelle Quellen* von Widerstand können beispielsweise sein:[2]

- bedrohte Eigeninteressen, die Mitarbeiter be-

	Verbal (Reden)	**Nonverbal (Verhalten)**
Aktiv (Angriff)	**Widerspruch** Gegenargumentation Vorwürfe Drohungen Polemik Sturer Formalismus	**Aufregung** Unruhe Streit Intrigen Gerüchte Cliquenbildung
Passiv (Flucht)	**Ausweichen** Schweigen Bagatellisieren Blödeln Ins Lächerliche ziehen Unwichtiges debattieren	**Lustlosigkeit** Unaufmerksamkeit Müdigkeit Fernbleiben Innere Emigration Krankheit

Abb. 1 Allgemeine Symptome für Widerstand nach Doppler/Lauterburg[3]

fürchten den persönlichen Verlust von Macht oder Status
- ein falsches Verständnis der Beweggründe für den Wandel sowie Misstrauen zwischen den Mitarbeitern und den Initiatoren der Veränderung
- eine unterschiedliche Einschätzung der Ausgangssituation durch die Mitarbeiter und die Initiatoren des Wandels, die Mitarbeiter haben kein Problembewusstsein
- geringe persönliche Toleranz für Veränderungen und eingefahrene Gewohnheiten, daher wird jegliche Veränderung abgelehnt, oder Furcht vor dem Unbekannten
- kognitive Befangenheit, Unverständnis oder selektive Wahrnehmung, wenn wichtige Informationen nicht vorliegen oder in einer unangebrachten Weise kommuniziert werden.

Organisationale Quellen von Widerstand können sein:
- zu begrenzter Fokus der Veränderung, der die Interessen zu vieler betroffener Stakeholder einschränkt
- prinzipieller Mangel an Koordination und Kooperation zwischen Abteilungen und Bereichen, sodass im Veränderungsprojekt eben diese notwendige Koordination schwierig wird
- Abteilungen und Bereiche mit starken Gruppennormen oder einem zu starken Gruppendenken, es gibt also prinzipiell eher Abschottung und Konkurrenz
- Abteilungen und Bereiche mit unterschiedlichen Zielen und einer sehr unterschiedlichen Bewertung der Ausgangssituation.

Noel Tichy schlägt vor, seine TCP-Matrix zu benutzen, um Widerstand zu verorten. Er überprüft das technisch-sachbezogene System, das kulturelle System und das politische System einer Organisation darauf, ob es dort Gründe für Widerstand gegen das Veränderungsprojekt geben könnte.[4]

Vier Grundsätze

Doppler/Lauterburg definieren vier Grundsätze beim Umgang mit Widerstand bei (Veränderungs-)Projekten:[5]

»1. Grundsatz: Es gibt keine Veränderung ohne Widerstand! Widerstand gegen Veränderungen ist etwas ganz Normales und Alltägliches. Wenn bei einer Veränderung keine Widerstände auftreten, bedeutet dies, dass von vornherein niemand an ihre Realisierung glaubt. *Nicht das Auftreten von Widerstand, sondern deren Ausbleiben ist Anlass zur Beunruhigung!*

2. Grundsatz: Widerstand enthält immer eine ›verschlüsselte Botschaft‹! Wenn Menschen sich gegen etwas sinnvoll oder sogar notwendig Erscheinendes sträuben, haben sie irgendwelche Bedenken, Befürchtungen oder Angst. *Die Ursachen für Widerstand liegen im emotionalen Bereich!*

3. Grundsatz: Nichtbeachtung von Widerstand führt zu Blockaden! Widerstand zeigt an, dass die Voraussetzungen für ein reibungsloses Vorgehen im geplanten Sinne nicht bzw. noch nicht gegeben sind. Verstärkter Druck führt lediglich zu verstärktem Gegendruck. *Denkpause einschalten – nochmals über die Bücher gehen!*

4. Grundsatz: Mit dem Widerstand, nicht gegen ihn gehen! Die unterschwellig emotionale Energie muss aufgenommen werden – das heißt zunächst einmal ernst genommen – und sinnvoll kanalisiert werden. *1) Druck wegnehmen (dem Widerstand Raum geben), 2) Antennen ausfahren (in Dialog treten, Ursachen erforschen), 3) gemeinsame Absprachen (Vorgehen neu festlegen).*«

Handlungsempfehlungen

Ähnlich argumentieren John P. Kotter und Leonard A. Schlesinger, wenn sie die Implikationen des zielgerichteten Umgangs mit Widerstand für Manager hervorheben und vier Handlungsempfehlungen aussprechen:[6]

1. Auf jeden Fall sollte eine Analyse der Organisation durchgeführt werden, in der die jetzige Situation, die Probleme und die Ursachen für diese Probleme untersucht werden. Dazu gehört auch die Bestimmung, wie dringend und wie schnell diese Probleme gelöst werden müssen und welche Art von Veränderung notwendig sein wird.
2. Zudem ist es wichtig, die Faktoren zu identifizieren, die die benötigten Veränderungen produzieren. Diese Analyse sollte folgende Themen beinhalten: Wer könnte Widerstand ausüben? Was sind die Ursachen? Wie heftig wird dieser Widerstand sein? Wer besitzt Informationen, die zum Wandel benötigt werden? Wessen Kooperation ist für die Implementierung des Wandels unabdingbar? Welche Position haben die Initiatoren des Wandels gegenüber anderen relevanten Individuen oder Gruppen in Bezug auf Macht, Vertrauen, gewohnten Interaktionsweisen etc.?
3. Anschließend kann eine Strategie für den Wandel gewählt werden, die folgende Punkte festlegt: die notwendige Geschwindigkeit der Veränderung, den Grad an möglicher Vorplanung von Einzelschritten sowie die Beteiligungsmöglichkeiten für die Stakeholder. Daraus können dann Taktiken zum Umgang mit Individuen oder Gruppen abgeleitet werden, die untereinander konsistent sind.
4. Der Prozess der Implementierung muss fortlaufend überwacht werden. Nur durch eine sorgfältige Überwachung können unerwartete Ereignisse im Veränderungsprozess rechtzeitig entdeckt und intelligente Gegenmaßnahmen ergriffen werden.

Kotter/Schlesinger führen sechs unterschiedliche Methoden zum Umgang mit Widerstand mit ihren Vor- und Nachteilen auf (vgl. Abb. 2).

Kotter/Schlesinger weisen zu Recht darauf hin, dass es kein universelles Rezept für den Umgang mit Widerstand geben kann, da jedes Veränderungsprojekt und die daran Beteiligten anders sind. Sie schlagen vor, sich bei der Auswahl von Interventionen an vier Schlüsselvariablen zu orientieren:[7]

- Der *Umfang des erwarteten Widerstands* wird bestimmen, wie viel Aufwand Auftraggeber und Projektleiter zur Bekämpfung des Widerstands betreiben müssen: Je größer der wahrscheinliche Widerstand ist, desto mehr Beteiligungsmöglichkeiten (statt einer klaren Vorstrukturierung des Veränderungsprojekts) sollten angeboten werden.
- Die *Position der Initiatoren* gegenüber den Widerständlern in Bezug auf Macht, Vertrauen etc.: Je weniger Macht der Initiator hat, desto mehr Beteiligungsformen muss er anbieten. Je mehr Macht er hat, desto stärker kann er das Veränderungsprojekt vorher planen und desto mehr Versuche zur Beseitigung von Widerstand kann er unternehmen.
- Der »Ort«, an dem die relevanten Informationen für das Veränderungsprojekt und die für die Implementierung notwendige Energie ist: Je mehr die Initiatoren wissen, dass sie auf nützliche Informationen und das Engagement von anderen angewiesen sind, desto mehr müssen sie die Betroffenen einbinden. Das braucht Zeit sowie die ausdrückliche Beteiligung anderer.
- Die *involvierten Interessen*: Versuche zur Beseitigung von Widerstand, klare Planung und geringe Beteiligung werden dann eingesetzt, wenn das kurzfristige Risiko für eine schlechte Leistung oder für das Überleben der Organisation hoch ist, falls die jetzige Situation nicht schnell verändert wird.

Tichy schlägt den Einsatz von drei anders gruppierten Transformationsinstrumenten vor, um Veränderungsprozesse zu stabilisieren und Widerstand zu bearbeiten:[8]

- *Medien/Kommunikationskonzepte*: alle Arten von Kommunikation, primär die interne Kommunikation den Führungskräften und den Mitarbeitern gegenüber. Ziel ist die systematische Ver-

Methode	Normalerweise benutzt in Situationen	Vorteile	Nachteile
Training und Kommunikation	Wenn ein Mangel an Information besteht oder unkorrekte Informationen oder Analysen vorliegen.	Einmal überzeugt, werden die Mitarbeiter oft bei der Umsetzung der Veränderung helfen.	Kann sehr zeitaufwendig sein, wenn viele Mitarbeiter betroffen sind.
Beteiligung und Mitwirkung	Wenn die Initiatoren des Wandels nicht über alle notwendigen Informationen verfügen und wenn andere beträchtliche Macht innehaben.	Die an der Veränderung beteiligten Mitarbeiter werden aktiv an der Implementierung mitarbeiten und relevante Informationen beisteuern, die in den Veränderungsplan integriert werden.	Kann sehr zeitaufwendig sein, wenn die dann an der Veränderung Beteiligten ein unpassendes Vorgehen entwickeln.
Förderung und Unterstützung	Wenn Mitarbeiter Widerstand wegen Anpassungsschwierigkeiten leisten.	Kein anderer Ansatz ist so effektiv bei Anpassungsschwierigkeiten.	Kann sehr zeitaufwendig und teuer sein – und trotzdem scheitern.
Verhandlung und Übereinkunft	Wenn jemand oder eine Gruppe durch den Wandel eindeutig schlecht wegkommen wird und wenn diese Gruppe durch Widerstand beträchtliche Macht ausüben kann.	Manchmal ist dies ein relativ leichter Weg, um großen Widerstand zu vermeiden.	Kann in vielen Fällen zu kostspielig werden, wenn andere Gruppen darauf kommen, dass sie ihre Zustimmung ebenfalls verhandeln können.
Manipulation und (politisch motivierter) Einbezug von Widerständlern	Wenn andere Taktiken nicht funktionieren oder zu teuer sind.	Kann eine relativ schnelle und kostengünstige Art sein, Widerstand zu minimieren.	Kann zu Problemen in der Zukunft führen, wenn Mitarbeiter sich manipuliert fühlen.
Expliziter und impliziter Zwang	Wenn Geschwindigkeit wichtig ist und die Initiatoren des Wandels beträchtliche Macht besitzen.	Ist sehr schnell und kann fast jede Art von Widerstand brechen.	Kann riskant sein, falls es Mitarbeiter gegenüber den Initiatoren des Wandels aufbringt.

Abb. 2   Sechs Methoden zum Umgang mit Widerstand nach Kotter/Schlesinger[9]

breitung der Inhalte des Veränderungsprojekts sowie der neuen Werte und Verhaltensweisen. Über Projekterfolge soll regelmäßig berichtet werden, sodass sich eine unternehmensinterne Öffentlichkeit für die Veränderung entwickelt.
- *Bildungswesen/Schulen/Trainingskonzepte*: alle Arten von Personalentwicklung. Ziel ist der Aufbau von neu benötigten Fähigkeiten und das Einüben von neuen Verhaltensweisen. Primäre Zielgruppen sind dabei die Treiber und die Multiplikatoren des Wandels.
- *Polizei/Prozesscontrolling/Projektcontrolling*: alle Arten von Überprüfungen und Kontrollen inklusive angepassten Belohnungs- und Sanktionsmechanismen. Ziel ist die Unterstützung des Wandels durch eine Neuausrichtung der bisherigen Kontrollmechanismen (z. B. von Messgrößen) und durch die Einführung von neuen Kennzahlen zur Messung der Zielerreichung des Wandels.

Mögliche Instrumente

Zur Diagnose von Widerstand können folgende Instrumente eingesetzt werden: Stakeholder-Analyse, Stakeholder-Dialog, Kraftfeld-Analyse und Risikoanalyse. Prinzipiell muss aber bei jeder Interaktion mit den Beteiligten darauf geachtet werden, ob diese Maßnahme von ihnen akzeptiert wird oder nicht. In der Fachliteratur finden sich zudem viele konkrete Übungseinheiten zur Identifikation von Widerstand sowie zur Aktivierung der Teilnehmer.[10]

Hilfreich ist auch die Überprüfung von wesentlichen menschlichen Bedürfnissen, die durch das Veränderungsprojekt tangiert werden könnten und damit Widerstand bei den Betroffenen hervorrufen: Verlust von Entgelt, Verlust der Sicherheit des Arbeitsplatzes, Verlust von Kontakt und Beziehungen zu Kollegen, Verlust von Anerkennung wegen fachlicher oder persönlicher Überforderung, Verlust an Selbstständigkeit oder Verlust von Entwicklungsmöglichkeiten.[11]

Selbstverständlich gibt es noch andere Interventionsmöglichkeiten als die oben genannten von Kotter/Schlesinger, Tichy oder Cohen[13]. Letztendlich ist jede bewusste Veränderung des ursprünglichen Vorgehens eine Antwort auf Widerstandsverhalten.

Vor- und Nachteile

Ein großes Veränderungsprojekt wird immer Verhaltensweisen, Prozesse oder Macht- und Statusbeziehungen zwischen den Organisationsmitgliedern verändern, weshalb es immer Widerstand geben wird. Der systematische Umgang mit Widerstand – von der Diagnose bis hin zum zielgerichteten Einsatz von Interventionen – ist unerlässlich, wenn man ein Veränderungsprojekt zum Erfolg führen will. Eine Nichtberücksichtigung von Widerstand kann eventuell sogar zum Scheitern des Wandels führen.

Dieser zielgerichtete Umgang mit Widerstand kostet allerdings Zeit und andere Ressourcen. Eventuell kommt das Projekt auch langsamer voran. An der Bearbeitung von Widerstand führt in Veränderungsprojekten aber kein Weg vorbei. Daher kann man eigentlich nur Nachteile für einen schlechten und unprofessionellen Umgang mit Widerstand aufführen, nicht aber für den systematischen und zielorientierten Umgang damit.

Relevante Rahmenbedingungen

Man benötigt eine genaue Kenntnis der beteiligten Personen und Gruppen und deren Motiven, um Widerstand lokalisieren und einschätzen zu können. Fehlt der enge Kontakt beispielsweise des Projektleiters zu den wichtigsten Stakeholdern, dann wird auch kein noch so ausgeklügelter Fragebogen zur Erhebung von Widerstand etwas nützen. Wichtig sind also eine hohe Interaktionsdichte mit den Beteiligten und ein »offenes Ohr« für deren Anliegen. Ferner muss der Auftraggeber über genügend Sensibilität verfügen, um der Bearbeitung des Widerstands ausreichend Zeit und Energie zu widmen, anstatt ein klassisches Projektmanagement gemäß den vorher definierten Arbeitspaketen zu praktizieren.

Anmerkungen
1 Doppler, K./Lauterburg, C.: Change Management. Den Unternehmenswandel gestalten, Frankfurt a. M. 2005, S. 327.
2 Vgl. Kotter, J. P./Schlesinger, L. A.: Choosing Strategies for Change. In: Kotter, J. P.: John P. Kotter on What Leaders really Do. Boston 1999, S. 30–36; vgl. auch Doppler/Lauterburg: a. a. O., S. 325 f.
3 Doppler, K./Lauterburg, C.: a. a. O., S. 324.
4 Tichy, N.: Regieanleitung für Revolutionäre, Frankfurt a. M. 1995, S. 53 f.; vgl. auch Vahs, D./Weiand, A.: Workbook Change Management. Methoden und Techniken, 2. Aufl., Stuttgart 2013, S. 250 ff.
5 Doppler, K./Lauterburg, C.: a. a. O., S. 333 f.
6 Vgl. Kotter J. P./Schlesinger, L. A.: a. a. O., S. 48 f.
7 Vgl. Kotter J. P./Schlesinger, L. A.: a. a. O., S. 46 f.
8 Vgl. Tichy, N.: a. a. O., S. 68 f.; vgl auch Fischer, H.-P. (Hrsg.): Die Kultur der schwarzen Zahlen. Das Fieldbook der Unternehmenstransformation bei Mercedes-Benz, Stuttgart 1997, S. 52 f.
9 Vgl. Kotter J. P./Schlesinger, L. A.: a. a. O., S. 44 f.
10 Vgl. etwa Königswieser, R./Exner, A.: Systemische Intervention, Stuttgart 2008, S. 246–254 oder Leao, A./Hofmann, M. (Hrsg.): Fit for Change, Bonn 2007, S. 119–165.
11 Doppler, K./Lauterburg, C.: a. a. O., S. 329.
12 Cohen, Dan. S.: The Heart of Change Field Guide. Tools and Tactics for Leading Change in Your Organization. Boston 2005.

Autorenverzeichnis

Prof. Dr.-Ing. Hartmut F. Binner
Geschäftsführender Vorstandsvorsitzender der Gesellschaft für Organisation e.V. (gfo), Mitglied im Herausgeberbeirat der zfo, Inhaber der Prof. Binner Akademie in Hannover. An der Hochschule Hannover, wo er als Hochschullehrer tätig war, leitet er im Fachbereich Maschinenbau und Bioverfahrenstechnik das Labor für Prozessmanagement II. Autor und Herausgeber zahlreicher Bücher und Zeitschriftenbeiträge zum Thema Organisations- und Prozessgestaltung sowie Wissensmanagement.
info@pbaka.de

Caspar Fröhlich
Executive Coach und Unternehmensberater für Führungskräfte und Geschäftsleitungen internationaler Unternehmen. Arbeitsschwerpunkte sind u.a. innovative Leadership-Ansätze und der respektvolle Umgang zwischen Chefs und Mitarbeitern. Der Deep Democracy Facilitator organisiert die »dd-days« in Zürich. Mitherausgeber von »Werkzeuge des Wandels – Die 30 wirksamsten Tools des Change Management (Schäffer-Poeschel 2012).
caspar.froehlich@froehlich-coaching.ch

Dr. Claudio Cometta
Projektleiter und Dozent für Energiewirtschaft, Innovation und Entrepreneurship an der ZHAW School of Management and Law, Zürcher Hochschule für Angewandte Wissenschaften. Stellvertrende Zentrumsleitung des Center for Innovation and Entrepreneurship.
claudio.cometta@zhaw.ch

Jacques Hefti
Dozent für Innovation und Entrepreneurship an der ZHAW School of Management and Law, Zürcher Hochschule für Angewandte Wissenschaften. Arbeitsschwerpunkte sind die Analyse, Gestaltung und Moderation strategischer Entscheidungs- und Veränderungsprozesse.
jacques.hefti@zhaw.ch

Michael Faschingbauer, MBA
Managing Partner bei Effectuation Intelligence, tätig als Organisationsberater, Speaker und Dozent im gesamten deutschen Sprachraum. Sein Buch »Effectuation – Wie erfolgreiche Unternehmer denken, entscheiden und handeln« (Schäffer-Poeschel 2013) wurde als »Managementbuch des Jahres« ausgezeichnet.
office@faschingbauer.at

Dr. Benjamin Künzli
Inhaber der CLC Consulting AG, Unternehmensentwicklung, Zürich, und Mitglied der Beratergruppe B5 Consulting & Advisory, Zürich. Langjährige Erfahrungen als Führungskraft und Unternehmensberater mit den Schwerpunkten Entwicklung und Implementierung von Strategien, Organisationsentwicklung, Change Management und Teamentwicklung. Zudem ist er Management Coach, Hochschuldozent und Autor des Management-Blogs www. management-impulse.ch.
benjamin.kuenzli@clc-consulting.ch

Autorenverzeichnis

Erika Lüthi
Supervisorin BSO, Organisationsentwicklerin bts, Inhaberin der Unternehmensberatung i-conet Beratung GmbH, Worb (Schweiz). Langjährige Erfahrung in den Bereichen Teamentwicklung, Coaching von Führungskräften und Organisationsentwicklung. Sie hat sich auf das Nutzen der Vielfalt in Teams, unterstützende Interaktionen und Kommunikation spezialisiert.
info@i-conet.ch

Dr. Kerstin Pichel
Dozentin für strategisches Management am Zentrum für Strategie und Operations an der ZHAW School of Management and Law, Zürcher Hochschule für Angewandte Wissenschaften. Sie verfügt über langjährige Beratungspraxis zur Konzeption und Moderation von Strategieprozessen und forscht zur Unterstützung heterogener Strategieteams.
kerstin.pichel@zhaw.ch

Dr. René Mauer
Berater bei Effectuation Intelligence, Miteigentümer eines Familienunternehmens und Mitgründer eines Technologie-Unternehmens. Mitautor des Lehrbuchs »Entrepreneurship« (Schäffer-Poeschel 2010). Vertretung der Professur für Entrepreneurship und Innovation an der ESCP Europe Wirtschaftshochschule Berlin.
mauer@effectuation-intelligence.de

Prof. Dr. Heike Rawitzer
Professorin für Marketing & Kommunikation an der ZHAW School of Management and Law, Zürcher Hochschule für Angewandte Wissenschaften. Nach 15 Jahren Executive Management im Marketing verschiedenster Finanzdienstleistungsunternehmen arbeitet sie nun zu Strategiefindung und -umsetzung, strategischem Marketing und Kommunikation, Leadership und Change Management. Ihr Publikationsschwerpunkt liegt daher auf der Nutzbarmachung theoretischer Modelle für die Praxis.
heike.rawitzer@zhaw.ch

Dr. Gerd Nanz
Geschäftsführer und Miteigentümer der covalgo consulting GmbH in Wien. Beratungsschwerpunkte in der Business-Analyse und im Geschäftsprozessmanagement sowie in der Unternehmensorganisation. Er ist Mitglied im Herausgeberbeirat der zfo, im Vorstand der Österreichischen Vereinigung für Management und Organisation (ÖVO), im Vorstand des IIBA Austria Chapter und Geschäftsführer der European Association of Business Analysis (EABA).
gerd.nanz@covalgo.at

Prof. Dr. Mario Situm
Professor am Institut für Grenzüberschreitende Restrukturierung an der Fachhochschule Kufstein. Seine Forschungsthemen liegen in der Früherkennung von Unternehmenskrisen, Entwicklung strategischer Controllingsysteme und Optimierung des Kreditrisikomanagements. Mitglied im Editorial Board des Journal of Modern Accounting and Auditing sowie Reviewer beim Journal of Contemporary Management.
Mario.Situm@fh-kufstein.ac.at

Autorenverzeichnis

Gerd-Inno Spindler
Führende Funktionen u.a. für Blaupunkt, Nintendo, Black & Decker, BP/Aral, heute Unternehmensberater, Autor und Dozent für Marketing, außerdem gefragter Referent und Keynote Speaker. Autor des Buchs »Querdenken im Marketing – Wie Sie die Regeln im Markt zu Ihrem Vorteil verändern« (Gabler 2011).
kontakt@gis-con.de, www.gerd-inno-spindler.de

Dr. Roman Stöger
Associate im Malik Management Zentrum St. Gallen, Lehrtätigkeit an der Fachhochschule Kufstein und an der Universität St. Gallen. Er ist Autor des Buchs »Die Toolbox für Manager« (Schäffer-Poeschel 2013), des Standardwerks »Wirksames Projektmanagement« (Schäffer-Poeschel 2011) und weiterer, mehrfach ausgezeichneter Bücher und Fachartikel.
roman.stoeger@mzsg.ch

Prof. Dr. Achim Weiand
Professor für Betriebswirtschaftslehre, insbesondere Personalentwicklung, an der Hochschule Neu-Ulm. Zuvor Professor für Personal und Organisation in internationalen Unternehmen an der Hochschule Hof. Davor Leiter der Führungskräfte- bzw. Personalentwicklung in verschiedenen Unternehmen. Mitautor des Buchs »Workbook Change Management – Methoden und Techniken« (Schäffer-Poeschel 2013) sowie Autor weiterer Lehr- und Fachbücher.
achim.weiand@t-online.de

Prof. Dr. Thomas Wunder
Professor für Betriebswirtschaftslehre mit Schwerpunkt Unternehmensführung an der Hochschule Neu-Ulm. Er war Dozent für Strategisches Management an Universitäten in der Schweiz und den USA, zuvor Geschäftsführer der Péter Horváth & Partners Inc. in Boston und Atlanta sowie Relationship Executive bei Highland Worldwide. Arbeitsschwerpunkte sind Strategieumsetzung, internationaler Strategieabgleich sowie nachhaltiges strategisches Management. Autor des Strategielehrbuchs »Essentials of Strategic Management« (Schäffer-Poeschel 2015).

Philipp Zellner M.Sc.
Tätig in der EDV-Organisation der Brillux GmbH & Co. KG in Münster, zuvor Dozent am Institut für Prozessmanagement und Logistik an der Fachhochschule Münster. Branchenerfahrung in den Bereichen Versicherung, Handel und Industrie. Autor zahlreicher Publikationen zur Prozessstandardisierung.
p.zellner@outlook.de

Kontaktdaten

Herausgebergesellschaften der zfo

gfo | gesellschaft für organisation e.V.

Vorsitzender: Prof. Dr. Ing. *Hartmut F. Binner*
Schützenallee 1, D-30519 Hannover
Telefon: +49 511 848648-160
Telefax: +49 511 848648-199
info@gfo-web.de
www.gfo-web.de

**SGO Schweizerische Gesellschaft
für Organisation und Management**

Präsident: Dr. *Markus Sulzberger*
Flughofstrasse 50, CH-8152 Glattbrugg
Telefon: +41 44 80911-55
Telefax: +41 44 80911-40
verein@sgo.ch
www.sgo.ch

**ÖVO Österreichische Vereinigung
für Organisation & Management**

Präsidentin: Univ.-Prof. Dr. *Renate E. Meyer*
c/o Institute for Organization Studies
Wirtschaftsuniversität Wien, Gebäude D1
Welthandelsplatz 1, A-1020 Wien
Telefon/Telefax: +43 1 3676438
oevo@oevo.at
www.oevo.at

Schriftleitung und Verlag

Schriftleitung der zfo

Schriftleiter: Univ.-Prof. Dr. *Gerhard Schewe*
Westfälische Wilhelms-Universität Münster
Lehrstuhl für BWL, insb. Organisation,
Personal & Innovation
Universitätsstraße 14-16, D-48143 Münster
Telefon: +49 251 83-22831
Telefax: +49 251/83-22836
zfo@wiwi.uni-muenster.de
www.zfo.de

SCHÄFFER POESCHEL

**Schäffer-Poeschel Verlag
für Wirtschaft · Steuern · Recht GmbH**

Objektleitung: *Martin Bergmann*
Reinsburgstraße 27, D-70178 Stuttgart
Telefon: +49 711 2194-0
Telefax: +49 711 2194-219
info@schaeffer-poeschel.de
www.schaeffer-poeschel.de
www.zfo.de

Abonnement:
shop.schaeffer-poeschel.de/zfo